Isabelle Chollet

Jean-Michel Robert

Niveau

Catherine

ORTHOGRAPHE PROGRESSIVE DU FRANÇAIS

avec 500 exercices

CLE INTERNATIONAL

www.cle-inter.com

27, rue de la Glacière – 75013 Paris

Édition : Marie-Christine Couet-Lannes
Illustrations : Eugène Collilieux
Cartes : Graphito
Mise en page : CGI

AVANT-PROPOS

■ L'**Orthographe progressive du français** s'adresse à des étudiants adultes et adolescents de niveau intermédiaire.

Cet ouvrage a été conçu pour être utilisé aussi bien en classe qu'en autoapprentissage. Il offre à l'étudiant les outils nécessaires pour maîtriser l'orthographe du français.

Les **corrigés des exercices** et le CD-audio contenant les dictées se trouvent dans un livret séparé.

Par une méthode progressive, ce manuel présente les chapitres dans l'ordre de fréquence des sons, d'abord l'écriture des voyelles, puis des consonnes, et enfin les particularités de l'orthographe française. Sans être exhaustif, il va à l'essentiel de l'orthographe du français.

■ L'**Orthographe progressive du français** est une méthode d'orthographe qui présente :

• **sur la page de gauche,** la leçon d'orthographe proprement dite :
– un corpus de quelques phrases, dans un encadré, met en valeur le point à étudier ;
– les règles énoncées sont illustrées d'exemples ;
– des mises en garde, accompagnées également d'exemples, attirent l'attention sur une difficulté particulière.

• **sur la page de droite,** des exercices d'entraînement :
– ces **exercices d'application** permettent d'utiliser immédiatement ce qui vient d'être expliqué sur la page de gauche. Ils sont classés par ordre de difficulté croissante à l'intérieur de chaque page et sur l'ensemble du chapitre ;
– cet ouvrage propose aussi des **dictées** à faire en écoutant le CD-audio.
Des exercices complémentaires apparaissent dans les **bilans**. Ils ont une valeur d'évaluation formative.

■ L'**Orthographe progressive du français** constitue un outil indispensable à l'apprentissage de l'écrit du français langue étrangère.

LA PHONÉTIQUE DU FRANÇAIS

Les voyelles orales

[i] : **joli**, **ville**, **île**
[e] : **été**, **étudier**, café
[ɛ] : mère, **mai**, tête
[y] : **mur**, **sûr**, **tu**
[ø] : **jeudi**, **feu**, milieu
[œ] : jeune, **œil**, beurre
[ə] : **ce**, **je**, regarder
[u] : **où**, **douce**, bijou
[o] : **beau**, drôle, **oasis**
[ɔ] : **or**, **sol**, **Paul**
[a] : **papa**, **là**, **ami**
[ɑ] : **âne**, pâte, théâtre

Les voyelles nasales

[ɛ̃] : **instant**, **pain**, **vin**
[œ̃] : **un**, brun, parfum*
[ɔ̃] : **bon**, **longue**, **onze**
[ɑ̃] : **en**, France, **antique**

* Beaucoup de Français ne font plus la différence entre [ɛ̃] et [œ̃] et prononcent [ɛ̃].

Les semi-voyelles

[j] : premier, piano, **yeux**
[w] : **oui**, **ouest**, **louer**
[ɥ] : nuit, **lui**, nuage

Les consonnes

[p] : cap, **poule**, chapeau
[b] : **bon**, début, **bien**
[t] : auto, **table**, net
[d] : **dire**, aider, madame
[k] : **croire**, lac, chocolat
[g] : **garçon**, Portugal, fatigué
[f] : **fille**, chef, affaires
[v] : **vent**, ouvrir, rêver
[s] : **sens**, poisson, ceci
[z] : cousin, rose, gaz
[ʃ] : **chat**, acheter, **chaud**
[ʒ] : **jour**, manger, gentil
[l] : **lent**, **mal**, aller
[r] : **rapide**, erreur, bar
[m] : **midi**, pommier, image
[n] : **neuf**, fini, donner
[ɲ] : agneau, magnifique, signer

Comment prononcer les lettres

A, a [a]	N, n [ɛn]
B, b [be]	O, o [o]
C, c [se]	P, p [pe]
D, d [de]	Q, q [ky]
E, e [ə]	R, r [ɛr]
F, f [ɛf]	S, s [ɛs]
G, g [ʒe]	T, t [te]
H, h [aʃ]	U, u [y]
I, i [i]	V, v [ve]
J, j [ʒi]	W, w [dubləve]
K, k [ka]	X, x [iks]
L, l [ɛl]	Y, y [igrɛk]
M, m [ɛm]	Z, z [zɛd]

Sommaire

1

LA CIVILISATION

Comment écrire le son [i] : i, y (ee, ea, ie, is...)

Isabelle a **visi**té le L**i**ban et l'**I**ran.
Qu**i** est cet homme en **jea**n sur le **gree**n ?
Ils étud**ie**nt les encyclopéd**ie**s qu'elle a cho**isie**s.

LE SON [i] PEUT S'ÉCRIRE

■ **i**

*Voi**ci** un abr**i** idéal.*
*Mon am**i** Rém**i** est **i**talien.*
*N**i** elle n**i** lu**i** ne sont r**i**dicules.*
*Ce pet**i**t ou**i**st**i**t**i** est très m**i**gnon.*

⚠ Certains mots d'origine grecque ou latine contenant le son [i] prennent un **i**.

*b**i**bl**i**othèque*	b**i**bl**i**- = livre	*ph**i**losophe*	ph**i**l(o)- = aimer
*équ**i**valent*	équ**i**- = égal	*sc**i**ence*	sc**i**- = savoir
*h**i**pp**i**sme*	h**i**pp- = cheval	*v**i**lle*	v**i**l(l)- = ferme

■ **y**

*Yvan a mis son p**y**jama.*
*Je n'**y** suis pas allé.*
*Ce chanteur a du r**y**thme et du st**y**le.*
*C'est un s**y**stème h**y**draulique.*
*Son hobb**y**, c'est le rugb**y**.*

⚠ Certains mots d'origine grecque contenant le son [i] prennent un **y**.

*enc**y**clopédie*	c**y**cl(o)- = cercle	*anon**y**me*	-on**y**m- = appellation, nom
*d**y**namique*	d**y**nam(o)- = force	*ox**y**gène*	ox**y**- = acide
*d**y**slexie*	d**y**s- = mal, mauvais	*ph**y**sique*	ph**y**sio- = nature
*h**y**drater*	h**y**dr(o)- = eau	*ps**y**chologue*	ps**y**cho- = âme, esprit
*h**y**permarché*	h**y**per- = au-dessus	etc.	
*anal**y**se*	-l**y**s = dissoudre		

⚠ Certains mots d'origine étrangère s'écrivent avec un **y**.

*abba**y**e, bab**y**-foot, bab**y**-sitter, ferr**y**, garden-part**y**, hobb**y**, penalt**y**, rugb**y**, whisk**y**.*

■ **ee** ou **ea** (mots d'origine anglaise).

*d**ea**ler, fr**ee**zer, fr**ee**-lance, j**ea**n, j**ee**p, l**ea**der, sp**ea**ker, sp**ee**ch, strip-t**ea**se, sw**ea**t-shirt, tw**ee**d, w**ee**k-end,* etc.

*Le w**ee**k-end, je porte un j**ea**n et un sw**ea**t-shirt et je me promène en j**ee**p.*

EXERCICES

1 **Replacez les mots suivants dans le texte.**

dîner, hystériques, équipe, baby, style, rugby, leader, hygiène, lycée, week

Le ***week***-end dernier, Michel est sorti avec ses amis du ____________. Ils ont joué au ____________-foot et sont allés ____________ au restaurant. Le lendemain, il avait un match de ____________. Pour être en forme, il a une bonne ____________ de vie : il mange léger et se couche tôt. Dans son ____________, c'est un vrai ____________, tout le monde l'écoute et le respecte. Il faut dire qu'il a du ____________ quand il joue ! De plus, il est beau garçon et les filles poussent des cris ____________ dès qu'il entre sur le terrain.

2 **Complétez les mots de la liste avec *y* ou *i*.**

Ex. : La pédagogie.

1. La pol____t____que.
2. L'anal____se.
3. La dact____lograph____e.
4. Ps____ch____que.
5. La démocrat____e.
6. Le d____nam____sme.
7. L'ox____gène.
8. La b____bl____othèque.
9. M____sog____ne.
10. Un s____non____me.
11. Une h____pothèse.

3 **Complétez les cases avec *i, y, e* ou *a* pour former des mots comme dans l'exemple.**

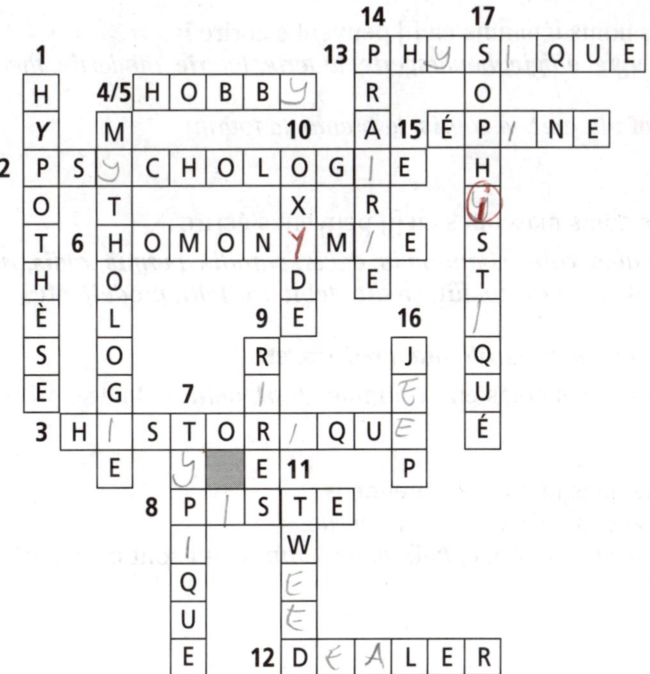

LES FORMES VERBALES EN [i]

Au présent de l'indicatif, le son [i] peut s'écrire **-ie, -ies, -ient, -is, -it.**
Verbes en **-ier** : *j'étud**ie**, tu étud**ies**, il étud**ie**, ils étud**ient**.*
Verbes en **-ir** : *je chois**is**, il chois**it**, je d**is**, il d**it**.*

Les participes passés en [i] peuvent s'écrire **-i, -ie, -is, -ies, -it, -its.**

- Les participes passés des verbes en **-ir** sont généralement en **i** : il a *choisi, il a fini.*

Attention à l'accord : *la lettre qu'il a fin**ie**, les places qu'il a chois**ies***, etc.

- Les participes passés de *mettre* et *prendre* (et leurs dérivés comme *soumettre, comprendre*, etc.) sont en **-is** : *il a m**is**, il a pr**is** (mise(s)* et *prise(s)* au féminin*).*

- Les participes passés des verbes en **-ire** comme *écrire, dire, conduire*… sont en **-it** : *il a écr**it**, il a d**it**.*

Attention à l'accord : *les livres qu'il a écr**its**.*

LES NOMS EN [i]

Les noms féminins en [i] peuvent s'écrire **ie**.
*allerg**ie**, effig**ie**, boulanger**ie**, laiter**ie**, loter**ie**, modest**ie**, théor**ie**, sonner**ie***, etc.

Sauf : *la nu**it**, la sour**is**, la breb**is**, la fourm**i**.*

Les noms masculins en [i] peuvent s'écrire :
is : *av**is**, col**is**, comprom**is**, dev**is**, parad**is**, perm**is**, rad**is**, rub**is**, surs**is***, etc.
ou **it** : *appét**it**, confl**it**, créd**it**, déb**it**, fru**it**, l**it**, produ**it***, etc.

Sauf : *cr**i**, par**i**, rôt**i**, n**id**, pr**ix**, r**iz***, etc.,
et certains noms en **-il** comme : *fus**il**, out**il*** (le **l** ne se prononce pas).

Quelques mots en [i] prennent :
un accent circonflexe : *dîner, île.*
un tréma : *Caraïbe, haïr, maïs, Haïti* (**a** et **i** sont prononcés séparément).

EXERCICES

1 **Complétez les verbes au présent et faites correspondre la définition au personnage.**

*Ex. : Il écrit des poèmes → **le romantique**.*

1. Il oubli___ tout. → ___
2. Il cri___ pour un oui pour un non. → ___
3. Il rougi___ dès qu'on lui parle. → ___
4. Il agi___ avec précision. → ___
5. Il di___ qu'il est beau et intelligent. → ___

a. l'impulsif
b. le méticuleux
c. l'orgueilleux
d. l'étourdi
e. le timide

2 **Mettez les phrases au passé composé.**

1. Galilée *(établir)* ___ que la Terre tourne autour du Soleil.
2. En 1902, Louis Blériot *(accomplir)* ___ un exploit : il a traversé la Manche en avion.
3. En 1829, M. Braille *(mettre)* ___ au point l'alphabet Braille pour les non-voyants.
4. Blaise Pascal *(construire)* ___, en 1642, la première machine à calculer.

3 **Cochez la forme qui ne convient pas.**

Ex. : Il a | ***conquis*** | *~~conquit~~* | *le cœur de Marianne.*

1. Le prévenu a été | conduit | conduis | à la barre.
2. Dès le début du film, toute la salle a | rit | ri |.
3. Elle a beaucoup | maigri | maigrit | depuis qu'elle fait son régime.
4. Le directeur n'a pas | permis | permit | que l'on organise une fête dans l'école.
5. Tanya a | rempli | remplis | un formulaire pour obtenir sa carte de séjour.

4 **Écrivez correctement le son [i].**

Ex. : Pierre est d'une grande modestie.

1. C'est une pièce à l'effig___ de Louis XVI.
2. Il y a des fourm___ dans le garage, et hier, j'ai même vu une sour___.
3. Nous sommes arrivés à un comprom___.
4. J'ai acheté une billet de loter___ à la librair___ - papeter___.
5. Cette ___le des Cara___bes est très jol___ !

5 **Dictée.**

___
___
___
___
___

2 L'UNIVERSITÉ

Comment écrire le son [e] : é, ée, er (e, ed, ef, et, ez)

Et pour le petit déjeuner, préférez-vous du thé ou du café ?

LE SON [e] PEUT S'ÉCRIRE

■ **é** Dans toutes les positions.
*Le Brésil est en Amérique du Sud. En **été**, on boit glacé.*
*Dans cette **université**, il y a des **étudiants égyptiens**.*

■ **ée** En finale. Il y a parfois un **e** après le **é**. Dans ce cas, cette lettre n'est pas prononcée.
*Cette **année**, il n'est pas allé au **musée**. Renée est au **lycée**.*
*Le facteur fait sa **tournée** dans la **matinée**.*

■ **e** Devant deux consonnes semblables, la lettre **e** peut se prononcer [e] : *dessert, dessin*, (et dans tous les mots qui commencent par **eff-** et **ess-** : *effrayer, effort, essai, essuyer*, etc.)

LES TERMINAISONS EN É, ER, EZ

■ Dans les conjugaisons des verbes, le son [e] peut s'écrire **é, er** et **ez.**

- **é** pour le participe passé : *J'ai oublié ce qu'elle m'a demandé.*
- **er** pour l'infinitif : *Il ne faut pas marcher sur les pelouses.*
- **ez** pour la deuxième personne du pluriel : *Décidez-vous ! Vous partez ou vous restez ?*

■ On trouve le suffixe **-er** (ou **-ier**) [e] à la fin de certains mots : *cahier, léger, métier*, surtout dans les noms de professions et d'arbres fruitiers : *horloge → horloger, pomme → pommier.*
Dans ce jardin, il y a des cerisiers, des poiriers, des abricotiers et des pêchers.
Dans cette rue, il y a un boucher, un boulanger, un épicier et un charcutier.

■ Dans quelques rares mots, le son [e] peut s'écrire **ed**, **ef**, **ez**, (si **d**, **f**, et **z** ne sont pas prononcés) : *pied, clef (clé), assez, chez, nez, rez-de-chaussée.*

 La conjonction **et** se prononce [e] : *fromage **et** dessert.*

EXERCICES

1 Complétez les phrases.

*Ex. : À cinq heures, les Anglais boivent du **thé**.*

1. Après le printemps vient l'________________.
2. L'Asie, l'Europe, l'Afrique, l'Océanie, l'________________.
3. Le contraire de brûlant, c'est ________________.
4. Elle ne travaille pas, elle est en ________________.
5. Après l'école et le lycée, il y a l'________________.

2 é ou ée ?

*Ex. : Une belle matin**ée** d'ét**é**.*

1. Le Louvre est un mus______.
2. Il est tard, je dois partir. Bonne soir______ !
3. Viens dîner chez moi ce soir, je te préparerai une spécialit______ de ma région.
4. Le premier janvier, les gens se souhaitent une bonne ann______ et une bonne sant______.
5. J'aime beaucoup le caf______.

3 Trouvez la bonne réponse.

*A. présenté, présenter ou présent**ez** ?*

1. ________________ - moi à votre ami.
2. D'accord, je vais vous ________________.
3. Merci de m'avoir ________________.

*B. Allé, aller, all**ez** ?*

1. Où ________________ -vous ?
2. À Nice, tu y es déjà ________________ ?
3. Non, j'aimerais bien y ________________.

4 Trouvez le nom de l'arbre ou le nom de métier.

*Ex. : Un arbre qui porte des pommes est un **pommier**.*

1. Un arbre qui porte des cerises est un ________________.
2. Un arbre qui porte des prunes est un ________________.
3. On achète le pain et les croissants chez le ________________.
4. Il travaille dans la police, c'est un ________________.
5. Il fait la cuisine dans un restaurant, c'est un ________________.

5 Reliez la phrase au mot.

1. Cyrano de Bergerac avait un grand	assez.
2. Je ne peux pas rentrer chez moi, j'ai oublié ma	courrier.
3. Il n'est pas poli, il est	nez.
4. Le facteur est passé, je n'ai pas de	léger.
5. Tu en veux encore ou est-ce que tu en as	clef.
6. Ce n'est pas lourd, au contraire, c'est	cahier.
7. J'ai tout noté dans mon	grossier.

EXERCICES

6 **Choisissez *é*, *er*, ou *ez*.**

Ex. : Elle a commencé à chanter.

1. Ce manteau que tu as achet___ ne te va pas. Tu peux le rapport___ au magasin.
2. Est-ce que vous parl___ espagnol ?
3. N'oubli___ pas notre rend___-vous.
4. Il n'y a plus de croissants, j'ai mang___ le derni___.
5. Demand___ au cuisini___ quel est le menu du déjeun___.

7 **Quel est son métier ?**

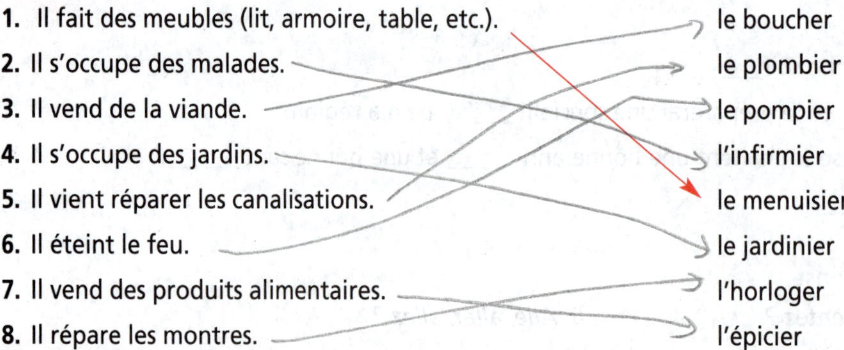

1. Il fait des meubles (lit, armoire, table, etc.).
2. Il s'occupe des malades.
3. Il vend de la viande.
4. Il s'occupe des jardins.
5. Il vient réparer les canalisations.
6. Il éteint le feu.
7. Il vend des produits alimentaires.
8. Il répare les montres.

- le boucher
- le plombier
- le pompier
- l'infirmier
- le menuisier
- le jardinier
- l'horloger
- l'épicier

8 **Trouvez l'intrus.**

*Ex. : **Le compotier** / le framboisier / le marronnier / le figuier*

1. le fraisier / le prunier / le citronnier / le sucrier
2. le châtaignier / le poirier / le panier / le bananier
3. le pommier / le saladier / le cerisier / l'abricotier
4. le pêcher / l'oranger / le potager / le noyer

9 **Barrez dans le mots soulignés les lettres qui ne sont pas prononcées.**

Ex. : Elle a un grand nez.

1. Au milieu de la traversée, elle est tombée et s'est blessée.
2. La porte de l'atelier est fermée à clef.
3. Dans la soirée, il n'y a pas de courrier.
4. Le plombier a réparé l'évier.
5. Chez lui, au rez-de-chaussée, il fait sombre.
6. Cette année, elle n'est pas allée au musée.
7. Il a écrasé une araignée avec son pied.
8. Janvier et février sont des mois d'hiver.

EXERCICES

10 **Écrivez en minuscules et mettez un accent aigu sur le e (é) si nécessaire.**

Ex. : IL EST ETUDIANT EN MATHEMATIQUES. Il est étudiant en mathématiques.

1. LES ETUDIANTS DE L'ECOLE DE MEDECINE ONT ANIME UN DEBAT SUR LA SANTE AVEC DES MEDECINS.
____
2. L'UNIVERSITE EST ASSEZ ELOIGNEE DU METRO.
____
3. POUR ALLER DE LA CATHEDRALE AU THEÂTRE, IL FAUT BEAUCOUP MARCHER.
____
4. J'AI TROP TRAVAILLE, JE SUIS FATIGUE.
____
5. RENE A VOYAGE DE LA MEDITERRANEE JUSQU'AUX PYRENEES.
____

11 **Vrai ou faux ?**

	VRAI	FAUX
1. Le tapissier fait des tapis.	❒	❒
2. Il fait des pains, c'est un panier.	❒	❒
3. Il soigne les oreilles, c'est un oreiller.	❒	❒
4. Il fait des tables, c'est un tablier.	❒	❒
5. Il fait des serrures, c'est un serrurier.	❒	❒
6. Le vitrier répare les vitres.	❒	❒

12 **Complétez avec *é*, *ée*, *ez* ou *er*.**

Ex. : Étudiez-vous au lycée ?

1. Ce th_____ est ass_____ lég_____.
2. Vous ne racont_____ pas toute la vérit_____ !
3. Exerc_____-vous pour maîtris_____ la phon_____tique française.
4. Le derni_____ invit_____ de la soir_____ est arriv_____.
5. Nous avons tous rend_____-vous demain dans la matin_____ dans un petit caf_____, près du march_____, qui s'appelle « Ch_____ Andr_____ ».

13 **Dictée devinette.**

____
____
____
____

Qui est-ce ? _______________.

3 La bibliothèque
Comment écrire le son [ɛ] : è, ê, e, ai, ei (ë, aî, ay, ey)

> Ma nièce souh**ai**te passer les f**ê**tes de No**ë**l et du Nouv**e**l An au sol**ei**l, en Urugu**ay**. Il par**aî**t que c'**est** tr**è**s beau.

LE SON [ɛ] PEUT S'ÉCRIRE

- **è** *Genev**è**ve habite à Gen**è**ve, elle est mod**è**le. Son fr**è**re est un po**è**te cél**è**bre. On g**è**re beaucoup d'opérations boursi**è**res à Francfort.*

 **è** devient **e** si une consonne termine la syllabe : *chère amie, cher ami.*

- **ê** Entre consonnes.
  *Ne penche pas la t**ê**te par la fen**ê**tre.*
  *Arr**ê**te ! C'est b**ê**te et malhonn**ê**te.*

- **ë** Derrière une voyelle : *Noël, Raphaël,* etc.

- **ai, ei** *Être tr**ei**ze à table porte malheur.*
  *Ce n'est pas la p**ei**ne de lui donner un cons**ei**l.*
  *Cette jeune Holland**ai**se est au p**ai**r à **Ai**x.*
  *Cette parlement**ai**re améric**ai**ne est d'origine mexic**ai**ne.*

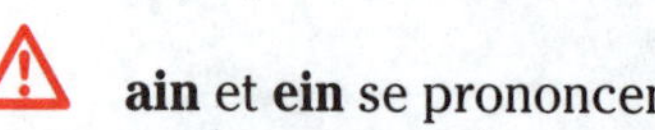 **ain** et **ein** se prononcent [ɛ̃] en finale ou suivis d'une consonne : ***bain**, **main**tenant, **pein**ture, pl**ein**,* etc.

 **ail** se prononce [aj] en finale de mot : *trav**ail**.*

- **aî** *Il par**aî**t qu'il te conn**aî**t. Ce m**aî**tre d'école pl**aî**t à mon fils **aî**né.*
  *Je ne regarde jamais cette ch**aî**ne de télévision.*

- **ay, ey** Dans des noms propres ou des noms d'origine étrangère.
  *Bomb**ay**, Paragu**ay**, Urugu**ay**, Av**ey**ron, pon**ey**, jock**ey**, voll**ey**,* etc.
  Dans quelques formes de verbes : *je p**ay**e, j'ess**ay**e, ils effr**ay**ent* ([ɛj] ou [ɛ]), *ils ass**ey**ent* ([ɛj]), etc.

EXERCICES

1 Mettez au féminin.

Ex. : un infirmier, une ***infirmière****.*

1. Un boulanger, une ________________.
2. Un cuisinier, une ________________.
3. Un caissier, une ________________.
4. Un fermier, une ________________.
5. Un épicier, une ________________.
6. Un ouvrier, une ________________.

2 Choisissez è, ê ou ë.

Ex. : Il achète des pêches.

1. Il fait beau, il se prom____ne.
2. Cette pi____ce a trois fen____tres.
3. C'est une enqu____te polici____re extr____mement délicate.
4. Il travaille à la biblioth____que du coll____ge.
5. Pour No____l, les él____ves ont fait une f____te.
6. Tu crois que Rapha____l est honn____te ?

3 Même exercice avec *ei, ai, aî.*

1. Je crois qu'il va n____ger cette nuit.
2. Cet article coûte s____ze euros.
3. J'ai besoin de ton ____de.
4. Combien de ch____nes de télévision avez-vous dans votre pays ?
5. Elle a peur des ar____gnées.
6. Je suis triste, j'ai de la p____ne.

4 Trouvez l'intrus.

Ex. : le bibliothécaire / le secrétaire / le fonctionnaire / ***le ~~frigidaire~~****.*

1. l'universitaire / le parlementaire / le lampadaire / le libraire
2. l'antiquaire / le salaire / le notaire / le disquaire
3. la portière / la couturière / la ménagère / la charcutière
4. la soupière / la glacière / la bonbonnière / la fruitière

5 Entourez dans les mots soulignés ceux qui ne contiennent pas le son [ɛ].

Ex. : Rachid est (marocain) et Mary américaine.

1. Ce peintre a fait beaucoup de portraits.
2. C'est un travail de maître, riche en détails.
3. Mon voisin peut capter treize chaînes de télévision.
4. Si tu suis cette rivière, elle t'emmènera jusqu'à la Seine.
5. Il a le ventre plein, il n'a plus faim.
6. Il y aura demain un cours de solfège et un cours d'algèbre.

EN FINALE, LE SON [ɛ] PEUT S'ÉCRIRE

- **ès** Derrière **è**, la lettre **s** en finale de mot n'est généralement pas prononcée : *accès, congrès, décès, dès, excès, exprès, près, progrès, succès, très*, etc.
Dès son premier succès, il a eu accès à la célébrité.

- **et** Derrière **e**, la lettre **t** en finale de mot n'est pas prononcée : *billet, complet, effet, secret*, etc.
Elle met un bouquet de muguet sur le buffet.

⚠ La conjonction **et** se prononce [e] (*cf.* Comment écrire le son [e]).
Le **t** est prononcé dans *sept* et *net*.

- **êt** Derrière **ê**, la lettre **t** en finale de mot n'est généralement pas prononcée :
On fait un arrêt en forêt ? C'est un prêt avec un intérêt de 10 %.

- Les lettres finales **e**, **d**, **s**, **t**, **x** derrière **ai** ne sont généralement pas prononcées.

• **aie** : *baie, haie, paie, plaie, craie, raie*, etc., ainsi que les féminins des adjectifs en **ai** : *vraie, gaie*, etc.

• **aid** : *laid*, mais *raid* [rɛd].

• **ais** : *palais, anglais, épais, jamais, désormais*, etc., ainsi que les pluriels : *balais, vrais, délais , essais*, etc.

• **ait** : *bienfait, abstrait, distrait, extrait, lait, parfait, souhait*, etc.

• **aix** : *paix, Roubaix*, mais *Aix* [ɛks].

TERMINAISONS VERBALES EN [ɛ]

- **es, est** (présent du verbe *être*) : *tu es, il est.* Dans les autres cas, les lettres **s** et **t** sont prononcées : *Brest, Ernest, l'est*, etc.

- **ais, ait, aient** (imparfait et conditionnel, présent et participe passé de quelques verbes).
Il était triste, ses amis ne lui téléphonaient pas et tu n'étais pas là.
Je sais que si tu avais fait attention, ce ne serait pas arrivé.

- **aie, aies** (subjonctif du verbe *avoir*) : *que j'aie, que tu aies, qu'il ait, qu'ils aient*, etc.

- **aît** (troisième personne singulier de quelques verbes au présent comme *connaître, naître, paraître, plaire*, etc.) : *Il paraît qu'elle te connaît.*

EXERCICES

1 **Choisissez la bonne orthographe.**

Ex. : Il dirige une ville, c'est un [mère | ***maire***].

1. Versailles est [près | prêt] de Paris.
2. Dans cette forêt, il y a beaucoup de [chaînes | chênes].
3. Je prendrai mes vacances au mois de [mai | mais].
4. Cette jeune étudiante étrangère travaille au [père | pair] dans une famille française.
5. Voilà une bonne chose de [faite | fête].
6. J'ai assez de café. Ma tasse est [plaine | pleine].
7. Ce garçon n'est pas beau, il est [laid | lait].
8. C'est très proche, c'est à quelques [maîtres | mètres].

2 **Écrivez en toutes lettres la terminaison [ɛ].**

*Ex. : Elle habite près d'une for**ê**t.*

1. En juill___, je suis allé à un congr___ dont le suj___ av___ beaucoup d'intér___ pour moi. En eff___, il trait___ de l'origine de l'alphab___. D___ le mois de m___, j'ai proposé mon propre ess___. M___ je n'ét___ pas encore pr___. J'ai travaillé sans arr___, j'ai pu terminer dans les dél___ et ma communication a eu un grand succ___.
2. J'ai cru que je n'arriver___ jamais à Roub___ ! Ce matin, quand je suis allé acheter mon bill___ au guich___ de la gare, on m'a dit que tout ét___ compl___. M___ ce n'éta___ pas tout à f___ vr___, car il rest___ une place en première classe. Il a fallu que je p___ un supplément. Pendant le voyage, j'ét___ pr___ d'un homme qui voul___ bavarder, mais qui ne connaiss___ ni le franç___, ni l'angl___. Il ne m'a pas laissé en p___.

3 **Complétez les formes verbales.**

*Ex. : Je n'ét**ais** pas là quand il **est** venu.*

1. Tu pourr___ m'aider, s'il te pl___ ?
2. Je doute que tu ___ raison.
3. Je ne sav___ pas que tu av___ f___ ça.
4. Il par___ qu'il te conn___.
5. Elle te pl___, mais tu te t___ quand tu ___ près d'elle.
6. Il s___ que c'___ vrai.
7. Quand j'ét___ petite, mes parents ne voul___ pas que j'___ un chien.
8. Je v___ lui demander si c'___ possible.

4 **Rébus.**

Quel est cet objet ?

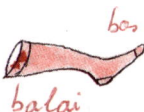

___

LE SON [ɛ] PEUT S'ÉCRIRE

■ **e**

• Si le mot se termine par une consonne finale qui est prononcée (sauf la lettre **n**).

En hiver, à Paris, le ciel est rarement bleu et le froid n'est pas sec.
Gabriel est le chef d'un grand hôtel.
Le sel de mer ne coûte pas très cher.

Pour les mots qui peuvent avoir un féminin, il faut redoubler la consonne ou mettre un accent grave sur le **e** (è) : *Gabriel / Gabrielle ; cher / chère ; actuel / actuelle ; net / nette.*

• Si le mot se termine par deux ou trois consonnes.

Albert a assisté à ce concert.
Il a fait un test pour savoir s'il pouvait distinguer le vert du bleu.

• Si la syllabe se termine par une consonne (sauf les lettres **n** ou **m)** : *septembre* (sep/tembre).

En septembre, Bernard cherche des champignons et des escargots.
Il y a des insectes dans l'escalier.
La couverture de cet hebdomadaire est verte.

• Devant les doubles consonnes **ll**, **nn**, **rr, tt** et devant la lettre **x**.

Cette informaticienne coréenne est très belle et très intelligente.
Ne jette pas ta raquette de tennis par terre.
Elle a cassé un verre en faisant la vaisselle.
Fabienne n'a pas fait d'erreur à l'examen.

La lettre **e** devant la double consonne **ss** se prononce généralement [ɛ]. *Professeur, maîtresse, princesse*, mais elle se prononce [e] dans *dessert* et *dessin* et dans les mots qui commencent par **ess-** : *essai, essuyer*, etc. (*cf.* Comment écrire le son [e]).

La lettre **e** devant **-mme** se prononce [ɛ] : *dilemme*, sauf dans *femme* [a].

EXERCICES

1 Trouvez le mot exact.

1. La saison qui va de décembre à mars s'appelle l'__________.
2. Le drapeau italien est __________, blanc et rouge.
3. Mon manteau est encore un peu mouillé, il n'est pas tout à fait __________.
4. Ce n'est pas assez salé, passe-moi le __________.
5. Dans un grand restaurant, celui qui dirige les serveurs est le maître d'__________.

2 Complétez avec un féminin

Ex. : Un bel appartement, une ***belle*** *maison.*

1. Tel père, tel fils. __________ mère, __________ fille.
2. Le café sans sucre est amer, la citronnade sans sucre est aussi __________.
3. Je n'ai pas très bien compris, rien n'était net. Sa dernière explication surtout n'était pas très __________.
4. Dans ce café, le thé est cher mais la limonade n'est pas __________.
5. Pierre n'est pas très intellectuel, sa sœur est plus __________ que lui.

3 Écrivez le mot qui correspond au dessin.

1. __________
2. __________
3. __________
4. __________
5. __________

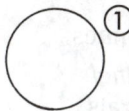

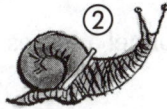

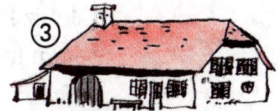

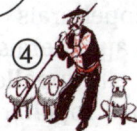

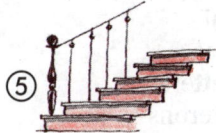

4 Trouvez la nationalité à partir des noms de pays suivants.

Brésil, Canada, Corée, Estonie, Ghana, Inde, Iran, Italie, Mauritanie, Norvège, Pérou, Ukraine

Ex. : Il y a des pyramides dans son pays, elle est ***égyptienne.***

1. Elle aime se baigner dans la mer Noire, elle est __________
2. Elle porte un sari, elle est __________.
3. Petite fille, elle avait peur des trolls, elle est __________
4. Son pays est célèbre pour son carnaval, elle est __________.
5. Elle habite près de la mer Baltique, elle est __________.
6. Ses ancêtres s'appelaient les Perses, elle est __________.
7. Elle aime les spaghettis et le chianti, elle est __________.
8. Elle a appris à l'école l'histoire des Incas, elle est __________.
9. On parle anglais et français chez elle, elle est __________.
10. Elle connaît bien le Sahara, elle est __________
11. On fait des safaris dans son pays, elle est __________
12. Son pays est en face du Japon, elle est __________.

LES VERBES EN -ELER, -ETER

Les verbes terminés par **-eler** et **-eter** redoublent la consonne **l** ou **t** devant un **e** muet.

Le **e** devant **ll** et **tt** se prononce [ɛ].

Elle s'appelle Monique. Elle projette un voyage aux États-Unis.
Je te rappelle que je ne veux pas que tu jettes ce livre.

• Ces formes (**ll**, **tt**) se trouvent :
– au présent de l'indicatif et du subjonctif (au singulier et à la troisième personne du pluriel)

Présent	*Subjonctif*
Je je**tt**e	que j'appe**ll**e
Tu je**tt**es	que tu appe**ll**es
Il / elle je**tt**e	qu'il / elle appe**ll**e
Nous jetons	que nous appelions
Vous jetez	que vous appeliez
Ils / elles je**tt**ent	qu'ils / elles appe**ll**ent

– à l'impératif (au singulier)

Je**tt**e !	Appe**ll**e !
Jetons !	Appelons !
Jetez !	Appelez !

– au futur et au conditionnel à toutes les personnes

Futur	*Conditionnel*
Je je**tt**erai	J'appe**ll**erais
Tu je**tt**eras	Tu appe**ll**erais
Il / elle je**tt**era	Il / elle appe**ll**erait
Nous je**tt**erons	Nous appe**ll**erions
Vous je**tt**erez	Vous appe**ll**eriez
Ils /elles je**tt**eront	Ils / elles appe**ll**eraient

Dans quelques verbes, la consonne n'est pas redoublée, mais le son [ɛ] s'écrit **è**.
Acheter, geler, modeler, peler et leurs dérivés (*dégeler, congeler,* etc.).
*Il fait froid ici, je g**è**le.*
*Tu veux que je p**è**le ton orange ?*
*J'ach**è**terai la statue que le sculpteur mod**è**le.*
cf. Les conjugaisons (2).

EXERCICES

1 Conjuguez ces verbes selon les indications.

Ex. : Qu'est-ce que tu (projeter / présent) ***projettes*** *de faire ce été ?*

1. Je ne sais pas comment elle (*s'appeler* / présent) ____________.

2. Si j'étais toi, je (*jeter* / conditionnel) ____________ cet objet.

3. Il faut que je (*renouveler* / subjonctif présent) ____________ mon abonnement.

4. Vas-y, (*appeler* / impératif) ____________-le !

5. Je suis sûr que le directeur (*rejeter* / futur) ____________ ta proposition.

2 Complétez avec la terminaison [ɛl] ***(elle, elles, ellent / èle, èles, èlent).***

Ex. : Je ***pèle*** *une orange.*

1. L'eau g______ à 0°.

2. Comment est-ce que tu t'app______ ?

3. Elles mod______ une poterie.

4. Il ne se rapp______ pas.

3 Trouvez la bonne orthographe.

1. Il fait très froid, il | gel | gèle |.

2. Les feuilles mortes se ramassent | à l'appel | à la pelle |.

3. Tu veux que je te | pèle | pelle | ton orange ?

4. Je | la pèle | l'appelle | tous les jours au téléphone.

4 Charades et rébus.

1. Mon premier sert aux oiseaux pour voler. ____________

Mon deuxième est à elle. ____________

Mon troisième enlève la peau d'un fruit. ____________

Mon quatrième est opposé à l'Ouest. ____________

Mon cinquième est un pronom féminin sujet. ____________

Mon tout est la réponse à : « Comment s'appelle-t-elle ? » ____________

2. Mon premier est un adjectif possessif féminin. ____________

Mon deuxième est un aliment apprécié en Asie. ____________

Mon troisième a 365 jours. ____________

Mon quatrième est au-dessus de la maison. ____________

Mon cinquième est le contraire de confus. ____________

Mon tout est le nom d'une reine de France, femme de Louis XVI. ____________

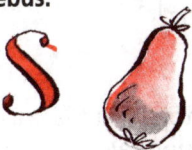

3. Rébus.

____

4

LES PROJETS
Comment écrire le son [ɛ] ou le son [e] (ai, aie, ais / es, et)

Si je pass**ais** m**es** vacances en Grèce en juill**et**,
j'ir**ais** dans l**es** Cyclades.
À condition que j'**aie** un peu de temps, j'apprendr**ai** l'alphab**et** grec avant de partir.

AI ET AIS DANS LES CONJUGAISONS

Normalement, les lettres **ai** indiquent le son [ɛ], mais pour distinguer certains temps, on peut opposer **ai** et **ais**.

- À l'imparfait de l'indicatif, les terminaisons -**ais** et -**ait** (-**aient**) se prononcent [ɛ].
  *Quand j'ét**ais** à Nice, je pass**ais** les après-midi sur la plage, et le soir, j'all**ais** dîner dehors s'il fais**ait** beau. Parfois, des amis m'invit**aient**.*

- Au conditionnel, les terminaisons -**ais** et -**ait** (-**aient**) se prononcent [ɛ].
  *J'aimer**ais** bien aller en Écosse, je pourr**ais** prendre l'avion jusqu'à Londres, puis je traverser**ais** l'Angleterre en train.*

- Au futur, la terminaison -**ai** (première personne du singulier) se prononce [e].
  *La semaine prochaine, je prendr**ai** l'avion pour Londres et je traverser**ai** l'Angleterre en train.*

• La prononciation permet de distinguer le conditionnel du futur, mais cette distinction n'est pas toujours respectée et beaucoup de Français prononcent indifféremment [ɛ] au futur et au conditionnel.

• De même, *j'ai* (présent) et *j'aie* (subjonctif) peuvent être prononcés [ɛ] ou [e].
*Je n'**ai** pas de chance, il faudrait que j'**aie** plus de chance.*

ES ET ET

• Officiellement, les lettres **es** des mots **les**, **des**, **mes**, **tes**, **ses**, **ces** sont prononcées [e], mais, dans l'usage, [ɛ] est aussi fréquent que [e].
*C**es** gens sont d**es** amis de m**es** parents.*

• Les lettres -**et** en finale de mots se prononcent normalement [ɛ], sauf la conjonction **et** [e], mais l'usage permet souvent la prononciation [e].
*Le budg**et** pour ce proj**et** n'est pas compl**et**.*

EXERCICES

1 **Conjuguez les verbes ente parenthèses à l'imparfait et trouvez dans la liste suivante le personnage qui dit la phrase : *Louis XIV, Quasimodo, d'Artagnan, La Fontaine***

Ex. : J' (être) **étais** *un empereur romain. →* ***Néron.***

1. J' (écrire) ______ des fables.
→ ______
2. J' (avoir) ______ trois amis mousquetaires.
→ ______
3. On m'(appeler) ______ le Roi-Soleil.
→ ______
4. J' (aimer) ______ Esmeralda.
→ ______

2 ***Ai*** **ou** ***ais*** **? Conjuguez le verbe au futur ou au conditionnel.**

Ex. : Si j'ai le temps, je (passer) ***passerai*** *te voir.*

1. Je *(dîner)* ______ ce soir au restaurant.
2. S'il fait beau demain, je *(partir)* ______ à la campagne.
3. Je te *(téléphoner)* ______ quand je *(pouvoir)* ______.
4. J'*(aimer)* ______ bien aller au bord de la mer.
5. La semaine prochaine, j'*(avoir)* ______ vingt ans.
6. Je m'*(acheter)* ______ une voiture si j'avais de l'argent.
7. Si j'étais toi, je ne *(faire)* ______ pas ça.

3 **Complétez avec *ai, aie* ou *ais*.**

*Ex. : Je n'***ai** *pas assez d'argent pour acheter cet ordinateur. Si tu m'aidais, je pourr***ais** *l'acheter.*

1. Bien que j' ______ dix-huit ans, je n' ______ pas encore le permis de conduire. **2.** Si j'av ______ le temps, j'ir ______ rendre une visite à des amis. **3.** Je fer ______ une fête si je réussis l'examen. **4.** Je ne l' ______ pas vu depuis cinq ans.

4 **Choisissez la forme correcte.**

Ex. : J' ~~aimerai~~ | ***aimerais*** *bien partir en vacances.*

1. Il faut que j' ai | aie terminé avant ce soir.
2. Elle espère que je viendrai | viendrais à sa fête d'anniversaire.
3. Si je travaillai | travaillais plus, je gagnerai | gagnerais plus d'argent.
4. Il raconte partout que j'ai | j'aie des problèmes d'argent.
5. J' irai | irais peut-être demain au cinéma.

5 **Reliez les deux phrases et conjuguez le verbe entre parenthèses au conditionnel présent ou passé.**

1. Si Cléopâtre avait eu un plus petit nez,
2. Si mes parents ne s'étaient pas rencontrés,
3. Si Hélène n'avait pas été si belle,
4. Si Ève n'avait pas mangé la pomme,
5. Si Roméo et Juliette s'étaient mariés,

a. on *(être)* ______ toujours au paradis.
b. la guerre de Troie *(ne pas avoir)* ______ lieu.
c. la face du monde *(être changée)* ______.
d. ils *(avoir)* ______ beaucoup d'enfants.
e. je *(ne pas être)* ______ né.

EXERCICES

6 **Complétez avec *les, des, mes, tes, ses* ou *ces*.**

Ex. : Le prix **des** *fruits a encore augmenté.*

1. En automne, _____ jours deviennent plus courts.
2. Il perd tout, il ne fait jamais attention à _____ affaires.
3. Dans ce jardin, il y a _____ roses et _____ cerisiers.
4. Je n'irai pas à ta fête, je n'aime pas _____ amis.
5. _____ enfants m'ont dit : Papa, emmène-nous au cinéma.
6. Elle ne se repose jamais, elle travaille tous _____ jours, même pendant _____ week-ends.
7. Ça ne te regarde pas, ce ne sont pas _____ affaires !
8. Si vous n'aimez pas la chaleur, n'allez pas dans _____ pays, il y fait trop chaud.
9. Quelle est la capitale _____ États-Unis ?
10. Elle a passé _____ premières années en Provence.

7 **Petits problèmes de logique : *mes, tes* ou *ses*.**

1. _____ enfants sont venus me voir pour que je les emmène au cinéma. L'aîné a insisté et quand j'ai refusé, il s'est mis en colère. Tu pourras dire à ton frère que son fils est mal élevé.
2. Un fermier avait sept filles qui avaient toutes un frère. Tous les enfants avaient un oncle paternel.
   Combien d'enfants et de frères avait le fermier ?
   Pierre a répondu : quatorze enfants et huit frères.
   Tu as répondu : huit enfants et un frère.
   J'ai répondu : quatorze enfants et un frère.
   Ce sont _____ réponses qui sont justes.
3. Les grand-parents des enfants de ta fille qui a épousé mon fils sont _____ parents.
4. Marie et Nathalie ont un frère qui a trois sœurs et un frère.
   Pierre a deux frères et deux sœurs. Tu as deux frères et trois sœurs. J'ai un frère et trois sœurs.
   Marie et Nathalie sont _____ sœurs.

8 **Choisissez le bon mot.**

Ex. : Ces / c'est : **C'est** *difficile de travailler avec* **ces** *outils.*

1. *Des / dès :* _____ le matin, il fait _____ exercices de français.
2. *mes / mais :* J'ai fait _____ exercices _____ je n'ai pas fait le devoir.
3. *lait / les :* Elle a pris des céréales et _____ a mises dans le _____.
4. *C'est / ses :* _____ sérieux, _____ ennuis ?
5. *Ces / ses :* _____ derniers jours, il n'a pas vu _____ amis.
6. *tes / tais :* Si tu te _____, _____ amis pourront enfin s'exprimer.
7. *es / aies :* C'est dommage que tu _____ fait cette erreur. Tu _____ toujours trop pressé.
8. *est / ai :* C' _____ un travail que je n' _____ pas encore terminé.

EXERCICES

9 **La photocopie était mauvaise. À chaque ligne, les dernières lettres manquent. Complétez avec *et*, *ais* ou *ait*.**

Monsieur,
*Je vous écris à propos de la location de votre maison de campagne en juill*et
*dernier. Vous m'aviez assuré que toute la maison serait dans un état parf*ait
*mais ce n'était absolument pas le cas. Dans l'une des chambres, un vol*et
*était mal fixé, et dans la cuisine, il n'y avait pas de vaisselle dans le buff*et
*La toiture était défectueuse, il y avait de l'eau dans le salon quand il pleuv*ait
*Je n'ai pas pu jouer au tennis avec mes amis, il y avait un trou dans le fil*et
*Le jardin était une véritable jungle et le garage était fermé à clé. À ce suj*et
*il est regrettable que vous n'ayez pas laissé la clé à un voisin qui me l'aur*ait
donnée.
*J'espère que nous tomberons d'accord sur le remboursement de certains fr*ais
que j'ai dû engager suite à votre négligence.
Salutations distinguées.

Pierre Fouchet

√

10 **Voici les notes de musiques en français.**

Déchiffrez le rébus suivant. Attention, en français populaire, les terminaisons verbales en *-ais* ou *-ait* peuvent être prononcées [e]. ? Je ne comprends pas ce qu'il faut faire –

____

11 **Dictée question.** 20/10/06.

Au dix-septième siècle, le poète français La Fontaine était célèbre pour ses fables. Dans l'une d'elles, il met en scène un oiseau qui tenait dans son bec un fromage et un renard qui lui disait : « vous êtes le phénix des hôtes de ces bois. » √

Comment s'appelle cette fable ? Le corbeau et le renard.

Reçu le :- 10/11/06.

5 La grammaire
Comment écrire le son [a] : a, à (e)

L'architecte **a** fait appel **à** l'**a**rtis**a**n**at** local.
Le candid**at** s'est cassé le br**as**.
Sa f**e**mme **a** un br**a**celet en di**a**mants de dix-huit c**a**r**ats**.

LE SON [a] PEUT S'ÉCRIRE

- **a** Au début, au milieu ou à la fin d'un mot.

  __A__drien et ses __a__mis __a__ppellent un t__a__xi pour __a__ller au ciném__a__.

- **ac, as, at** à la fin de quelques mots (**s**, **c** et **t** ne se prononcent pas).
  ac : deux mots : *estom__ac__ et tab__ac__.*
  as : *canev__as__, caden__as__, comp__as__, matel__as__, vergl__as__,* etc.
  at : *avoc__at__, baccalauré__at__, candid__at__, car__at__, ch__at__, chocol__at__, clim__at__, contr__at__,* etc.

  ⚠ Dans : *atl__as__, hél__as__, m__at__, b__ac__, s__ac__, vasist__as__,* on prononce **s**, **t** et **c**.
  Les mots en **at** qui sont dérivés d'un adjectif ou d'un nom indiquent généralement une action ou une fonction.
  Adjectifs : *anonyme / anonym__at__ ; bénévole / bénévol__at__,* etc.
  Noms : *artisan / artisan__at__ ; consul / consul__at__,* etc.

- **à** Préposition **à** : *Il a mal __à__ la tête.*
  et : *déj__à__, l__à__, l__à__-bas, voil__à__* (**sauf :** *cela).*

- **e** Dans *sol__e__nnel.*

  Dans *f__e__mme* et les adverbes dérivés des adjectifs en **ent**.
  apparent / appar__e__mment ; conscient / consci__e__mment ; décent / déc__e__mment ; différent / différ__e__mment ; évident / évid__e__mment, etc.

  Il a réc__e__mment rencontré une f__e__mme.

  ⚠ Les adverbes dérivés des adjectifs en **-ant** sont en **-amm** : *abondant / abond__a__mment ; brillant / brill__a__mment ; bruyant / bruy__a__mment ; constant / const__a__mment ; courant / cour__a__mment ; élégant / élég__a__mment,* etc.

EXERCICES

1 **Reconstituez les mots correspondant aux définitions en ajoutant un, deux ou trois *a*.**

*Ex. : Sympathique : M I C L → **a M I C a L***

1. On y note ses rendez-vous. G E N D ______
2. Paysage admirable. P N O R M ______
3. Vêtement pour dormir. P Y J M ______
4. Cri de joie. H O U R R ______
5. Copie d'un document. D U P L I C T ______
6. Horrible. B O M I N B L E ______
7. Impossible à réaliser. I R R É L I S B L E ______

2 **Complétez les mots par *a*, *as* ou *at*.**

Ex. : chocolat

1. le crist___l
2. le ch___
3. le canev___
4. le s___c
5. le doctor___
6. le pl___
7. l'écl___
8. le vergl___
9. le clim___
10. l'intern___
11. le ciném___
12. l'ét___
13. le matel___
14. l'artisan___
15. le contr___

3 **Ajoutez les accents sur les *a* quand c'est nécessaire.**

*Ex. : Joséphine m'a acheté une service **à** thé.*

1. La machine a laver a été réparée.
2. Il vient avec nous ? Non, il a a faire a la maison.
3. La semaine du cinéma : Payez pour un, venez a deux !
4. Tentez votre chance a ce nouveau jeu ; a tous les coups on gagne !
5. Maisons a louer a la mer ou a la montagne.
6. Il n'a rien a dire, a nous de parler donc.
7. Allez a Cuba, c'est une occasion a ne pas manquer !
8. Avez-vous pensé a donner a boire et a manger au chien ?
9. Les billets sont a retirer a la caisse.
10. Cet homme qui a un air bizarre a réussi a échapper au contrôleur.

4 **Histoire drôle. Complétez les blancs par *à, a, ac, as, at* comme dans l'exemple.**

Un automobiliste *passe* la *douane*.

Le dou___nier lui fait signe de s'___rrêter.

___lcool, t___b___, cig___res, cig___rettes, chocol___s ?

L'automobiliste répond :

Non, merci, juste un sandwich ___ l'___voc___ et un Coc___.

EXERCICES

5 **Complétez par le nom en *-at* correspondant au nom ou à l'adjectif proposé.**

Ex. : secrétaire → ***secrétariat.***

1. interne : ______AT
2. interprète : ______AT
3. partenaire : ______AT
4. volontaire : ______AT
5. consul : ______AT
6. salaire : ______AT
7. électeur : ______AT
8. assistant : ______AT

6 **Complétez les phrases par un mot en *-at* (attention aux pluriels).**

Ex. : On m'a volé mes papiers, je dois faire une déclaration au ***commissariat*** *de police.*

1. Jean-Yves veut rester anonyme, il veut préserver son ______.
2. C'est le quartier des artisans. Vous y découvrirez l' ______ local.
3. J'ai acheté beaucoup de souvenirs. J'ai fait de nombreux ______.
4. Sandrine est bénévole aux Restos du Cœur. Elle fait du ______.
5. À la fin du lycée on passe le bac. Bac est le diminutif de ______.
6. Entre l'entrée et le dessert, il y a le ______ principal.
7. Il est plus gros que la souris et vit dans les égouts : le ______.
8. L'employeur et l'employé signent un ______ de travail.
9. Il est maintenant docteur en droit. Il vient de passer son ______.
10. Cet appartement a été refait. Il est en très bon ______.

7 **Complétez les phrases par l'adverbe correspondant à l'adjectif souligné.**

Ex. : Les Scandinaves ont un anglais courant. Ils parlent ***couramment*** *anglais.*

1. Les Américains sont prudents au volant. Ils conduisent ______.
2. Les Espagnols sont d'élégants danseurs. Ils dansent ______.
3. Les Français sont patients. Ils attendent ______ le bus quand le métro est en grève.
4. Les Suisses font de fréquents voyages à l'étranger. Ils voyagent ______ à l'étranger.
5. Les Italiens sont parfois bruyants. Ils communiquent ______.
6. Les étudiants chinois ont posé des questions intelligentes. Ils sont ______ intervenus.
7. Tenue décente exigée. Il faut être ______ vêtu pour visiter cette église.
8. L'élection est récente. les Allemands ont ______ élu un nouveau chancelier.

EXERCICES

8 **Les adverbes suivants en *-emment* et en *-amment* ont été coupés en deux parties. Reliez-les et placez-les ensuite dans les phrases.**

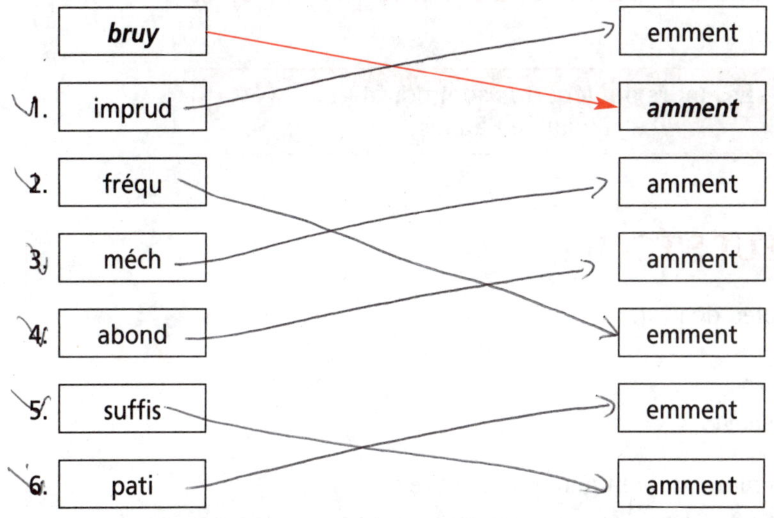

Ex. : Les voisins font beaucoup de bruit. Ils parlent ***bruyamment****.*

1. Léo ne fait pas attention, il traverse ____________ la rue.
2. Alexis ne veut pas jouer avec sa sœur, il se conduit ____________ avec elle.
3. Il y a eu de grosses pluies au Brésil. Il a plu ____________.
4. Non, merci, pas de dessert, j'ai ____________ mangé.
5. Michel est resté une heure sous la pluie. Il m'a ____________ attendue.
6. Corinne va danser tous les soirs. Elle sort ____________.

9 **Reconstituez cinq mots (certaines syllabes sont parfois utilisées deux fois, d'autres pas).**
Ex. : ***délicat****.*

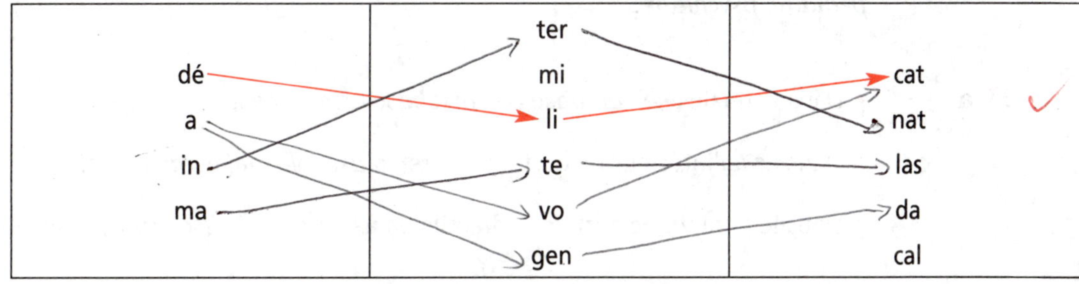

dé a in ma	ter mi li te vo gen	cat nat las da cal

10 **Dictée.**

____

____

____

____

____

6 L'AMPHITHÉÂTRE
Comment écrire le son [ɑ] : â, a

Les murs du débarr**as** sont noir**â**tres.
Le g**â**teau de P**â**ques.

LE SON [ɑ] PEUT S'ÉCRIRE

â En début ou en milieu de mot.
*Quel **â**ge a cet **â**ne ?*
*Il a b**â**ti un ch**â**teau.*
*Des p**â**tes et du fromage.*

Les dérivés de ces mots gardent généralement le **â**.
***â**ge / **â**gé ; **â**ne / **â**nerie / **â**nesse ; b**â**tir / b**â**timent ; ch**â**teau / ch**â**telain ; fl**â**ner / fl**â**nerie / fl**â**neur.*
sauf : *gr**â**ce / gracieux ; r**â**teau / ratisser.*

âtre
- En fin de mot dans : *pl**â**tre, thé**â**tre.*
- Ajouté aux adjectifs de couleurs, il signifie une couleur triste, assez floue.

*blanch**â**tre, bleu**â**tre, gris**â**tre, jaun**â**tre, ros**â**tre, rouge**â**tre, verd**â**tre.*
*Il y avait sur les murs un papier verd**â**tre.*

Les mots en **atre** sans accent circonflexe sont prononcés [a] : *qu**a**tre, pédi**a**tre, psychi**a**tre.*

a
- Dans la finale **ase** : *arob**a**se (ou arrob**a**se), b**a**se, c**a**se, phr**a**se*, etc.
- Dans **as** à l'intérieur de certains mots : *bl**a**sé, bl**a**son, écr**a**ser*, etc.
- Dans le féminin de certains adjectifs en **as** : *gr**a**sse, b**a**sse, l**a**sse, r**a**se*, etc.

as En fin de mots : *am**as**, b**as**, br**as**, c**as**, comp**as**, débarr**as**, gr**as**, l**as**, m**as**, p**as**, r**as**, rep**as**, t**as***, etc.
*Mettons ce t**as** de choses dans le débarr**as**.*

Dans le mot *as*, le **s** est prononcé.

EXERCICES

1 **Charades. Découvrez les trois mots qui comportent un â.**

Ex. : Mon premier est la première lettre de l'alphabet : ***a***
Mon deuxième est le contraire de oui : ***non***
Mon tout est le petit de l'âne : ***ânon***

1. Mon premier est le contraire de haut. ______
Mon deuxième signifie « à toi » au masculin singulier. ______
Mon tout est un objet qui sert à frapper. ______

2. Mon premier est un diminutif de garçon. ______
Mon deuxième est le contraire de tard. ______
Mon tout peut se manger pour le dessert. ______

3. Mon premier est une négation. ______
Mon deuxième est la vingtième lettre de l'alphabet. ______
Mon tout peut se manger en entrée. ______

2 **Trouvez le mot de la même famille que le mot souligné.**

Ex. : Il a lâchement abandonné ses amis. Il est ***lâche****.*

1. Le bébé adore câliner son ours en peluche. Il est très ______.
2. Le voilier a démâté. Cela signifie que son ______ s'est cassé.
3. Cette danseuse étoile est très gracieuse. Elle a beaucoup de ______.
4. Joseph a bâti cet immeuble. C'est un ouvrier du ______.

3 **Complétez la grille avec des adjectifs de couleurs en -âtre correspondant aux définitions et vous découvrirez verticalement une autre couleur.**

1						R	O	U	G	E	Â	T	R	E
2														
3														
4														
5														
6														
7														
8														

1. Ce canapé est rouge et vieux. Il est...
2. Je n'aime pas cette robe verte. Elle est...
3. Ce mur est noir et sale. Il est...
4. Sa robe rose a vieilli. Elle est devenue...
5. Le ciel de ce tableau est légèrement bleu. Il est...
6. Il a mis des tons jaunes dans sa peinture. Cela donne maintenant une couleur....
7. C'est trop pâle. C'est...
8. Il a une tache brune sur la cravate. La tache est...

LE SON [ɑ] ET LE SON [a]

La différence entre [ɑ] et [a] n'est pas toujours très marquée et peut parfois varier d'une région à une autre.
On peut cependant noter les différences de prononciation de certains mots.
*Je vais bientôt me **lasser** de **lacer** tes chaussures !*
[lɑse] [lase]

■ Mots qui ont une orthographe différente et se prononcent différemment.

[ɑ]	[a]
Bâle hâler las lasser mâle mât / mas pâte ras / raz tâche tas	bal / balle aller la / là lacer malle ma patte rat tache ta ...

■ Mots qui ont une orthographe différente et se prononcent de la même façon.

• [ɑ]

mât pâté ras	mas pâtée raz ...

*Raymond mange du **pâté** et Médor, son chien, mange sa **pâtée.***

• [a]

à art bal bar car ça date là	a arrhes balle barre quart sa datte la / l'a / l'as

*J'ai dû verser 100 euros d'**arrhes** pour réserver cette œuvre d'**art**.*

EXERCICES

1 **Complétez les phrases en choisissant les mots proposés.**

*Ex. : **Ta** chemise est dans ce **tas** de vêtements.*

1. Enlève ta ________, Oscar, laisse-moi manger mes ________s !
2. J'ai laissé les trois ________s de mon repas ________ j'avais déjà dîné.
3. Tu as vu mon sac ? – Oui, il est ________, tu ________ mis sous ta chaise.
4. Le gangster est entré dans le ________, une ________ de fer à la main
5. ________ cousine a un joli ________ où je passe des vacances.

pâte	patte
car	quart
l'as	là
barre	bar
mas	ma

2 **Ajoutez tous les accents nécessaires (â ou à) comme dans l'exemple.**

Dans la ferme des « A », il y a :

un âne avec une tache blanchâtre à une patte,

un cheval qui marche avec grace,

une vache grasse qui mache par-ci et par-la de l'herbe,

un canard qui se hate de nager dans la mare,

un chat qui a une patte dans le platre,

une oie qui se fache car elle cherche son male, le jars,

un rat qui veut garder l'anonymat et qui se cache dans l'étable,

et la, un chat jaunatre sans age et las, qui dort sur un tas de paille.

3 **Trouvez dans la liste suivante les mots correspondant aux définitions.**

*Ex. : Un récipient pour mettre des fleurs est un **vase**.*

hâte, gâté, arobase, débarras, râpé, châtain

1. Une adresse électronique a toujours une ________________.
2. Un pièce de la maison où l'on met les choses inutiles est un ________________.
3. Je suis impatiente d'être en vacances, j'ai ________________ de partir.
4. Je mets du fromage ________________ sur le gratin d'endives, c'est du fromage coupé en très fins morceaux.
5. Elle n'est ni blonde ni brune ni rousse, elle est ________________.
6. Lulu a tout ce qu'il veut, il est trop ________________.

4 **Dictée.**

____

____

____

____

____

7

LES DIPLÔMES

Comment écrire le son [o] : o, au, eau, ô

J'ai entendu la mét**éo** à la rad**io**.
Les **au**teurs ont été appl**au**dis.
Il a mis son mant**eau** à carr**eaux** et son beau chap**eau**.
Elle a eu son dipl**ô**me.

LE SON [o] PEUT S'ÉCRIRE

■ **o**

Généralement en fin de mots.

*Brun**o** joue toujours le même numér**o** au casin**o**.*
*J'ai entendu ce concert**o** à la radi**o**.*
*All**o**, Lé**o** ? On fait du vél**o** ou on joue au pian**o** ?*

Dans les mots composés du type : **agro-, archéo-, auto-, biblio, chrono-, hebdo-, homo- magnéto-, mono-, radio-, socio-**.
*agr**o**alimentaire, mon**o**pole, soci**o**logie.*

Dans les mots composés de deux adjectifs de pays.
*un musicien ital**o**-américain, l'association franc**o**-russe.*
anglais : **anglo-** ; allemand : **germano-** ; américain : **américano-** ; chinois : **sino-** ; espagnol : **hispano-** ; italien : **italo-**.

Dans les mots terminés en **ose**.

*Nathalie comp**o**se des bouquets grandi**o**ses.*
*Ce sont des ch**o**ses que je n'**o**se pas dire.*
*Le virtu**o**se se rep**o**se.*
*J'arr**o**se les r**o**ses à petites d**o**ses.*

Certains mots se terminent en **oc, op, os, ot** (on ne prononce pas les lettres **c**, **p**, **s**, **t**).

*Un tourned**os** avec des haric**ots**, s'il vous plaît !*
*C'est un escr**oc**, il a falsifié son passeport.*
*Le hér**os** est parti sur son cheval au gal**op**.*

-ot	-os	-op	-oc
*abric**ot**, arg**ot**, bistr**ot**, chari**ot**, p**ot**, compl**ot**, coqueli**cot**, escarg**ot**, haric**ot**, idi**ot**, még**ot**, paqueb**ot**, rob**ot**,* etc.	*cha**os**, cl**os**, d**os**, gr**os**, hér**os**, **os** (pluriel), rep**os**, tourned**os**, n**os**, v**os**,* etc.	*gal**op** sir**op** tr**op***	*cr**oc** escr**oc***

EXERCICES

1 Charade.

Ex. : Mon premier est un membre supérieur du corps : bras
Mon deuxième est le pluriel de votre : vos
On dit mon tout pour féliciter quelqu'un : ***bravo***

Mon premier est le féminin de « le ». ____________

Mon deuxième est la 3e personne du singulier de aller. ____________

Mon troisième signifie joli. ____________

Mon tout est dans la salle de bains. ____________

2 Ils ont tous deux nationalités. Faites comme dans l'exemple.

Ex. : C'est une pianiste (française et américaine) ***franco-américaine****.*

1. C'est une actrice (anglaise et italienne) : ____________
2. C'est un avocat (allemand et turc) : ____________
3. C'est un artiste (chinois et japonais) : ____________
4. C'est un chanteur (espagnol et portugais) : ____________
5. C'est un peintre (italien et brésilien) : ____________

3 Complétez les listes à l'aide des mots suivants pour reformer des mots composés.

radio, ***auto****, socio, mono, biblio, homo, magnéto*

mobile
Ex. : ***auto****matique*
nome

1. ______ thèque / philie / graphie
2. ______ phone / scope / cassette
3. ______ activité / logie / -réveil
4. ______ nyme / logue / gène
5. ______ logie / culturel / linguistique
6. ______ logue / pole / ski

4 Devinettes. Retrouvez le mot correspondant à la définition.

Ex. : Un légume vert. → ***h a r i c o*** *t.*

1. On peut y mettre une plante.
2. C'est plus qu'assez.
3. On en a besoin quand on est fatigué.
4. C'est une personne malhonnête.
5. Fruit jaune orangé.
6. Un très gros bateau.

						O	T
						O	P
						O	S
						O	C
						O	T
						O	T

LE SON [o] PEUT S'ÉCRIRE

■ **au** *Cl**au**de aime le **sau**mon.*
*Appl**au**dissez les **au**teurs !*

Certains mots se terminent en **aud, aut** ou **aux** (on ne prononce pas les lettres **d**, **t**, **x**) : *ch**aud**, crap**aud**, artich**aut**, h**aut**, il f**aut**, déf**aut**, s**aut**, f**aux**, t**aux**.*

• Les pluriels des mots en **-al** : *un cheval / des chev**aux** ; un journal / des journ**aux**…*

Principales exceptions : *des b**als**, des carnav**als**, des festiv**als**, des récit**als***, et *ban**als**, fat**als**, glaci**als**, nav**als**.*

• Les pluriels de quelques mots en **-ail** : *un corail / des cor**aux** ; un émail / des ém**aux** ; un travail / des trav**aux** ; un vitrail / des vitr**aux***. Les autres mots font leur pluriel en **-ails** : *des dét**ails**, des port**ails***, etc.

■ **eau** En fin de mot.

*Il a un chap**eau** et un mant**eau** à carr**eaux**.*
*Le s**eau** est plein d'**eau**.*

Ces mots prennent un **x** au pluriel : *des agn**eaux**, des morc**eaux***.
(*bord**eaux*** s'écrit toujours avec un **x**).

■ **ô** *ch**ô**mage, c**ô**ne, contr**ô**le, c**ô**te, c**ô**té, dipl**ô**me, d**ô**me, dr**ô**le, fant**ô**me, h**ô**pital, h**ô**te, h**ô**tel, h**ô**tesse, **ô**ter, p**ô**le, r**ô**le, r**ô**ti, r**ô**tir, sympt**ô**me* mais ***zo**ne* et *cycl**o**ne*.

*Ce café a un ar**ô**me exceptionnel. Cette maison est la v**ô**tre ? Oui, c'est bien la n**ô**tre.*

Certains mots se terminent en **ôt** (on ne prononce pas la lettre **t**).
*aussit**ô**t, bient**ô**t, dép**ô**t, entrep**ô**t, imp**ô**t, plut**ô**t, t**ô**t.*
*Il faudra bient**ôt** payer vos imp**ôts**.*

Les homophones : certains mots se prononcent de la même façon mais s'écrivent différemment.

*Vos enfants aiment le v**eau** ?* (*cf.* Comment écrire le son [ɔ].)

CAS DES MOTS D'ORIGINE ÉTRANGÈRE : LE SON [o] PEUT S'ÉCRIRE

■ **a** *footb**a**ll, footb**a**lleur, baseb**a**ll, basket-b**a**ll*, etc.

■ **oa** *g**oa**l, t**oa**st, t**oa**steur*, etc.

EXERCICES

1 **Olivier et Bérénice ont déjeuné au restaurant. Ils veulent payer séparément mais la note est illisible. Reconstituez les mots et faites la liste d'Olivier (qui n'a mangé que des choses en *-eau*) et la liste de Bérénice (qui n'a mangé que des choses en *-au*).**

1. Olivier (eau)

Entrée

Ex. : ***salade de poireaux***

Plat

____

Accompagnement du plat

____

Dessert

____

Boisson

____

Note	
Entrées	
velouté d'artich________t	*4 €*
salade de poir________x	*4 €*
Plats	
s________mon à l'oseille	*8 €*
carré d'agn________	*9 €*
Accompagnement du plat	
haricots nouv________x	
gratin d'________bergines	
Desserts	
tarte aux prun________x	*6 €*
tarte aux mûres s________vages	*5 €*
Boissons	
Vin________verre	*3 €*
________gazeuse	*4 €*
TOTAL :	*43 euros*

2. Bérénice (au)

Entrée

____

Plat

____

Accompagnement du plat

____

Dessert

____

Boisson

____

2 **Trouvez les mots et placez-les dans la grille. Vous en trouverez verticalement un autre.**

1. Il y a une boulangerie à ... de chez moi.
2. On le reçoit à la fin des études.
3. C'est notre maison : c'est la ...
4. Enlever.
5. Morceau de viande qu'on met au four.
6. Elle travaille dans les avions.
7. La Terre a le ... Nord et le ... Sud.
8. En vacances, on peut y louer une chambre.
9. On y met la clé.
10. Comique ou bizarre.

1 *C Ô T É*
2
3
4
5
6
7
8
9
10

3 **Dictée.**

____

____

____

____

____

8 Le professeur

Comment écrire le son [ɔ] : o (au, u, oo, oi)

Jean a **o**ffert un **o**bjet d'art à son c**o**pain.
P**au**l a d**o**nné une p**o**mme à Élé**o**nore.

LE SON [ɔ] PEUT S'ÉCRIRE

■ **o**

• En début de mot.

*Cet **o**bjet a une **o**deur d'**o**live.*
*Il a été **o**bligé d'**o**rganiser la réception **o**fficielle.*

• Dans un mot.

*C'est le m**o**ment de c**o**pier ce d**o**cument.*
*Le d**o**cteur a d**o**nné son acc**o**rd.*
*Car**o**le a mis sa r**o**be pour aller au c**o**llège.*

■ **au**

Dans les mots : ***Pau**l, **Lau**re, **Lau**rent, **Lau**rence, rest**au**rant, s**au**r,* etc.
*Un hareng s**au**r est salé et fumé.*

■ **u**

Suivi d'un **m** final.

*Qui a collé un chewing-g**um** sur l'aquari**um** ?*
*Elle est fatiguée, car elle manque de magnési**um**.*
*Nous avons visité le planétari**um** et l'aquari**um**.*

■ **oo**

Dans le mot *alc**oo**l* et les mots de la même famille.

*alc**oo**l, alc**oo**lémie, alc**oo**lique, alc**oo**liser, alc**oo**lisme,* etc.
*Un alc**oo**test mesure le taux d'alc**oo**lémie d'un automobiliste.*

⚠ Il existe d'autres mots en **oo** mais on prononce généralement les deux **o**.

***coo**pérer, **coo**pération, **coo**pératif, **coo**pérative, **coo**rdonner, **coo**rdinateur, **coo**rdination, **coo**rdonnée,* etc.
*Les opérations sont **coo**rdonnées par Mme Michu.*

■ **oi**

Dans le mot ***oi**gnon.*

EXERCICES

1 **Devinettes : trouvez cinq mots commençant par *o*.**

*Ex. : L'Atlantique en est un **océan**.*

1. Elle est petite, ronde, verte ou noire et elle accompagne l'apéritif : __________.
2. Elle est faite avec des œufs battus et cuits : __________.
3. Un fruit qui a donné son nom à une couleur : __________.
4. Une partie du corps qui permet d'entendre : __________.
5. Contraire de « occidental » : __________.

2 **Ils se prononcent de la même façon. Replacez le mot correct dans la phrase.**

Ex. : col, colle.
*a. J'utilise de la **colle** pour fixer deux feuilles de papier ensemble.*
*b. Elle porte un chemisier avec un **col** en dentelle.*

1. *sors, saur, sort*

a. Un hareng __________.

b. Ce soir, je __________ avec Marc.

c. La sorcière a jeté un mauvais __________.

2. *port, porc*

a. La Rochelle est un charmant __________.

b. On fait le saucisson avec de la viande de __________.

3. *sol, sole*

a. Il y a une moquette sur le __________.

b. J'ai mangé une __________ grillée.

4. *hors, or*

a. Nous avions rendez-vous. __________ il n'est pas venu, donc je suis parti.

b. Il est __________ de question que j'attende une minute de plus.

3 **Complétez les slogans publicitaires en choisissant un mot dans la liste.**

aluminium, maximum, calcium, summum, minimum

*Ex. : Grignoti, un **maximum** de goût et un **minimum** de calories !*

1. Le dentifrice Ecladent contient du fluor et du __________.
2. Conservtou, le nouveau papier __________ qui conserve tous les aliments.
3. Avec les vitamines Vivlamine, vous serez au __________ de votre forme !
4. L'éponge Absorbtou est petite mais elle fait le __________ !

LE SON [ɔ] ET LE SON [o]

■ Les homophones : certains mots se prononcent de la même façon mais s'écrivent différemment.

*Vos enfants aiment le **veau** ?*

prononciation identique
[o]
au / aux / eau / haut / oh / ô autel / hôtel chaud / chaux / show bouleau / boulot canaux / canot do / dos faut / faux fausse / fosse maux / mot pause / pose peau / pot saut / sot / sceau / seau taux / tôt vaut / veau / vos verseau / verso
[ɔ]
col / colle cor / corps saur / sors / sort

prononciation différente	
[o]	[ɔ]
côte	cote/cotte
hôte	hotte
nôtre	notre
pôle / Paule	Paul
paume	pomme
saule	sol / sole
saute	sotte
vôtre	votre

■ **au, eau, o**

- Le son [ɔ] peut s'écrire **o** et le son [o], **au** ou **eau** (sauf les mots en **-ose**).
*Car**o**le a de b**o**nnes n**o**tes mais pas Arn**au**d, qui fait b**eau**coup de f**au**tes.*

- Pour certains mots, il suffit de connaître des mots de la même famille.

– On écrit **ô** quand un mot de la même famille contient **-os** :
*h**ô**pital (h**os**pice, h**os**pitalier) ; c**ô**te (acc**os**ter).*

– On écrit **-au** quand un mot de la même famille contient **-al** :
*ch**au**d (ch**al**eur).*

– On écrit **-eau** quand un mot de la même famille contient **-el** :
*b**eau** (b**el**le, emb**el**lir), nouv**eau** (nouv**el**, renouv**el**er).*
*Cet h**ô**pital n'est pas b**eau** et en plus il y fait trop ch**au**d !*

EXERCICES

1 **Complétez les phrases en replaçant les mots correctement.**

*Ex. : C'est un **pot** de crème pour la **peau**.*

1. Cette ________ de Liselotte ________ toujours dans les flaques d'eau ! — *saute* | *sotte*
2. Il a mis de la ________ pour fixer son faux-________. — *col* | *colle*
3. Le peintre fait une ________, il ________ ses pinceaux et son modèle ne prend plus la ________, elle se repose. — *pose* | *pose* | *pause*
4. Au ________, il y a l'horoscope, quel est ton signe ? Le ________ ! — *verso* | *verseau*
5. Tanya n'a pas dit un ________. La pauvre souffre de terribles ________ de tête. — *maux* | *mot*
6. Nous avons loué des ________ pour naviguer sur les ________ de Paris. — *canots* | *canaux*
7. Vous auriez dû venir plus ________ ce matin, le ________ de change du dollar était plus intéressant. — *taux* | *tôt*

2 **À partir des dessins, formez des mots.**

*Ex. : col + r = **colère**.*

R — 1. *Colère*

I — 2. ________

é — 3. ________

A — 4. ________

D — 5. ________

1920 — 6. ________

3 **Dictée.**

____

____

____

____

____

S/12/06.

9 LES COURS

Comment écrire le son [u] : ou, où, oû, oue (oo, ow, u)

Cette bij**ou**terie **où nous** tr**ou**vions t**ou**j**ou**rs des bij**oux** à notre g**oût** n'existe plus. C'est maintenant une b**ou**tique qui l**oue** des vidéos de f**oo**tball. **Nous** sommes dég**oû**tés.

LE SON [u] PEUT S'ÉCRIRE

- **ou** *Cette b**ou**langerie est t**ou**j**ou**rs **ou**verte.* *Le j**ou**rnaliste présente les n**ou**velles.*

  ⚠ **où** (le pronom) et **ou** (la conjonction) : *D'**où** viens-tu ? **Où** vas-tu ? **Où** est-ce ? Voilà l'hôtel **où** j'habite. Tu veux du thé **ou** du café ?*

- **oue** *Il l'a embrassée sur la j**oue**.* *Soyez assuré de mon dév**oue**ment.*

- **oû** *Combien ça c**oû**te ? Vous avez déjà g**oû**té cette spécialité régionale ?*

- **oo, ow, u** Dans des mots d'origine étrangère : *c**oo**l, f**oo**tball, cl**ow**n, p**u**tsch*, etc.

LES TERMINAISONS EN OUT, OÛT, OUP, OUS, OUX

- **out, oût** (la lettre **t** n'est pas prononcée) : *bout, coût, debout, égout, goût, partout, surtout, tout*, etc. Dans *août*, la lettre **t** peut être prononcée.

- **oup** La lettre **p** n'est pas prononcée dans *coup* et *loup*.

- **ous** La lettre **s** n'est pas prononcée dans les mots grammaticaux comme *dessous, nous, vous, sous*, etc.

- **oux** La lettre **x** n'est pas prononcée dans *courroux, doux, jaloux, roux, toux*, etc.

  Les mots en **-ou** ont leur pluriel en **-ous** : *un clou, des clous*. Mais sept noms en **-ou** ont leur pluriel en **-oux** : *bijou, caillou, chou, genou, hibou, joujou, pou (des bijoux, des cailloux, des choux, des genoux, des hiboux, des joujoux, des poux).*

- **oud / ouds :** Au présent du verbe *coudre*, les lettres **ds** ne sont pas prononcées (*je couds, tu couds, il coud*). (*cf.* Les conjugaisons.)

EXERCICES

1 Complétez avec le mot exact.

Ex.: Le contraire de nuit, c'est ***jour.***

1. Lima est la capitale du ______________.
2. Pour fermer une veste, il y a des ______________.
3. La Saint-Valentin est la fête des ______________.
4. Ce n'est pas fermé, c'est ______________.
5. On achète la viande chez le ______________.
6. La bouteille est fermée par un ______________.
7. Le bleu, le vert, le jaune, le rose sont des ______________.
8. Le couteau sert à ______________.

2 Trouvez dans la liste le mot qui correspond à la définition et écrivez-le.

Boubou, coucou, joujou, loulou, nounou, toutou.

1. C'est un oiseau, c'est aussi un type d'horloge : un ______________.
2. Elle s'occupe des bébés et des enfants très jeunes : une ______________.
3. C'est ainsi que les enfants appellent le chien : un ______________.
4. C'est une longue tunique africaine : un ______________.
5. C'est un petit chien d'appartement : un ______________.
6. C'est le nom que les enfants utilisent pour un jouet : un ______________.

3 *Ou / où* : choisissez la bonne orthographe.

1. Tu préfères le thé ______ le café ?
2. Je ne sais pas ______ elle habite.
3. D'______ viens-tu ?
4. C'est oui ______ non ?

4 Même exercice.

Pour aller de Belgique en Suisse, je ne sais pas par ______ passer. Par la France, ______ les autoroutes sont payantes, ______ par l'Allemagne ______ les autoroutes sont gratuites, mais la route serait plus longue. ______ alors, je prends l'avion.

5 *Ou / Oue* ? Complétez (attention aux pluriels).

Ex. : Le mélange d'eau et de terre forme la ***boue.***

1. Les vélos sont aussi appelés des deux-r______.
2. J'ai mal au c______.
3. Le marteau sert à enfoncer le cl______.
4. Les enfants s'envoient des b______les de neige.
5. Il fait froid, j'ai les j______ rouges.
6. Elle a beaucoup de c______rage.
7. Soyez assuré de mon dév______ment.

EXERCICES

6 **Trouvez la bonne orthographe du son [u].**

Auj___rd'hui, les fast-f___d sont part___. Il y a une d___zaine d'années, il y avait encore aut___r des gares des cafés qui proposaient des petits menus t___ristiques. Dans les gares, il y avait des b___tiques ___ on p___vait acheter de quoi se n___rrir. T___ cela est en train de m___rir.

7 **Trouvez le masculin des mots soulignés.**

*Ex. : Elle n'est pas folle, il n'est pas **fou**.*

1. Brigitte est l'épouse de Jean, Jean est l' ___ de Brigitte.
2. Tous deux ont des cheveux rouges. Martine est rousse et Thierry est ___
3. La température est douce, le temps est ___.
4. Une louve, un ___.
5. C'est un fromage à pâte molle, c'est un fromage ___.

8 **Transformez le pluriel en singulier.**

*Ex. : Elle a acheté plusieurs bijoux et moi, je n'ai acheté qu'un **bijou**.*

1. Je vous donne deux choux ? Non, un ___ suffit.
2. Tous les gens que je connais sont d'accord avec moi. ___ le monde m'approuve.
3. Avec ta cigarette, tu as fait des trous dans la nappe. Tu exagères, je n'ai fait qu'un seul ___.

9 ***ous* ou *oux* ?**

*Ex. : Elle a acheté des bij**oux**.*

1. Avant de la quitter, il lui a fait des bis___.
2. Dans la forêt, il y a des hib___ et des couc___.
3. Je suis tombé sur des caill___, j'ai mal aux gen___.
4. Les enfants sont complètement f___ de leurs nouveaux jouj___.

10 **Charade. Quelle est cette ville ?**

Mon premier est un oiseau sauvage ou domestique. ___

Mon second est une abréviation du mot *garçon*. ___

Mon troisième est le contraire de *amer*. ___

Mon quatrième est un des cinq sens. ___

Mon tout est une capitale africaine. ___

11 **Rébus : quel est ce plat régional.**

lait / K : ___

EXERCICES

12 **Choisissez la bonne orthographe : *cou, cous, coud, couds, coup, coups, coût.***

1. Il faisait beau et tout à ______ il s'est mis à pleuvoir.
2. Les girafes ont un long ______.
3. Le ______ de la vie a encore augmenté.
4. Elle s'est fâchée, elle a donné des ______ de poing sur la table.
5. Le tailleur a coupé le tissu, maintenant il ______.
6. Il fait froid, mets-toi une écharpe autour du ______.
7. Tu viens prendre un café ? Je n'ai pas le temps, je ______.

13 **Complétez avec *boue, bout, sou* ou *sous.***

1. Le mélange d'eau et de terre forme la ______.
2. Je n'ai plus d'argent, je n'ai plus un ______.
3. J'irai jusqu'au ______.
4. Le chien dort ______ la table.

14 **Charades. Quels sont ses animaux ?**

1. Mon premier est une conjonction de temps ou une ville de Normandie. ______
2. Mon deuxième est un des cinq sens. ______
3. Mon troisième désigne des cheveux de couleur rouge. ______

Mon tout est un animal d'Australie. ______

1. Mon premier est une voyelle. ______
2. Mon second est une extrémité. ______

Mon tout est un oiseau de nuit. ______

1. Mon premier est le contraire de dur. ______
2. Mon deuxième est à toi, c'est aussi un poisson de mer. ______

Mon tout est un animal qui donne de la laine. ______

15 **Dictée devinette.**

Deux réponses possibles : avec le ______ et le ______ / avec le ______.

10

LA CULTURE
Comment écrire le son [y] : u, û (ue, us, ut)

Au déb**ut**, son ref**us** des règles et sa mauvaise ten**ue** n'ont pas pl**u**. Il a d**û** changer d'attit**u**de.

LE SON [y] PEUT S'ÉCRIRE

■ **u**

*Suzanne est très **du**re en affaires. Br**u**no est n**u**l en calc**u**l !*
*L**u**cien a b**u** **u**ne bière br**u**ne au b**u**ffet de la gare.*
*Il a p**u** p**u**blier un livre s**u**r ce s**u**jet.*
*C'est la voit**u**re d**u** cons**u**l de B**u**lgarie, elle est s**u**perbe.*

Le son [y] peut aussi s'écrire **eu** : *j'ai **eu*** (passé composé du verbe *avoir*).

■ **û**

*Les piq**û**res d'abeilles sont douloureuses.*
*Je n'aurais jamais d**û** prêter ma fl**û**te à un ami.*
*Il est trop tôt, les fruits ne sont pas encore m**û**rs.*

LES TERMINAISONS EN -UE, -US, -UT

• **-ue** (la lettre **e** n'est pas prononcée).

*Je t'ai apporté la rev**ue** que tu m'avais demandée.*
*Je n'attendais plus sa ven**ue**.*
*Cette **rue** et cette aven**ue** sont toujours très animées.*

• **-us** (la lettre **s** n'est pas prononcée) : *conf**us**, dess**us**, **jus**, ref**us***, etc.
*Je n'avais pl**us** de **jus** d'orange à lui offrir, j'étais conf**us**.*

• **-ut** (la lettre **t** n'est pas prononcée) : *attrib**ut**, **but**, déb**ut**, instit**ut**, reb**ut**, sal**ut***, etc.
*Ce n'était pas au déb**ut** le **but** de cet instit**ut**.*

-ut et **-us** en fin de mot peuvent quelquefois être prononcés : *brut, bus,* etc.

LES VERBES EN -UER

■ Dans les terminaisons des verbes en **-uer** (*rem**uer**, sal**uer**, s'habit**uer**, sit**uer**, **tuer***, etc.), le son [y] peut s'écrire **ue, ues, uent**, à l'impératif et au présent de l'indicatif et du subjonctif.

*Je sal**ue*** *Qu'il sal**ue***
*Tu sal**ues*** *Qu'elles sal**uent*** *Rem**ue** le bras !*

EXERCICES

1 **Écrivez le nom de ce pays.**

Ex. : Washington est la capitale des ***États-Unis****.*

1. Sofia est la capitale de la B__________.
2. La Havane est la capitale de C__________.
3. Tunis est la capitale de la T__________.
4. Lisbonne est la capitale du P__________.
5. Ankara est la capitale de la T__________.
6. Kiev est la capitale de l'U__________.
7. Moscou est la capitale de la R__________.
8. Montevideo est la capitale de l'U__________.

2 **Trouvez et écrivez le mot manquant.**

Ex. : Mozart : Je suis le compositeur de la Marche **turque**.

1. Jules César : Je suis venu, j'ai __________, j'ai vaincu.
2. Neil Armstrong : Je suis le premier homme à avoir marché sur la __________.
3. Yves Saint Laurent : Vive la haute __________ !
4. Roméo : J'aime __________.

3 **Choisissez le bon mot.**

Ex. : Le steak tartare n'est pas cuit, il est [crû | **cru**].

1. Ce n'est pas la saison, les pommes ne sont pas [mures | mûres].
2. Je suis [sûr | sur] qu'elle ne m'a pas [cru | crû].
3. Dans cet immeuble, les [murs | mûrs] ne sont pas épais.
4. Il n'aurait jamais [du | dû] faire cela.
5. J'ai lassé les clés [sur | sûr] la table [du | dû] salon.

4 **Voici deux adresses. Réécrivez-les entièrement.**

1. r. de la Réunion, Nantes : __________
2. Av. Jean-Jaurès, Lyon : __________

5 **Écrivez ces mots au singulier.**

Ex. : Des pardessus, un ***pardessus****.*

1. Des tissus, un __________.
2. Des jus de fruit, un __________.
3. Des refus, un __________.
4. Les vertus, la __________.

6 **Bruno, qui est invité par Julien, lui envoie un courrier électronique pour connaître le menu. Julien lui répond, mais son ordinateur a un petit problème. Quelquefois la lettre u (et parfois la lettre qui suit u) ne fonctionne pas. Rétablissez toutes les lettres de ce message.**

Sal_____,

Au déb_____, j'avais pensé faire une fond_____, mais je n'ai pl_____ de gr_____yère. Je vais pl_____tôt faire _____ne grande salade avec des cr_____dités, des œ_____fs d_____rs, d_____ j_____ de citron et de la lait_____. Comme dessert, _____ne crème br_____lée et, si elles sont m_____res, des pr_____nes d_____ jardin. À ce soir.

EXERCICES

7 Complétez avec *u*, *ue*, *us* ou *ut*.

*Ex. : L'enfant n'était pas habillé, il était tout **nu**.*

1. Quel temps désagréable. Toute la journée, il a pl_____.
2. Je crois qu'elle habite dans cette r_____.
3. Dans quel b_____ faites-vous cela ?
4. Tu veux du j_____ d'orange ?
5. Depuis 2002, on n'utilise pl_____ les francs en France.
6. Je n'ai pas besoin de lunettes, j'ai une bonne v_____.

8 Mots croisés.

Trouvez les participes et découvrez le participe passé vertical.

Horizontalement

1. Participe passé du verbe croire.
2. Participe passé du verbe décevoir.
3. Participe passé du verbe plaire.
4. Participe passé du verbe vouloir.
5. Participe passé du verbe connaître.
6. Participe passé du verbe devoir.
7. Participe passé du verbe savoir.

Verticalement : participe passé du verbe _____________.

9 Mots croisés.

Trouvez les participes et découvrez le mot vertical.

1. Participe passé du verbe voir.
2. Participe passé du verbe avoir.
3. Participe passé du verbe croître.
4. Participe passé du verbe taire.
5. Participe passé du verbe boire.

Verticalement : C'est une qualité, la _____________.

10 Complétez les verbes avec *ue*, *uent* ou *ues* et trouvez qui dit cette phrase à l'aide de la liste suivante.

un journaliste, la mère à l'enfant, un touriste perdu, un antifumeur.

*Ex. : Les soldats me sal**uent** (un officier).*

1. Ne rem_____ pas tout le temps (_____________).
2. J'ai oublié où se sit_____ mon hôtel (_____________).
3. À la conférence de paix, les négociations contin_____ (_____________).
4. Arrête de fumer, tu poll_____ (_____________).

EXERCICES

11 Mots croisés.

Horizontalement

1. Un instrument de musique.
2. Sans vêtements.
3. Pronom personnel, deuxième personne.
   Sans vêtements.
4. Première personne du verbe *suivre*.
5. Participe passé du verbe *savoir*.
6. Violente colère.
7. Qui aime faire souffrir.

Verticalement

1. Passé simple du verbe *être* (3e pers.)
   Sigle de l'Union fédérale des consommateurs.
2. Américain. Ville antique.
3. Article indéfini. Sigle pour restaurant universitaire.
4. Pays d'Afrique du Nord.
5. Dans l'usage courant.

	1	2	3	4	5
1	F	L	Û	T	E
2	U	■	N	U	■
3	T	U	■	N	
4	■	S	U	I	S
5	U	■	■	S	U
6	F	U	R	I	E
7	C	R	U	E	L

Dans tous les mots, il y a la lettre **u**.

Mais quel est le mot qui a un **û** ? FLÛTE

12 Charade.

Mon premier est un pronom indéfini. ON — on

Mon deuxième est un article partitif. du — du

Mon troisième est un animal. rat — rat

Mon tout est un pays d'Amérique centrale. Honduras

13 Dictée.

Ce roman superbe mais dur, est un des plus connus de la littérature française. L'action se situe en Algérie. Au début, le personnage central a dû aller à l'enterrement de sa mère. Plus tard, il tue un arabe et est puni par la justice. As-tu lu ce roman ?

Comment s'appelle l'auteur ? ________________.

Exam Jan '07 to here

11

L'ORDINATEUR

Comment écrire le son [œ] : eu, œu (ue, œ, e)

Le direct**eu**r nous a acc**ue**illis avec chal**eu**r au s**eu**il de l'imm**eu**ble de sa société.
Son nouveau produit lead**e**r est un chef-d'**œu**vre.

LE SON [œ] PEUT S'ÉCRIRE

■ **eu**

• Devant une consonne prononcée en finale de syllabe (sauf **s** et **t**).

*Les nouveaux direct**eu**rs ne v**eu**lent engager que des j**eu**nes.*
*Depuis son malh**eu**r, ce v**eu**f vit dans la doul**eu**r.*
*Il n'y a pas un s**eu**l baign**eu**r dans ce fl**eu**ve.*

• Devant des groupes de consonnes comme **bl**, **gl**, **pl**, **vr**.

*Dans cet imm**eu**ble, il y a un centre pour av**eu**gles.*
*Le député est un élu du p**eu**ple.*
*Le poulpe est aussi appelé la pi**eu**vre.*

• Devant **-il**.

*En automne, les f**eu**illes tombent.*
*On trouve dans ce magasin des canapés et des faut**eu**ils.*
*Je l'ai invité, mais je ne crois pas qu'il v**eu**ille venir.*

Dans le cas de mots dérivés, on garde généralement la prononciation du radical.

*On achète des fl**eu**rs chez un fl**eu**riste.*
*L'arrivée de j**eu**nes employés a raj**eu**ni l'entreprise.*
*Elle est toujours en pl**eu**rs, elle n'arrête pas de pl**eu**rer.*

■ **ue**

Derrière **c** et **g** (pour garder la prononciation [k] et [g], *cf.* Comment écrire le son [k], Comment écrire le son [g]) et devant les lettres **il**.

*Je vous remercie de votre acc**ue**il.*
*Il est trop org**ue**illeux pour accepter les critiques.*
*Dans ce jardin public, il est interdit de marcher sur les pelouses et de c**ue**illir les fleurs.*

EXERCICES

1 Trouvez le masculin de ces professions.

Ex. : directrice, ***directeur.***

1. factrice : ____________
2. serveuse : ____________
3. inspectrice : ____________
4. danseuse : ____________
5. coiffeuse : ____________
6. chanteuse : ____________
7. vendeuse : ____________
8. ambassadrice : ____________
9. cultivatrice : ____________
10. décoratrice : ____________

2 Qui est le meilleur ou la meilleure ?

Ex. : Marie, Jean, Julien et Anne sont ingénieurs. Anne peut réaliser deux projets par mois. Julien peut réaliser deux fois plus de projets que Jean. Marie peut réaliser autant de projets que Julien et Anne ensemble. C'est ***Marie*** *qui est* ***la meilleure*** *ingénieur.*

1. André, Fabrice, Gérard et Sophie sont acteurs. André a eu cinq prix, Fabrice a eu deux fois moins de prix que Sophie. Sophie a eu un prix de plus que Gérard. Gérard et Fabrice ont eu le même nombre de prix. C'est ____________ qui est ____________ acteur.
2. Michel, Pierre, Paul et Bernard sont des vendeurs de voitures. À la fin de la journée, Paul a vendu deux voitures de plus que Bernard. Michel a vendu une voiture de plus que Pierre. Pierre a vendu deux fois moins de voiture que Paul. C'est ____________ qui est ____________ vendeur.
3. Alex, Catherine, Pascal et Sylvie sont professeurs. Dans leur classe de trente-six élèves, il y a une discussion pour savoir qui est le meilleur professeur. Un tiers des élèves votent pour Sylvie. Un quart des élèves votent pour Alex. Quatre élèves votent pour Catherine. Tous les autres votent pour Pascal. C'est ____________ qui est ____________ professeur.

3 Écrivez en toutes lettres les abréviations.

Ex. : Dr → ***docteur.***

1. École sup. de commerce → ____________
2. Demain, 18 h → ____________
3. Dir. de projet → ____________
4. Ing. chef → ____________
5. Service du Pr Blanchard → ____________

4 Complétez avec *feuilles, feuillage, portefeuille, fleurs, fleuri, fleuriste.*

Ex. : Pour son anniversaire, je lui ai offert des ***fleurs.***

1. Je n'ai plus d'argent dans mon ____________.
2. Il n'y avait plus de roses chez le ____________.
3. Son balcon est toujours très ____________, il y a des pots de ____________ partout.
4. Le ____________ de cet arbre est magnifique.
5. En automne, ce parc est plein de ____________ mortes.

LE SON [œ] PEUT S'ÉCRIRE

■ **œu** Devant une consonne prononcée.

*La viande de **bœu**f est plus chère que la viande de porc.*
*L'**œu**f mayonnaise est un hors-d'**œu**vre classique dans les restaurants parisiens.*
*Camille Claudel était la s**œu**r de Paul Claudel. Tous deux ont réalisé des chefs-d'**œu**vre.*
*Un groupe de personnes qui chantent ensemble s'appelle un ch**œu**r.*
*La musique adoucit les m**œu**rs.*

⚠ Au pluriel, le **f** de **bœufs** et **œufs** n'est pas prononcé. Le groupe de lettres **œufs** se prononce [ø] (*cf.* Comment écrire le son [ø]).

■ **œ** Devant **-il**.

*Ce matin, elle est très fatiguée, elle n'a pas fermé l'**œ**il de la nuit.*
*Un **œ**illet est une fleur très odorante.*

LES MOTS D'ORIGINE ÉTRANGÈRE

■ Dans certains mots d'origine anglaise, le son [œr] peut s'écrire **er**.

*J'ai beaucoup aimé le thrill**er** que j'ai vu hier à la télévision.*
*Ils vont jouer au flipp**er**.*
*Le nouveau manag**er** est arrivé en sweat**er**.*
*Ce nouveau produit est déjà lead**er** sur le marché.*
*Le speak**er** a regretté l'absence de support**er**s à ce match.*

• Dans d'autres mots d'origine anglaise, le son [œ] peut s'écrire **u** ou **i**.

*Les gangsters ont fait un hold-**u**p.*
*Il préfère passer l'après-midi au cl**u**b que dans un p**u**b.*
*Elle a passé ses vacances à faire du s**u**rf. Elle n'a même pas eu le temps de fl**i**rter.*

EXERCICES

1 **Complétez les phrases suivantes.**

Ex. : Ils chantent ensemble, ils chantent en ***chœur****.*

1. Qui est arrivé le premier ? L' oeuf ou la poule ?
2. Une transplantation cardiaque est une greffe du coeur.
3. Un steak haché est fait avec de la viande de boeuf. ✓
4. Ses parents viennent d'avoir un bébé, il a une petite soeur.

2 **Complétez avec *sœur, sœurs, belle-sœur* ou *belles-sœurs*.**

1. C'est une religieuse, c'est une soeur. ✓
2. La femme de mon frère est ma belle-soeur. ✓
3. Les filles de mes parents sont mes soeurs. ✓
4. Cette sœur de ma femme est une de mes belles-soeurs. ✓

3 **Complétez avec *cœur* ou *œil*.**

Ex. : Un cardiologue est un spécialiste du ***cœur****.*

1. J'ai envie de vomir, j'ai mal au coeur. ✓
2. Je vais m'évanouir, je vais tourner de l' oeil.
3. Il est cardiaque, il souffre d'une maladie du coeur.
4. Je m'absente cinq minutes, garde un oeil sur mon sac. ✓
5. Pour me montrer qu'il n'était pas sérieux, il m'a fait un clin d' oeil.
6. Loin des yeux, loin du coeur. (proverbe).

4 **Oui ou non ? Êtes-vous d'accord avec la définition ? Sinon, corrigez en utilisant un nom de la liste : *pin-up, pub, thriller, puzzle*.**

Ex. : Un homme qui fait un hold-up est un gangster. – Oui, c'est un gangster.
Celui qui soutient une équipe de foot est un flipper. – Non, ce n'est pas un flipper, c'est un ***supporter****.*

1. Celui qui dirige une exploitation agricole peut être un gentleman-farmer.
   Oui, c'est peut-être un gentleman-farmer.
2. Certaines filles très jolies peuvent être appelées des pick-up.
   Non, ce n'est pas des pick-up, c'est des pin-up. ?
   accord avec sujet
3. Un film à suspense est un speaker.
   Non, ce n'est pas un speaker, c'est un thriller.
4. Quelqu'un qui vend de la drogue est un dealer.
   Oui, c'est un dealer. ✓
5. On peut boire de la bière anglaise ou irlandaise dans un trust.
   Non, ce n'est pas un trust, c'est un pub.
6. Un jeu composé d'éléments à assembler est un bluff.
   Non, ce n'est pas un bluff, c'est un puzzle.

2. Non, ce ne sont pas des pick-up, ce sont des pin-up

12 LES ÉTUDES EUROPÉENNES

Comment écrire le son [ø] : eu, oeu (eue, eux)

Monsi**eur** M**eu**nier p**eu**t rouler mi**eux** en banli**eue**,
car il y a p**eu** de f**eux** rouges.

LE SON [ø] PEUT S'ÉCRIRE

- **eu** Au début ou à la fin d'un mot, en fin de syllabe, ou devant **s** et **t** prononcés.

*Cette vend**eu**se est paress**eu**se, elle travaille p**eu**.*
*J**eu**di est au mili**eu** de la semaine.*
*Dans les derniers conflits **eu**ropéens, la Suisse est restée n**eu**tre.*

Il y a parfois un **e** après le **eu** : *queue*, *banlieue*, etc.
Dans ce cas, cette lettre n'est pas prononcée.

*Jacques habite en banli**eue**.*

eux

Si un adjectif se termine par **eux**, la lettre **x** n'est pas prononcée.

*Ce vi**eux** château est merveill**eux**. Je pars dans d**eux** jours.*
*Son chien est affectu**eux**, mais il n'est pas courag**eux**.*
*Pierre est heur**eux**, il est toujours joy**eux**.*

- **œu** *Si vous voyez une étoile filante, faites un v**œu**.*

Le son [ø] peut aussi s'écrire **-œud** ou **-eur** : *un n**œud**, un monsi**eur**.*

CONJUGAISONS ET PLURIEL

Dans la conjugaison de certains verbes, le son [ø] peut s'écrire **eux** et **eut**.
– **eux** pour les première et deuxième personnes du présent de l'indicatif :
*Je ne v**eux** pas y aller, tu p**eux** y aller pour moi ?*
– **eut** pour la troisième personne du présent de l'indicatif : *Il pl**eut**.*

Les noms en **-eu** et **-œu** ont le pluriel en **-eux**, **-œux**. La lettre **x** n'est pas prononcée.

*Elle s'est fait couper les chev**eux**. Je vous envoie mes meilleurs v**œux**.*

Exceptions : *un pneu / des pneus ; un bleu / des bleus.*

Au pluriel, le son [ø] peut s'écrire **-œufs** : *des **œufs**, des b**œufs**.*

EXERCICES

1 Trouvez sa profession.

Ex. : Elle maquille les acteurs, elle est ***maquilleuse.***

1. Elle travaille dans un salon de coiffure, elle est ______________.
2. Elle sert les clients dans un restaurant, elle est ______________.
3. Elle fait des massages, elle est ______________.
4. Elle travaille dans la vente, elle est ______________.
5. Elle danse à l'opéra, elle est ______________.
6. Elle chante, c'est une ______________

2 Replacez ces mots dans les phrases.

bleu, cheveu, feu, jeu, milieu

1. La Chine est l'Empire du ______________.
2. Johann Strauss a composé *Le Beau Danube* ______________.
3. On peut traverser lorsque le ______________ est vert.
4. Il a un problème de prononciation, il a un ______________ sur la langue.
5. Dans une classe de langue étrangère, il y a parfois un ______________ de rôles.

3 Choisissez la bonne définition (en vous aidant éventuellement du dictionnaire).

1. Une cascadeuse est
   a. une spécialiste des torrents, des chutes d'eau et des cascades.
   b. une femme qui tourne les scènes dangereuses d'un film.
2. Une lessiveuse est
   a. une femme qui fait la lessive.
   b. un récipient pour faire la lessive.
3. Une berceuse est
   a. une chanson pour endormir un enfant.
   b. une femme chargée d'endormir un enfant.
4. Une ouvreuse est
   a. un instrument pour ouvrir les boîtes de conserves.
   b. une femme qui place les gens au cinéma ou au théâtre.
5. Une habilleuse est
   a. une femme chargée des costumes au cinéma ou au théâtre.
   b. une armoire pour les vêtements.

4 Reliez les deux colonnes.

1. Le bleu d'Auvergne est	a. c'est être très sentimental.
2. Dans une zone bleue	b. une très bonne cuisinière.
3. Un cordon bleu est	c. très peu cuit.
4. Être fleur bleue,	d. un fromage.
5. Un steak bleu est	e. le stationnement est limité.

EXERCICES

5 **Trouvez l'adjectif qui correspond au nom. Attention au féminin et au pluriel.**
Ex. : Elle est pleine d'ambition, elle est ***ambitieuse****.*

1. Elle a toujours peur, elle est _______________.
2. Il a toujours eu de la chance, il est _______________.
3. Ils ont du courage, ils sont _______________.
4. Elles ont une voiture de luxe, elles ont une voiture _______________.
5. Elles ont eu beaucoup de malheur, elles sont _______________.
6. Il a de l'audace, il est _______________.
7. Hier, elle était en joie, elle était _______________.
8. Ils gardent toujours le silence, ils sont très _______________.
9. Il ne respecte personne, il n'est pas _______________.
10. Elle a eu honte de son comportement, elle était _______________.
11. Elles aiment le travail, elles sont _______________.
12. Ils s'aiment à la folie, ils sont _______________.

Quel est celui de ces adjectifs qui ne se termine pas en **eux** au masculin ? _______________

6 **Complétez avec** ***veut, veux, vœu, vœux*****.**

1. Pour la nouvelle année, je vous adresse mes meilleurs _______________.
2. Je fais ce que je _______________, où je _______________ et quand je _______________.
3. Tu _______________ ou tu ne _______________ pas ?
4. J'ai fait le _______________ de ne plus fumer.
5. Il ne sait jamais ce qu'il _______________.

7 **Complétez avec** ***eux, ceux, mieux*** **ou** ***deux*****.**
Ex. : Dans l'année universitaire, il y a ***deux*** *semestres.*

1. Les étudiants qui ont posé des questions sont _______________ qui n'avaient pas compris.
2. Je ne répéterai pas _______________ fois la même chose.
3. J'ai pris un médicament, maintenant je vais _______________.
4. Je ne les connais pas, je n'ai jamais discuté avec _______________.

8 **Complétez le proverbe avec les mots suivants :** ***bœufs, nœud, œufs*****.**

1. Pour ne pas oublier quelque chose, il faut faire un _______________ à son mouchoir.
2. On ne fait pas d'omelette sans casser des _______________.
3. Il ne faut pas mettre la charrue devant les _______________.
4. Il ne faut pas tuer la poule aux _______________ d'or.

9 **Répondez aux questions.**

1. Qui était écrivain : Montesquieu ou Richelieu ? ______________________
2. La Meuse et la Creuse sont deux départements français. Lequel de ces départements est aussi le nom d'une rivière ? ______________________.
3. Jussieu et Depardieu sont des noms célèbres en France. L'un est un acteur, l'autre a donné son nom à une université. ______________________ est une université parisienne, ______________________ a joué dans de nombreux films.

10 **Réécrivez entièrement le texte de ces petites annonces.**

Ex. : Vends v. livres préc. ***Vends vieux livres précieux.***

1. Mr, beaux y. bl., cherche f. affect. pour mariage heur.
____
2. Recherche app. lux., proche banl.
____

11 **Cinéma. Retrouvez le titre du film en vous aidant des définitions et de la liste qui suit.**

bleu, dieux, fabuleux, feu, mystérieuse.

1. Ce film se passe pendant la préhistoire : *La Guerre du* ______________________.
2. Une histoire d'amour à Paris : *Le* ______________________ *Destin d'Amélie Poulain.*
3. Un film tiré d'un livre de Jules Verne : *L'Ile* ______________________
4. Les problèmes posés par une bouteille de Coca-Cola en Afrique du Sud : *Les* ______________________ *sont tombés sur la tête.*
5. Qui plongera le plus profondément ? : *Le Grand* ______________________.

12 **Complétez comme dans l'exemple.**

Ex. : Un bœuf, ***des bœufs.***

1. Le pneu, les ______________________
2. Un + un = ______________________.
3. Le contraire de beaucoup est ______________________.
4. Une histoire malheureuse, un événement ______________________
5. Je peux, tu peux, elle ______________________.
6. Le comparatif de bon est meilleur, celui de bien est ______________________.
7. L'Afrique, l'Amérique, l'Asie, l'Océanie, l' ______________________.
8. Lundi, mardi, mercredi, ______________________.
9. Madame, mademoiselle, ______________________
10. Un cheveu, des ______________________.
11. Elle habite à côté de la ville, elle habite en ______________________
12. Un bleu, des ______________________.

13 LE COURS DE FRANÇAIS

Comment écrire le son [ə] : e, ai

Il f**ai**sait froid et il gelait. L**e** thermomètre était au-dessous d**e** zéro.

LE SON [ə] PEUT S'ÉCRIRE

e

• En finale de mots grammaticaux d'une syllabe : *je, ce, le, de, me, te, se, ne, que* (et ses composés *puisque, lorsque, jusque*, etc.).

Ce restaurant ne me plaît pas.
Je ne me souviens pas de ce film.
Le thé de Ceylan est le thé que je préfère.
Je crois que tu te trompes.
Il se lève tôt le matin.

• À l'intérieur d'un mot.

Debout, il faut te lever.
Denis a demandé du secours.
Renée aime faire du cheval sur les petits chemins en Bretagne.
Tu vas geler, il fait zéro degré dehors.
Il veut acheter des devises.

⚠ À l'intérieur d'un mot, la prononciation de la lettre **e** est souvent facultative : *un petit chemin, un p'tit ch'min.*
En finale de mots (autres que *le, de, ce, que*, etc.), elle n'est généralement pas prononcée.

ai

Dans quelques formes du verbe ***faire*** (et ses composés), et dans le nom ***faisan***.

*Pour Noël, nous f**ai**sons du f**ai**san.*
*S'il f**ai**sait beau, nous irions à la plage.*
*Quand ils étaient étudiants, tous les soirs, ils ref**ai**saient le monde.*
*Tu crois que c'est f**ai**sable ?*
*Vous f**ai**siez la sieste ?*

LE SON [ə] DANS LES CONJUGAISONS

• Dans certains verbes, le son [ə] (écrit avec la lettre **e**) devant la syllabe finale (*lever, peser, mener*, etc.) se transforme en [ɛ] (écrit avec la lettre **è**) (*cf.* Les conjugaisons) :

Levez-vous, les enfants, c'est l'heure. D'accord, on se lève tout de suite.
Je pèse beaucoup trop lourd ; l'année dernière, je pesais huit kilos de moins.
Vous m'emmenez aujourd'hui en voiture, demain c'est moi qui vous emmènerai.

• Pour les verbes en **-eler** et **-eter** (*cf.* Comment écrire le son [ɛ] et Les conjugaisons II).

EXERCICES

1 Complétez avec *le, ce, de* ou *que*.

*Ex. : **Le** Portugal est un pays d'Europe.*

1. ______ Pérou est un pays d'Amérique du Sud.
2. Je crois ______ tu as raison.
3. Qu'est-ce ______ tu préfères ? Cette limonade ou ______ jus de fruit ?
4. ______ n'est pas possible.
5. Je n'ai pas ______ temps ______ t'accompagner à la gare.
6. ______ Canada et ______ Mexique sont des pays ______ l'Amérique du Nord.
7. C'est dommage ______ tu ne fasses pas ______ sport.
8. ______ matin, j'ai reçu un coup ______ téléphone ______ mon frère.

2 Complétez avec *que, puisque, lorsque, jusque*.

*Ex. : **Lorsque** Pierre était petit, il a habité à Marseille.*

1. ______ tu connais la réponse, pourquoi me poses-tu cette question ?
2. Je ne savais pas ______ tu le connaissais.
3. Il a beaucoup plu, il y a de l'eau ______ dans la cave.
4. ______ tu auras fini, nous pourrons sortir.
5. Je crois ______ j'ai réussi l'examen.

3 Complétez avec un pronom (*je, me, te, se, le*).

*Ex. : Tu es italien ? Oui, **je** suis italien.*

1. Il te connaît ? Oui, il ______ connaît.
2. C'est vrai, je ______ suis trompé, mais les autres ______ sont trompés aussi.
3. ______ ______ suis levé tard ce matin.
4. Si tu crois que tu peux ______ faire, fais-______.
5. Je n'ai pas son numéro de téléphone sur moi. Téléphone-moi demain, je ______ ______ donnerai.
6. ______ ne ______ rappelle plus si ______ ______ l'ai déjà dit.

4 Complétez avec le mot exact.

*Ex. : Le contraire de grand, c'est **petit**.*

1. Il n'est pas assis, il n'est pas allongé, il est d______.
2. Le contraire de vendre, c'est a______.
3. Il ne faut surtout pas le répéter, c'est un s______.
4. Faire de l'équitation, c'est faire du ch______.
5. On peut dire deuxième ou s______.
6. Hier, aujourd'hui, d______.
7. En économie, il y a l'offre et la d______.
8. Un angle droit est un angle de 90 d______.
9. On fait du feu dans la ch______.
10. Le déjeuner et le dîner sont des r______.
11. Le frère de ma nièce est mon n______.
12. Au restaurant, il y a la carte et le m______.
13. Il fait froid, ferme la f______.
14. Le masculin de laquelle est l______.

EXERCICES

5 **Complétez avec *venir, devenir, revenir, tenir* ou *retenir*.**

*Ex. : Nous allons ce soir au théâtre, voulez-vous **venir** avec nous ?*

1. Elle a passé deux mois aux États-Unis, elle va revenir la semaine prochaine.
2. Le professeur ne peut pas retenir le nom de tous les étudiants.
3. Il étudie à l'université pour devenir avocat.
4. Pour venir en France, les Américains n'ont pas besoin de visa.
5. Je dois tenir compte de son avis.

6 **Même exercice avec *dehors, dedans, dessus, dessous, devant*.**

1. Ouvre ce paquet, il y a quelque chose dedans qui va te plaire.
2. Les chiens ne peuvent pas rentrer dans ce magasin, ils doivent rester dehors.
3. Si je ne suis pas là à l'arrivée du train, attends-moi devant la gare.
4. Un colonel est au-dessus (dessous ?) d'un général.
5. J'ai accroché ce tableau au-dessus de mon lit.

7 **En français oral, le son [ə] n'est parfois pas prononcé, mais la lettre e est obligatoire à l'écrit. Réécrivez ces phrases avec la lettre e si nécessaire.**

Ex. : TU CONNAIS LPTIT AMI DJACQUELINE?
*→ **Tu connais le petit ami de Jacqueline?***

1. CMOIS-CI, JDOIS PASSER LPERMIS DCONDUIR.
Ce mois-ci, je dois passer le permis de conduire.
2. JVAIS DVOIR LREMPLACER PARCQU'IL EST MALAD.
Je vais devoir le remplacer parce qu'il est malade
3. JE LSAIS, ON ML'A DÉJÀ DIT.
Je le sais, on me l'a déjà dit.
4. ÊTR OU NPAS ÊTR, VOILÀ LA QUESTION.
Être ou ne pas être, voilà la question.
5. CN'EST PAS LMOMENT DFAIRE UNE ERREUR.
Ce n'est pas le moment de faire une erreur.
6. LDICTIONNAIRE EST SUR LBUREAU.
Le dictionnaire est sur le bureau
7. TU AS COMPRIS CQU'IL A DIT ?
Tu as compris ce qu'il a dit?
8. LMATIN, JNE MLÈVE QUESI JSUIS DBONNE HUMEUR.
Le matin, je ne me lève que si je suis de bonne humeur.
9. PASSMOI LSEL.
Passe-moi le sel.

8 **Complétez avec e ou *ai*.**

Ex. : Demain, je ferai du tennis.

1. S'il f____sait beau, nous pourrions aller à la plage.
2. Bonjour, nous f____sons une enquête sur les étudiants étrangers en France.
3. J'ai cassé un verre en f____sant la vaisselle.
4. Que f____riez-vous si étiez très riche ?
5. Il f____sait beau ce matin quand je suis sorti de chez moi.
6. L'année prochaine, nous f____rons du camping en Norvège.

9 **Complétez avec une forme du verbe faire.**

*Ex. : Quand il était jeune, il **faisait** beaucoup de sport.*

1. Vous faites des réductions pour étudiants ? Non, nous n'en ________ pas.
2. Il a beaucoup maigri en ________ du sport.
3. Si vous ________ un effort, vous pourriez réussir.
4. Tu n'aurais pas ces problèmes si tu ________ attention.

10 **Quelle est la bonne règle ? Choisissez en vous aidant des réponses des deux exercices précédents.**

1. Dans le verbe faire, *ai* se prononce [ə] devant la lettre s. ❐
2. Dans le verbe faire, *ai* se prononce [ə] seulement à l'imparfait. ❐
3. Dans le verbe faire, *ai* se prononce [ə] devant la lettre s suivie d'une voyelle. ❐

11 **Conjuguez les verbes entre parenthèses.**

*Ex. : Comment vous (appeler) **appelez**-vous ? (présent)*

1. Nous *(amener)* ________ les enfants à l'école tous les matins. (présent)
2. L'hiver dernier, il faisait très froid, on *(geler)* ________. (imparfait)
3. Vous *(acheter)* ________ toujours votre pain dans cette boulangerie ? (présent)
4. Quand il était petit, il *(jeter)* ________ ses jouets par terre. (imparfait)
5. Je n'ai plus ce livre, je l' *(jeter)* ________. (passé composé)
6. Vous *(peser)* ________ combien l'année dernière ? (imparfait)

12 **Les lettres e et les espaces manquent dans ces titres de films imaginaires. Réécrivez les titres avec les lettres e et les espaces. Soulignez les lettres e qui se prononcent [ə].**

Ex. : LSRPNTDMR → Le Serpent de mer.

1. SCRTDFMM ________
2. LCHFCHYNN ________
3. LRGRT ________

14 Un institut

Comment écrire les sons [ɛ̃] et [œ̃] : in, ain, ein et un (im, en, yn, um)

Le mat**in**, un s**im**ple morceau de p**ain** calme sa f**aim**.
À l'exam**en**, il a eu une s**yn**thèse sur les héros shakespear**iens**.
Ils ont un compte comm**un** mais ont fait deux empr**unts** dist**incts**.

LE SON [ɛ̃] PEUT S'ÉCRIRE

■ **in**

*Cet **in**firmier **in**délicat est **in**sensible aux pr**in**cipes du médec**in**.*
***In**stitut l**in**guistique recherche **in**génieur bil**in**gue.*

⚠ **in-** forme le contraire de certains adjectifs.
***in**compréhensible, **in**stable, **in**trouvable.*
*Patrick est **in**juste et **in**capable.*

■ **im**

Devant **b** et **p**.
*Cet **im**bécile est **im**bu de sa personne.*
*Un ch**im**panzé **im**prudent a gr**im**pé sur la grille.*
*Pour lui, l'**im**parfait est s**im**ple et l'**im**pératif, l**im**pide.*
*Collez s**im**plement un t**im**bre sur l'enveloppe.*

⚠ **im-** forme le contraire de certains adjectifs en **m**, **b** ou **p**.
***im**buvable, **im**possible, **im**prévisible.*
*Ce steak est **im**mangeable.*

■ **en**

À la fin d'un mot, après **é**, **i** ou **y** : **-éen**, **-ien** et **-yen**.
*Le doy**en** des Europé**en**s vient de rencontrer les lycé**en**s.*
Ces mots sont parfois :
– Des métiers : *J'ai deux voisins, l'un est pharmac**ien**, l'autre est électric**ien**.*
– Des habitants : *un Brésil**ien**, un Chil**ien**, un Coré**en**, un Europé**en**.*
– Des adjectifs formés à partir d'un nom propre : *Les opéras wagnér**iens*** (de Wagner), *un choix cornél**ien*** (de Corneille).
– Des verbes conjugués comme *venir, tenir* : *je v**ien**s, il se souv**ien**t, tu t**ien**s.*
– Des noms dérivés de ces verbes : *le maint**ien**, le sout**ien**.*
– D'autres mots : *b**ien**, ch**ien**, entret**ien**, l**ien**, r**ien**, m**ien**, t**ien**, s**ien**.*

⚠ **en** se prononce [ɛ̃] dans les mots *ag**en**da* et *exam**en***.

EXERCICES

1 **Ajoutez *in-* ou *im-* pour former les contraires des adjectifs.**

*Ex. : Jean est sensible → Raoul est **insensible**.*

1. Arthur est :	patient	discipliné	sensé	discret
Robert est :	______	______	______	______
2. Cet exercice est :	cohérent	correct	discutable	précis
Ce problème est :	______	______	______	______
3. Sa colère est :	pardonnable	compréhensible	justifiée	discutable
Son attitude est :	______	______	______	______
4. Cette société est :	productive	stable	suffisante	vendable
Notre activité est :	______	______	______	______
5. Ce professeur est :	populaire	digne	poli	compétent
Cet instituteur est :	______	______	______	______

2 **Complétez les titres suivants avec l'adjectif ou le nom correspondant au pays.**

*Ex. : Intervention du président **italien** (Italie).*

1. Des responsables politiques *(Corée)* ______ en visite en France.
2. Élection au parlement *(Europe)* ______.
3. Apprendre l' *(Alsace)* ______ à l'école.
4. Des musiciens *(Mali)* ______ ce soir à 20 h 30 à la Maison des jeunes.
5. Vente de tapis *(Iran)* ______.
6. Ouverture du marché *(Lituanie)* ______.

3 **Écrivez les noms des métiers dans la grille et vous en découvrirez un autre verticalement.**

Ex. : Il est spécialiste de grammaire. — G R A M M A I R I E N

1. Il fait de la musique.
2. Il travaille avec les mathématiques.
3. Il garde un immeuble, par exemple.
4. Il s'occupe de diététique.
5. Il est spécialiste d'informatique.
6. Il fait de la physique.
7. Il se charge des problèmes d'électricité.
8. Il travaille en chirurgie, il opère.
9. Il est spécialiste d'histoire.
10. Il répare les voitures.

LE SON [ɛ̃] PEUT S'ÉCRIRE

■ **ain**

*Son cop**ain** est écriv**ain**.*
***Ain**si, il se **main**tient en forme.*

Pour former des adjectifs à partir de noms de villes, de pays ou de continents : *afric**ain**, améric**ain**, cub**ain**, maroc**ain**, rom**ain***, etc.

• **-aint** à la fin de certains mots comme ***saint***, et dans les verbes conjugués.

*Il se pl**aint**, il cr**aint**, il est contr**aint***, etc.

• **-aim** : à la fin de quelques mots.

*Il y a un ess**aim** d'abeilles dans le jardin.*
*Le d**aim** a f**aim**.*

■ **ein**

*Je vous prie d'ét**ein**dre la lumière.*
*Pour arrêter, appuyer sur le fr**ein**.*
*Pauline est enc**ein**te, elle attend des jumeaux.*

• **-eins, -eint** : dans les conjugaisons des verbes en **-eindre**.

Peindre : *Catherine **peint** des natures mortes et moi, je rep**eins** les murs de la cuisine.*
Teindre : *Tu crois que Paul s'est **teint** les cheveux ?*

■ **yn**

Dans *l**yn**x, lar**yn**x* et dans les mots commençant par le préfixe **syn-** : *s**yn**taxe, s**yn**thèse, s**yn**thétique*, etc.
*Les s**yn**dicats ont décidé la grève.*

■ **ym**

Devant **m**, **b**, **p**.
*ol**ym**pique, s**ym**bole, s**ym**pathique*, etc.
*Cette s**ym**phonie m'a brisé les t**ym**pans.*

LE SON [œ̃] PEUT S'ÉCRIRE

■ **un, um**

***Lun**di, chac**un** recevra **un** parfum.*
*Les singes vivent dans la j**un**gle.*

• **-unt** : *Le déf**unt** avait remboursé ses empr**unt**s plusieurs mois avant son décès.*

Dans la langue courante, et selon les régions, le son [œ̃] se prononce souvent comme le son [ɛ̃].

*Ce beau **brun** [œ̃] m'a offert un **brin** [ɛ̃] de muguet.*
*Voici deux draps : **l'un** [œ̃] est en coton, l'autre est en **lin** [ɛ̃].*

EXERCICES

1 Complétez les mots comme dans l'exemple.

Lundi matin, tout allait bi___. Je n'avais pas très f___, alors je n'ai pris qu'___ s___ple p___ aux rais___s. Mon cop___ Sébasti___ m'a appelée pour me souhaiter la S___t-Valent___. Cette année, il l'a noté sur son ag___da. C'était donc ___manquable. Ce n'est pas si ___portant, c'est plutôt s___bolique. Il m'a offert un parf___. Moi, je lui ai p___t un tableau représentant un l___x dans la j___gle. Je le lui donnerai dem___, il vi___ chez moi. Cette année, je ne me pl___s pas. Lui non plus n'a pas à se pl___dre.

2 Complétez les mots en choisissant les propositions dans la liste.

Ex. : C'est la ***fin*** *du film. Ils ont* ***faim****.*

teint, tym, tein, tim, tain, tin

1. Elle a le ___ clair.
2. Elle a les cheveux châ___.
3. Elle colle un ___bre sur l'enveloppe.
4. Elle va faire un fes___.
5. Elle a ___ ses cheveux.
6. Elle a mal aux ___pans.

sain, sin, sein, syn, sym

7. Il fait un des___.
8. Le viscose, c'est ___thétique.
9. Nous avons ___pathisé.
10. Les fruits, c'est ___.
11. Il aime être au ___ de sa famille.

pein, pain, pin, pim

12. La ___ture à l'huile.
13. L'arbre de Noël est un sa___.
14. Un ___ aux céréales, s'il vous plaît.
15. Elle est prétentieuse et hautaine, c'est une ___bêche.

daim, dain, din, d'un

16. À Noël, on mange de la ___de.
17. Nous avons vu un ___ dans la forêt.
18. Sou___, un orage a éclaté.
19. J'ai besoin ___ verre d'eau.

3 Dictée.

___

___

___

___

___

15 L'ENSEIGNANTE

Comment écrire le son [ɑ̃] : an, en (am, em, aen, aon)

L'Atl**an**tique est un océ**an** imm**en**se.
L'enf**ant** a mal aux d**ents**.
Qu**and** part le prochain bus pour C**aen** ?

LE SON [ɑ̃] PEUT S'ÉCRIRE

- **an, en** : *P**en**d**ant** la grève, les salariés de l'**en**treprise sont abs**ents**.*
  *Je suis **en**ch**an**té de vous prés**en**ter mam**an**.*

Exceptions : les mots terminés en **-en** se prononcent [ɛn] : *poll**en**, spécim**en**…* ou [ɛ̃] : ***examen.***

Les dérivés gardent **-an** ou **-en** *(rom**an** / rom**an**tique)*, sauf quelques exceptions comme ***enfer** / **in**fernal.*

- **am ou em :** Devant **m, b** ou **p.**
  *L'**am**bassade **em**bauchera des employés en sept**em**bre.*
  *J'**em**porte une quiche aux ch**am**pignons et du cam**em**bert.*

Les mots terminés par **-am** ou **-em** se prononcent [am] et [ɛm] *macad**am**, tand**em**.*

- **ant, ent :** En fin de mot.

• **ant**

– quelques noms : *am**ant**, aim**ant**, calm**ant**, diam**ant**, éléph**ant**, enf**ant**,* etc.
– des adverbes et prépositions : *aut**ant**, av**ant**, dur**ant**, mainten**ant**, pend**ant**, pourt**ant**, t**ant**,* etc.
– des adjectifs : *charm**ant**, cour**ant**, étonn**ant**, piqu**ant**, sav**ant**,* etc.
– des participes présents : *C'est une étudiante parl**ant** peu.*
– des gérondifs : *Elle s'est trompée en parl**ant** espagnol.*

Participe présent et gérondif sont invariables.

• **ent**

– de nombreux noms : *accid**ent**, cli**ent**, d**ent**, médicam**ent**, par**ent**, v**ent**,* etc.
– des noms qui marquent l'action d'un verbe : *change**ment**/changer.*
– des adverbes en **-ment** : *éléga**mment**, rapide**ment**, réce**mment**,* etc.
– des adjectifs : *différ**ent**, fréqu**ent**, intellig**ent**, pati**ent**, perman**ent**,* etc.

EXERCICES

1 **Complétez les mots par *an* ou *en (em)* et classez-les ensuite par famille comme dans l'exemple.**

ess___tiellem___t	ress___bler	s___tir	c___ton	___s___gl___té
cim___tation	gr___d	c___tonnier	ess___tiel	c___tonal
ventilateur	c___tonnem___t	influ___cer	cim___ter	appr___ti
éventail	cim___t	vrais___blable	influ___çable	agr___dissem___t
s___gl___t	s___g	ress___tir	appr___dre	*éventer*
influ___t	s___sation	quintess___ce	gr___dir	*vent*
gr___deur	appr___tissage	s___tim___t	s___bler	influ___ce
ess___ce	cim___terie	s___guinaire	ass___blée	désappr___dre

1. *vent*	2. influ___t	3. ess___ce	4. c___ton	5. gr___d
ventilateur	___	___	___	___
éventail	___	___	___	___
éventer	___	___	___	___
6. s___tir	**7. s___bler**	**8. appr___dre**	**9. cim___t**	**10. s___g**
___	___	___	___	___
___	___	___	___	___
___	___	___	___	___

2 **Complétez les phrases à l'aide des noms correspondant aux verbes.**

Ex. : Angèle a beaucoup changé. Ce ***changement*** *nous a tous surpris.*

1. Lise a dû payer les factures de sa sœur. Ce ___ ne lui plaît pas du tout.
2. Victor se comporte mal en classe. L'instituteur l'a puni pour son ___
3. Mon directeur m'a tutoyé. Ce ___ me gêne.
4. L'assistante a été licenciée. Elle conteste ce ___

3 **Complétez par *-ant* ou *-ent* et accordez si nécessaire.**

Ex. : Nous avons des idées différentes.

1. Il y a des expositions perman___ et des expositions temporaires dans ce musée.
2. Les Chinois aiment la sauce piqu___
3. En France, il est très cour___ de se faire la bise.
4. Soyez pati___ mademoiselle !
5. Pour connaître l'heure exacte, il faut téléphoner à l'horloge parl___.

EN ou AN

■ **Le son** [ɑ̃ʒ] s'écrit **-ange**.

*Sol**ange** m**ange** une or**ange**.*
(exceptions : *challenge, engin, enjamber,* etc.)

■ **Le son** [ʒɑ̃] s'écrit **-gen**.

*À No**gen**t, les **gen**s sont **gen**tils et intelli**gen**ts.*
(exceptions : *jambe, jambon* et leurs dérivés, ainsi que les dérivés de la plupart des verbes en **-ger** : *obligeant, obligeance, vengeance).*

■ **Les verbes** en [ɑ̃dr] s'écrivent généralement **-endre**.

*J'aimerais compr**endre** pourquoi tu ne veux pas att**endre**.*
(exception : *répandre).*

CAS DE CONFUSIONS : les homophones

*Ma **tan**te dort sous une **ten**te de camping.*

De nombreux mots se prononcent de la même façon mais s'écrivent différemment.
*am**an**de / am**en**de ; **an**cre / **en**cre ; ch**am**p / ch**an**t ; d**an**se / d**en**se ; t**an**te / t**en**te ; t**em**ps / t**an**t ; qu**an**d / qu**an**t ; s**an**g / s**an**s / c**en**t,* etc.

AUTRES FACON D'ÉCRIRE LE SON [ɑ̃]

-and, -ang, -anc, -aen et **-aon** en fin de mot (**d**, **g** et **c** ne sont pas prononcés).

*Un gr**and** goél**and** bl**anc** se désaltérait près de l'ét**ang**.*

• ***-and*** : *allem**and**, goél**and**, gourm**and**, gr**and**, march**and**, qu**and*** (exception : le ***d*** de *st**and*** est prononcé).

• ***-anc*** : *b**anc**, bl**anc**, fl**anc**, fr**anc**,* etc.

• ***-ang*** : *ét**ang**, or**ang**-out**ang**, r**ang**, s**ang**,* etc. (exceptions : le **g** final de *gang* et de *boomer**ang*** est prononcé).

• ***-aen*** : *la ville de **Caen**.*

• ***-aon*** : ***faon**, **paon**, **taon**.*

EXERCICES

1 **Complétez les mots en choisissant entre *an, am, en* et *em*.**

Ex. : *plifier*	térieur	phithéâtre
***am** poule*	**1.** ______ crage	**2.** ______ pleur
bigu	gélique	plifier
prunt	crier	ménager
3. ______ bêtant	**4.** ______ ceinte	**5.** ______ baucher
phase	cercler	bouteillage

2 **Complétez les phrases.**

*Ex. : J'écris à l'**encre** bleue que le bateau jette l'**ancre**.*

1. En Provence, j'ai entendu le ______ des cigales dans les ______s.
2. ______ ______ rendre compte, il a fait tomber une pile de livres.
3. La foule est ______ sur la piste de ______.
4. ______ que le ______ sera chaud, il y aura des ______s dans le marais.
5. ______ Arnaud partira-t-il en ______ de vacances ?

champ		chant
s'en		sans
danse		dense
taon	temps	tant
camp		quand

3 **Charades : Découvrez deux mots.**

*Ex. : Mon premier est une danse très lente : **slow***
*Mon deuxième protège les mains quand il fait froid : **gants***
*Mon tout est une phrase dans une publicité : **slogan** (slow + gants)*

1. Mon premier signifie des personnes. ______
Mon deuxième est le contraire de mauvais. ______
Mon tout peut se mettre dans un sandwich. ______

2. Mon premier n'est pas loin. ______
Mon deuxième est la 3ᵉ lettre de l'alphabet. ______
Mon troisième est blanc et se trouve la bouche. ______
Mon tout est le contraire de suivant. ______

4 **Dictée.**

____
____
____
____
____

16

PRONONCER
Comment écrire le son [ɔ̃] : on, om

À la belle sai**son**, nous br**o**n**zons** sur le bal**con**.
Met**tons**-nous à l'**om**bre sous ce **long pont**.
Le c**om**te fait ses c**om**ptes.

LE SON [ɔ̃] PEUT S'ÉCRIRE

■ **on**

*Je vous ann**on**ce que m**on** **on**cle a acheté une mais**on**.*

-onc : *aj**onc**, j**onc**, tr**onc*** (dans *d**onc***, le **c** est prononcé) ;
-ond : *bl**ond**, f**ond**, etc.* ;
-onds : ***fonds*** ;
-ong : ***long*** (dans *g**ong***, le g est prononcé) ;
-ont : *d**ont**, p**ont***, etc., et parfois à la 3e personne du pluriel : *ils **ont**, ils **sont**, ils **font*** ;
-ons : dans les conjugaisons, à la 1re personne du pluriel : *nous all**ons***, etc.

■ **om**

• Devant b et p :

*Vous avez fait vos c**om**ptes ?*
*L'hôtel est c**om**plet.*
Exception : *b**on**bon.*

• En fin de mot : ***nom*** et ses dérivés.

*Écrivez votre n**om** et votre prén**om**.*
*Son surn**om** est Bob.*

-omb dans le mot *pl**omb*** et ses dérivés *(apl**omb**, surpl**omb**)*.

On écrit **om** dans le mot *c**om**te* et ses dérivés *(c**om**tesse)*.

LES MOTS TERMINÉS PAR [ɔ̃] ET LEURS DÉRIVÉS

On peut déterminer l'orthographe d'un mot en [ɔ̃] en cherchant des mots de la même famille.

*bl**ond** / bl**ond**e ; b**ond** / b**ond**ir*
*n**om** / n**om**inal ; l**ong** / l**ong**ueur*
*sec**ond** / sec**ond**e ; r**ond** / r**ond**e*
*m**ont** / m**ont**agne ; pl**omb** / pl**omb**ier*

EXERCICES

1 **Reconstituez les mots coupés en deux et placez l'article masculin *le* ou féminin *la* devant.**

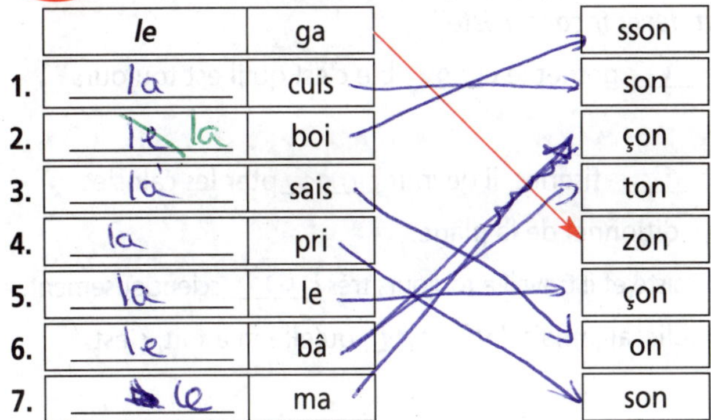

	le	ga		sson
1.	______	cuis		son
2.	______	boi		çon
3.	______	sais		ton
4.	______	pri		zon
5.	______	le		çon
6.	______	bâ		on
7.	______	ma		son

2 **Barrez l'une des deux propositions pour faire un mot.**

Ex. : | ~~*con*~~ | ***com*** | *plication*

1.	con	com	gélateur
2.	con	com	pote
3.	ron	rom	pre
4.	con	com	fortable
5.	bon	bom	bonnière

6. balc	on	om	
7. plaf	ond	ont	
8. ranç	on	onç	
9. garç	on	ond	
10. a	conte	compte	

3 **Retrouvez les nom ou les adjectifs en *-on* des pays ou des régions suivantes.**

*Ex. : Pendant mon voyage en Laponie, j'ai porté un costume **lapon**.*

1. Ils ont des chapeaux ronds, vive la Bretagne, ils ont des chapeaux ronds, vivent les ______________.
2. Le bœuf ______________ est une spécialité de la Bourgogne.
3. Les ______________ sont les Belges francophones de la Wallonie, au sud de la Belgique.
4. Nous avons rencontré des ______________ de Riga, la capitale de la Lettonie.

4 **Trouvez un mot de la même famille que le mot souligné.**

*Ex. : Carmen aime chanter. Elle vient d'écrire une **chanson**.*

1. Cette bouteille est bien bouchée. Je ne peux pas retirer le ______________.
2. J'apprends à conjuguer le verbe s'asseoir. J'aime beaucoup la ______________.
3. Nous avons longé la rivière. Nous avons marché le ______________ de la rivière.
4. Je ne sais pas comment se termine ce verbe au futur. Je ne connais pas sa ______________.
5. Il faut regarder si le gâteau cuit bien. Il faut surveiller la ______________ du gâteau.

EXERCICES

5 **Complétez les mots par le son [ɔ̃] en respectant l'orthographe.**

*Ex. : Olivier a un **don** pour la musique, il veut devenir **con**certiste.*

1. Simon est c___pliqué, il rac___te des mens___ges, et le c___ble c'est qu'il est toujours r___ch___ !
2. André est un peu r___delet, il mange trop de c___fiseries, il devrait c___pter les calories.
3. Joachim est toujours br___zé, c'est un inc___ditionnel de la plage.
4. Jean-Charles est p___déré, il est plutôt c___formiste et il travaille toujours très c___sciencieusement.
5. Avec Charlotte, il n'y a que des c___flits, je n'oublierai jamais l'affr___ qu'elle m'a fait, c'est une effr___tée.

6 **Complétez la grille par les mots correspondant aux définitions.**

*Ex. : 1. Vêtement que l'on met pour faire du ski : **combinaison**.*

											12						20		
		4			5														
	1	C	O	M	B	I	N	A	I	S	O	N	14	19		O	N		
		O			O						M								
		M			N									17					
	2					O	N		9			O	M	B					
							8						15	O	M				
						7			10					N			O		
					6		O	M				13	16			O	M		
						O	N												
3					O	N	D	11	O	N				18				O	N
									N			O							
									C			N							
												D							

2. Excusez-moi !
3. Dans l'appartement, il y a le sol, les murs et, en haut, le…
4. Elle fait les comptes de la société, elle a fait des études de…
5. Sauter.
6. Le mari de la comtesse.
7. Blanche-Neige, c'est un… de fées.
8. Où est le rayon des fruits, s'il vous plaît ? Au… du magasin.
9. Un métal très lourd.
10. Le « corps » d'un arbre.
11. Au bout du doigt.
12. Il n'y a plus de chambres, l'hôtel est…
13. Pierre a les cheveux clairs, il est…
14. Le prénom et le…
15. Il fait chaud, je me mets à l'… de cet arbre pour me protéger du soleil.
16. Le « nez » de l'éléphant.
17. Être bon, c 'est avoir de la…
18. Le mari de la baronne.
19. Il s'est ridiculisé, il a…
20. Arrêter des gens qui parlent.

7 **Complétez les phrases par *on* ou *ont*.**

Ex. : On a compris ce qu'ils ***ont*** *dit.*

1. ______-ils réussi a faire les exercices qu'______ leur a donnés ?
2. Les problèmes qu'elles ______ n'______ aucune solution.
3. Les professeurs ______ dit qu'______ aurait bientôt un examen.
4. ______ fait attention aux enfants qui ______ des difficultés.
5. Les personnes avec qui ______ a dîné nous ______ parlé de vous.

8 **Entourez le mot correct.**

Ex.: Un boîte de [thon | ton]*, s'il vous plaît !*

1. Les bons [comptes | comtes | contes] font les bons amis !
2. J'ai acheté une voiture que j'ai payée [content | comptant].
3. Il est Italien. C'est du moins ce [don | dont] je me souviens.
4. Voici votre machine à laver et votre [bond | bon] de garantie.
5. Je lis un [compte | comte | conte] à mon fils avant qu'il s'endorme.
6. Jean-Paul parle douze langues. Il a un [don | dont] pour les langues.

9 **Retrouvez le mot de base.**

Ex. : savonnette - ***savon***

1. boutonnière : ______
2. bonbonnière : ______
3. donner : ______
4. élongation : ______
5. ombrage : ______
6. onduler : ______
7. fondation : ______
8. rebondissement : ______
9. décompter : ______
10. emprisonner : ______
11. saisonnier : ______
12. maçonnerie : ______

10 **Dictée.**

____

____

____

____

____

17

LES ÉTUDIANTS
Comment écrire le son [j] : i, il, ill (ll, ï, y)

Camille et Mireille aiment le soleil. Elles veulent voyager en juillet en Thaïlande. Elles vont travailler pour se payer le billet d'avion.

LE SON [j] PEUT S'ÉCRIRE

- **i**

Devant une voyelle prononcée.

Les comédiens sont en réunion. *C'est l'occasion d'exprimer votre opinion.*
Elle est étudiante en biologie. *Ce cahier est très bien.*
Dans son atelier, le menuisier répare un pied de table.
Olivier a un chien.

Lorsque la syllabe commence par deux consonnes dont la seconde est un **r** ou un **l**, la lettre **i** se lit [ij] : *plier*, *crier*, *client*, *oublier*, *prier*, etc.

- **il**

En finale, après une voyelle, sauf après la lettre **o** (*cf.* Comment écrire le son [wa]).

*Sur son conse**il**, j'ai acheté des lunettes de sole**il**.* *À son âge, il a encore l'œ**il** vif.*
*Il y a beaucoup d'a**il** dans la cuisine méditerranéenne.* *Merci de votre accue**il**.*

- **ill**

Entre deux voyelles / **ille** (en finale, après une voyelle).

*Elle est orgue**ill**euse.* *J'ai perdu mon portefeu**ille**.*
*Une abe**ille** l'a piqué à l'ore**ille**.* *Il porte un chapeau de pa**ille**.*
*Ce matin, il y avait de la pluie et du brou**ill**ard, les rues étaient toutes mou**ill**ées.*

- **ll**

lle en finale.
Après le son [i] (après la lettre **i** ou les lettres **ui**).

*Le soleil bri**lle** en jui**ll**et. Cette fi**lle** est genti**lle**. Je connais la fami**lle** de Cami**lle**.*

Les lettres **ille** en finale peuvent se prononcer [il] : ***ville***, ***mille***, ***tranquille***, etc. et leurs dérivés : ***villageois***, ***million***, ***milliard***, ***millionnaire***, ***tranquillité***, ***tranquillement***, etc.

- **ï**

Entre deux voyelles (orthographe rare) et en finale de mots ou de syllabes dans quelques noms propres étrangers : *Tolstoï*, *Thaïlande*, etc.

Aïe, ça fait mal !

EXERCICES

1 Trouvez la nationalité.

Ex. : Il vient de Rome, il ***est italien.***

1. Elle vient de Toronto, elle est ______________.
2. Il habite à Téhéran, il est ______________.
3. Elle vit à Tunis, elle est ______________.
4. Il vient d'Oslo, il est ______________.
5. Il est né à Rio, il est ______________.
6. Elle est de Saïgon, elle est ______________.
7. L'Australie est son pays, il est ______________.
8. Elle habite au Caire, elle est ______________.

2 Charade.

Mon premier est le contraire de pauvre. ______________

Mon deuxième est une voyelle qui est souvent muette. ______________

Mon troisième est un endroit. ______________

Mon tout est un célèbre cardinal français à l'époque de Louis XIII (et des trois mousquetaires). ______________

3 Complétez avec le nom d'un animal de la liste suivante.

scorpion, lion, abeille, gorille, chien

1. Le ______________ est le roi des animaux.
2. Le ______________ est le fidèle ami de l'homme.
3. L' ______________ fait du miel.
4. Le ______________ est le plus grand des singes.
5. La piqûre du ______________ est dangereuse.

4 Choisissez la bonne orthographe.

Ex. : Il se [réveil | ***réveille***] *le matin à sept heures.*

1. Son [travail | travaille] est intéressant.
2. Ce centre [accueil | accueille] les étudiants étrangers.
3. Ce n'est pas la même chose, ce n'est pas [pareil | pareille].
4. Tu n'as pas le temps d'aller à la poste. Tu veux que j'y [ail | aille] ?
5. Je le connais depuis longtemps, c'est un [vieil | vieille] ami.
6. Elle a acheté un nouvel [appareil | appareille] de télévision.

5 Soulignez dans cette phrase les lettres *lle* qui transcrivent le son [j].

La vie de cette jeune fille est trop tranquille. Elle s'appelle Camille et vit avec sa famille dans une petite ville de dix mille habitants.

6 Complétez avec i ou ï.

1. Un samoura______ est un guerr______er japonais.
2. Bangkok est la capitale de la Tha______lande.
3. Tolsto______ est un écrivain russe né au dix-neuvième siècle.
4. Quand on a mal, on peut cr______er : « A______e ! » ou « Ou______lle ! »

LE SON [j] PEUT S'ÉCRIRE Y

- Devant une voyelle prononcée.

*Il y a à l'université de Lyon une conférence sur la **Y**ougoslavie.*
*Elle a des **y**eux magnifiques !*

- **ay, oy, uy**

• Le son [ɛj] devant une voyelle prononcée peut s'écrire **-ay** : *le r**ay**on.*
Il s'agit de la graphie **-ai** (*cf.* Comment écrire le son [ɛ]), qui devient **-ay** devant une voyelle prononcée : *le bal**ai**, bal**ay**er.*

*Tu veux ess**ay**er ce cr**ay**on ? L'entrée est p**ay**ante.*

Exceptions : *la mayonnaise* et des noms propres ou d'origine étrangère : *Bayonne, l'empire maya.*

En finale, **-aie** et **-aye** sont parfois possibles : *la **paie*** ou *la **paye**.*
La prononciation est alors libre ([pɛ] ou [pɛj]).

• Le son [waj] devant une voyelle prononcée peut s'écrire **-oy** (*cf.* Comment écrire le son [w]).

*Il n'a plus les m**oy**ens de payer son l**oy**er. Il va habiter dans un f**oy**er d'étudiants.*
*Cet empl**oy**é a été renv**oy**é.*
*Le d**oy**en de la faculté va faire un v**oy**age au R**oy**aume-Uni.*

Dans les mots d'origine étrangère, les lettres **oy** se prononcent [ɔj] : *c**oy**ote, g**oy**ave, cow-b**oy**, L**oy**ola, G**oy**a,* etc.

• Le son [ɥij] peut s'écrire **-uy** devant une voyelle prononcée.

*C'est enn**uy**eux que ce restaurant soit si br**uy**ant*

LES VERBES EN YER

- Les verbes en **-oyer** et **-uyer** changent **y** en **i** devant un **e** muet (*cf.* Les conjugaisons).

*C'est une lettre urgente, il faut l'envo**y**er immédiatement.*
*D'accord, je l'envo**i**e tout de suite.*
*Tu veux que je t'aide à essu**y**er la vaisselle ?*
*Non, laisse. Je l'essu**i**erai demain.*

- Dans les verbes en **-ayer**, ce changement est facultatif. Les deux écritures (**-aie** et **-aye**) et les deux prononciations ([ɛ] et [ɛj]) sont possibles (*cf.* Les conjugaisons (2)).

*Je n'ai pas d'argent maintenant, je te pa**i**erai / pa**y**erai demain.*
*Il ess**aie** / ess**aye** depuis trois jours de réparer son ordinateur.*

EXERCICES

1 Choisissez la bonne orthographe.

1. | Lion | Lyon | est une grande ville française.
2. Je vais à la piscine, j'emporte mon | maillot | mayo | de bain.
3. Les Japonais paient avec des | hyènes | yens |.

2 Trouvez les mots qui ont chacun deux sens.

Ex. : Un signal lumineux dans les voitures / Une personne qui voit l'avenir : un ***voyant****.*

1. Cette personne dirige un département ou une faculté dans une université. / La personne la plus âgée : le d________________.
2. Le soleil en a. / La roue de vélo en a aussi : des r________________.
3. Une maison pour étudiants. / L'endroit où on fait du feu : le f________________.
4. Qui est digne d'un roi. / Un tigre ou un aigle peut l'être également : r________________.
5. Adjectif qui signifie intermédiaire, entre deux états. / Nom qui signifie procédé, manière, possibilité : m________________

3 Formez le verbe à partir du nom.

Ex. : Je vais prendre un balai, je vais ***balayer****.*

1. Tu devrais faire un essai, tu devrais ________________.
2. Il m'a proposé son appui, il a proposé de m'________________.
3. Il y a un envoi urgent à faire, il faut ________________ ce paquet très vite.
4. Quel ennui dans ces réunions ; je suis sûr que je vais encore m'________________.
5. Aujourd'hui, c'est jour de paie ; le patron va nous ________________ nos salaires.
6. Vous cherchez un emploi, mais malheureusement, nous ne pouvons pas vous ________________.

4 Transformez quand c'est possible les *i* en *y*.

Ex. : Tous les jours, elle balaie ***(balaye)*** *et elle nettoie (________________).*

1. Ça m'ennuie (________________) qu'il ne puisse pas venir.
2. Cette entreprise emploie (________________) une centaine de personne.
3. C'est toujours lui qui paie (________________).
4. N'appuie (________________) pas sur ce bouton.
5. Ce chien aboie (________________) toute la journée.
6. Tu t'effraies (________________) facilement.

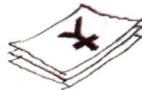

5 Rébus.

La femme la plus âgée : ________________.

18

Le laboratoire

Comment écrire le son [w] : ou, o, w et le son [wa] : oi (oî, oua, ua)

Pendant le **w**eek-end, L**ou**is et Franç**oi**se ont peint des aq**ua**relles.
Pour une f**oi**s, ils n'ont pas eu bes**oi**n de m**oi**.

Le son [w] peut s'écrire

- **ou** Devant une voyelle prononcée (sauf devant **il-** : *brouillard, mouiller*).
  *Nous l**ou**ons une villa pour les vacances près de R**ou**en, dans l'**ou**est de la France.*
  *Les enfants se rej**ou**issent déjà. Ils pourront j**ou**er dans le jardin.*

  ⚠ Après deux consonnes dont la seconde est un **r** ou un **l**, **ou** (même suivi d'une voyelle prononcée) se prononce [u] : *tr**ou**er, cl**ou**er.*

- **o** Particulièrement devant le son [ɛ̃] (**in**, **ing**, **int**, **ins**).
  *Il m'a donné un coup de p**o**ing.*
  *Je vous rej**o**ins dans cinq minutes.*
  *Je ne partage pas son p**o**int de vue.*
  *Elle habite l**o**in du centre.*
  *Prenez s**o**in de lui, il en a bes**o**in.*

  ⚠ Exception : *shamp**oo**ing.*

  ⚠ Devant [ɛ̃], le son [w] peut s'écrire, mais rarement, **ou**.
  *Le petit garçon a vu des ping**ou**ins au zoo.*
  *Le roi Baud**ou**in était très populaire en Belgique.*

- **w (wh)** Dans des mots d'origine étrangère, devant une voyelle.
  *Ce **w**eek-end, j'ai vu un **w**estern à la télévision.*
  *Nous avons joué au **wh**ist en buvant du **wh**isky.*
  *Tai**w**an est un pays asiatique.*

EXERCICES

1 Trouvez le bon mot.

*Ex. : Il n'a pas réussi à son examen, c'est un échec. Il a **échoué**.*

1. Il passe des nuits entières au casino au jeu. C'est un ________________.
2. Nous avons cette maison en location, nous la ________________ pour l'été.
3. Elle n'a jamais appris le piano, et pourtant elle joue très bien, elle a un don. Elle est ________________.
4. Faire un nœud, c'est ________________.
5. Il refuse, il dit non ; elle accepte, elle dit ________________.

2 Mots croisés (dans tous les mots, il y a les lettres oin).

Horizontalement

1. Bien faire quelque chose, c'est le faire avec…
2. Qui se trouve à une grande distance.
3. Le contraire de *plus*.
4. À la fin d'une phrase.
5. Il me le faut, j'en ai…
6. À chaque bout de la pièce.
7. De l'herbe sèche.
8. Son téléphone est toujours occupé, je n'arrive pas à le…
9. Une main fermée.

Quel est le mot vertical ? ________________

3 Trouvez la bonne terminaison : *oin, oins, oint, oints, oing*.

Hier, j'ai été tém______ d'un accident, au c______ de ma rue, pas très l______ de chez moi. Un conducteur n'avait pas vu le feu rouge à un rond-p______ et a presque écrasé un passant. Celui-ci lui a donné des coups de p______, à tel p______ que le pauvre conducteur a eu bes______ de s______. Les policiers sont arrivés très vite, rej______ en m______ d'un quart d'heure par une ambulance.

4 Quel est cet oiseau ?

1. Un p________________, 2. une m________________, 3. une ch________________.

5 Il n'y a pas le son [w] dans un de ces mots. Lequel ?

Far West, chewing-gum, cow-boy, western : ________________.

LE SON [wa] PEUT S'ÉCRIRE

- **oi** *Quo**i** ? Tu parles français mieux que m**oi** ?*
*Tu préfères av**oi**r chez **toi** un p**oi**sson rouge ou un **oi**seau ?*
*Il n'y a plus de r**oi** dans ce pays.*

- **oie** (en finale) : ***foie**, **joie**, **oie**, **soie**, **voie***, etc.

- **oî, oît** Orthographe rare ; se rencontre surtout dans les verbes en **–oître** comme ***croître*** et dans quelques mots comme ***boîte**, **cloître***, etc.

*On a offert à Ben**oît** une b**oî**te de chocolats.*

• Derrière **-oi**, la consonne finale n'est généralement pas prononcée :

– **oid (oids)** : ***froid**, **poids***, etc.
– **ois** : *b**ois**, chin**ois**, dan**ois**, hongr**ois**, m**ois**, tr**ois***, etc.
– **oit** : *adr**oit**, détr**oit**, dr**oit**, endr**oit**, t**oit***, etc.
– **oix** : *ch**oix**, cr**oix**, n**oix**, v**oix***, etc.

Si le son [wa] est suivi d'une voyelle, il s'écrit **oy** [waj] (*cf.* Comment écrire le son [j]).

*Il part souvent en v**oy**age, il en a les m**oy**ens.*

- **oua** ***Oua**gadougou est la capitale du Burkina.*
*Il n'y a plus de d**oua**ne entre beaucoup de pays européens.*

- **œ / oê** Dans quelques rares mots comme *la m**oe**lle* (épinière), *le p**oê**le* (le chauffage), *la p**oê**le* (à frire).

- **ua** Rarement et uniquement dans certains mots d'origine étrangère, derrière **qu** et **gu**.

*Cette année, elle a visité la G**ua**deloupe, l'Éq**ua**teur et le Nicarag**ua**.*
*Le requin est un sq**ua**le. Nous avons écouté un q**ua**tuor à cordes.*

- **wa** Dans des mots d'origine anglaise.

*Ils jouent au **wa**ter-polo.*
***Wa**shington est la capitale des États-Unis.*

EXERCICES

1 **Trouvez et écrivez le bon verbe : *voir, boire, croire, savoir, pouvoir* ou *vouloir*.**

*Ex. : Pierre est fatigué. Bientôt, il va **vouloir** partir.*

1. Il est aveugle, il ne peut rien ________________.

2. Tu as trop menti, personne ne peut plus te ________________.

3. Elle aimerait ________________ parler français parfaitement.

4. Dis-moi la vérité, je veux tout ________________.

5. En été, il faut ________________ beaucoup d'eau.

2 **Choisissez la bonne orthographe.**

Ex. : J'ai acheté de la [~~soi~~ | ***soie***] *en Thaïlande.*

1. C'est une sculpture en [bois | boit].

2. Je serai en vacances au [moi | mois] de juillet.

3. D'ici, on peut voir le [toi | toit] de ma maison.

4. Il commence à faire froid, il faudrait allumer le [poêle | poil].

5. Tu préfères des carottes ou des petits [pois | poids] ?

6. À chaque main, il y a cinq [doigts | dois].

7. Le drapeau suisse est rouge avec une [croie | croix] blanche.

8. J'ai acheté pour les enfants une [boite | boîte] de bonbons.

9. Je lui ai parlé au téléphone, elle a une [voie | voix] agréable.

10. Ce n'est pas du tout ce que tu [crois | croît].

3 **Choisissez la bonne orthographe : *foi, foie, fois, Foix*.**

1. Ce n'est pas la première ________________ qu'elle vient à Paris.

2. ________________ est une ville du sud de la France.

3. Il était sincère, il était de bonne ________________.

4. Je ne me sens pas très bien, j'ai mal au ________________.

4 **Écrivez le mot exact.**

*Ex. : La capitale du Burkina est **Ouagadougou**.*

1. Il travaille à la douane, c'est un ________________.

2. Elle habite dans un village, c'est une ________________.

3. Quito est la capitale de l'________________.

4. L'ami de Sherlock Holmes est le docteur ________________.

5. On fait frire les aliments dans une ________________.

5 **Rébus. Qui est-ce ?**

Réponse : ________________.

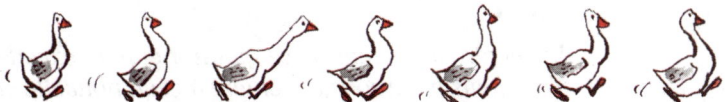

19

LE MANUEL
Comment écrire le son [ɥ] : u + voyelle

Je **su**is depuis h**u**it mois en S**u**ède avec Emman**u**elle qui a trouvé là-bas une bonne sit**u**ation. Nous ne nous enn**u**yons pas mais nous ne nous habit**u**ons pas à l'hiver s**u**édois.

LE SON [ɥ] S'ÉCRIT

■ **u** Derrière une consonne et devant les lettres **a**, **e**, **é**, **è**, **eu**, **i**, **o**, **y** (voyelles prononcées).

Sauf derrière les consonnes **q** et **g** + voyelle : *quatre*, *bague*, *qui*, *quel*, *quotidien*, *Guy*.
(*cf.* Comment écrire le son [k] et le son [g].) Exception : *aiguille* [egɥij].

• **u + i (-ui, -uie, -uis, -uit, -uits)**

*Elle n'aime pas cond**u**ire pendant la n**u**it.*
*Je s**u**is né en Suisse.*
*Dep**u**is h**u**it jours, il y a eu de la pl**u**ie.*
*Il y a un p**u**its dans ce jardin.*

• **u + e, é, è**

*Cet étudiant est s**u**édois, il vient d'arriver de S**u**ède.*
*Il ne peut pas parler, il est m**u**et.*

Devant les lettres **eil**, **u** ne se prononce pas [ɥ] : *accueil* (*cf.* Comment écrire le son [œ]).

• **u + a**

*Si tu n'as pas son numéro de téléphone, regarde dans l'ann**u**aire.*
*Ce matin, le ciel était très n**u**ageux.*
*Cet enfant n'arrête pas de bouger, il est très rem**u**ant.*

• **u + eu**

*Emmanuelle est très affect**u**euse.*
*J'ai couru trop vite, je suis en s**u**eur.*

• **u + y**

*Veux-tu m'aider à ess**u**yer la vaisselle ?*
*Le plombier est venu réparer les t**u**yaux.*

• **u + o**

*Les quatre musiciens de ce quat**u**or étaient excellents.*
*Nous nous habit**u**ons lentement à cette nouvelle situation.*

EXERCICES

1 **Complétez avec *ui, uie, uit, uits, uis.***

Ex. : Elle partira en voyage avec ***lui****.*

1. Il y a trop de pl______ dans cette région.
2. Il est déjà tard, il va bientôt faire n______.
3. Elle ne sait pas quoi faire, elle s'enn______.
4. Jadis, on allait chercher l'eau au p______.
5. Vous êtes allemand ? Non, je s______ autrichien.
6. C'est dimanche, tout est fermé. Quel enn______.
7. C'est aujourd'h______ qu'elle fête son anniversaire.
8. Je regarde la télévision et p____ je vais me coucher.

2 **Complétez avec *suis* ou *suit*.**

1. Je dois suivre ce chemin ? Oui, ______-le.
2. Vous êtes professeur ? Non, je ______ étudiant.
3. Pour maigrir, elle ______ un régime.
4. Tu verras, c'est facile, tu ______ simplement les indications.

3 **Mots croisés. Trouvez les participes et découvrez le participe passé vertical.**

Horizontalement

1. Participe passé du verbe construire.
2. Participe passé du verbe produire.
3. Participe passé du verbe nuire.
4. Participe passé du verbe réduire.
5. Participe passé du verbe luire.
6. Participe passé du verbe suivre.
7. Participe passé du verbe cuire.

Verticalement : participe passé du verbe ________________.

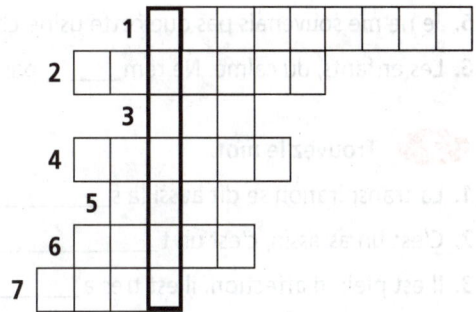

4 **Complétez avec le nom approprié.**

Ex. : Le contraire de jour, c'est ***nuit****.*

1. Les poires ne sont pas des légumes, ce sont des ________________.
2. L'été commence à la fin du mois de ________________.
3. Le jour de la fête nationale française est le 14 ________________.
4. Descartes a dit : « Je pense, donc je ________________. »
5. La lettre « h » est la ________________ lettre de l'alphabet.
6. Je suis fâché avec elle, je ne ________________ parle plus.
7. Pour faire une vinaigrette, il faut de l'________________ et du vinaigre.
8. Il ne peut pas entendre, il est sourd ; il ne peut pas parler, il est ________________.
9. Il va pleuvoir, il y a beaucoup de ________________ noirs.
10. Cette revue paraît toutes les semaines, c'est un hebdomadaire ; ce magazine paraît tous les mois, c'est un ________________.

EXERCICES

5 **Complétez avec un mot de la liste (attention au féminin et au pluriel).**
intellectuel, actuel, manuel, duel, annuel, audiovisuel, habituel.
Ex. : Je vais rarement dans ce restaurant, ce n'est pas mon restaurant ***habituel.***

1. D'Artagnan et les trois mousquetaires se battaient souvent en ________________.
2. Dans cette ville, le marché de Noël a lieu tous les ans, c'est un marché ________________.
3. J'ai acheté un ________________ de français.
4. Ils passent leur temps à lire des livres, ce sont des ________________.
5. C'est très moderne, c'est très ________________.
6. On peut apprendre les langues étrangères avec les méthodes ________________.

6 **Complétez avec *ué, uais, uait, uez, uer.***

1. Il y a du monde dans la pièce voisine, j'ai entendu quelqu'un étern______.
2. Je ne suis pas encore habit______ à ce nouveau travail.
3. Il s'est t______ dans un accident de voiture.
4. L'année dernière, je le sal______, mais cette année nous ne nous parlons plus.
5. Je ne me souvenais pas que cette usine chimique poll______ autant.
6. Les enfants, du calme. Ne rem______ pas tant.

7 **Trouvez le mot.**

1. La transpiration se dit aussi la s________________.
2. C'est un assassin, c'est un t________________.
3. Il est plein d'affection, il est très a________________.
4. C'est une lumière faible, c'est une l________________.

8 ***ui* ou *uy* ?**
Ex. : Tu veux que je t'aides à essuyer la vaisselle ?

1. Vous ne vous enn______ez pas trop ?
2. Moi, je ne m'enn______e pas, mais j'ai peur que ma copine s'enn______e.
3. La sonnette ne marche pas bien. Il faut app______er très fort.
4. Je vous remercie de votre app______.

9 **Choisissez un verbe de la liste et conjuguez-le au présent.**
éternuer, s'habituer, saluer, suer, tuer.
Ex. : Nous ne ***nous habituons*** *pas au froid suédois.*

1. Tous les matins, nous ________________ nos voisins.
2. Le dimanche, tout est fermé dans cette ville. Nous ________________ le temps en jouant aux cartes.
3. Nous avons un rhume, nous ________________ sans arrêt.
4. Il fait trop chaud dans cette pièce. Nous ________________ depuis des heures.

10 **Trouvez le bon mot.**

*Ex. : Les petits **ruisseaux** font les grandes rivières.*

1. Qu'est-ce que vous préférez dans le poulet ? L'aile ou la ________________ ?
2. Il ne reste plus que quelques murs de ce vieux château, c'est une ________________.
3. Dans un hôtel de luxe, plusieurs pièces réunies s'appellent une ________________.
4. C'est un poisson, c'est aussi une composition musicale de Schubert, c'est la ________________.
5. Ils sont deux et chantent ensemble, c'est un ________________.
6. Elle est traductrice, elle ________________ de l'italien en français.

11 **Écrivez les mots correspondant aux dessins** (tous ces mots sont dans la leçon page 82).

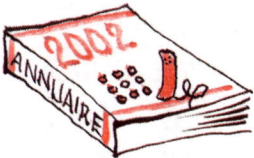

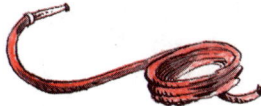

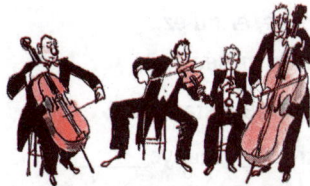

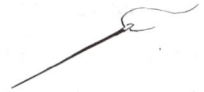

1. Un ________________ 2. Un ________________ 3. Un ________________ 4. Une ________________

12 **Charade.**

Mon premier est la première personne du verbe être. ________________

Mon second est un pronom ou un adjectif démonstratif. ________________

Mon tout est un pays voisin de la France. ________________

13 **Charade littéraire.**

Mon premier est l'endroit où on prend le train. ________________

Mon deuxième est un vêtement pour les mains. ________________

Mon troisième est la troisième personne singulier du passé simple du verbe *tuer*. ________________

Mon tout est un fameux personnage de Rabelais, célèbre pour son grand appétit. ________________

14 **Charade.**

Mon premier est une boisson qui vient de la vache. ________________

Mon deuxième sert à couvrir les toits. ________________

Mon troisième est un aliment usuel en Asie. ________________

Mon tout était, avant Versailles, la résidence des rois de France à Paris : ________________

15 **Il n'y a pas le son [ɥ] dans un de ces verbes. Lequel ?**

Suivre, guider, nuire, ruiner : ________________

EXERCICES

BILAN (Voyelles)

1 Complétez les phrases en écrivant correctement le son [i].

Ex. : une boulangerie.

Je v______ dans une grande v______lle. C'est prat______que : dans ma rue, ______l ______ a un h______-permarché, une l______brair______ et une pharmac______. Je vais souvent à la b______bl______othèque où je consulte des enc______cloped______ car j'étud______ à la faculté de ps______cholog______. L'été, je vais m'ox______géner sur une ______le pendant un mois. C'est un vrai parad______ ! Le matin, je prends ma j______p, je vais acheter des fru______. L'après-m______d______, je l______ des romans que j'ai bien chois______. Le soir, je fais un d______ner léger et je me mets au l______ de bonne heure.

2 Complétez avec ***é, ée, er*** **ou** ***ez.***

Ex. : Je vais visiter un musée.

1. Vous all______ dîn______ au restaurant ?
2. Jacques va bientôt rentr______ au lyc______.
3. C'est bien la vérit______ ?
4. Le fermi______ a fait coup______ un pommi______ dans son pr______.
5. Où all______-vous ce soir ? Vous av______ une id______ ?

3 Écrivez en minuscules et mettez un accent sur le e (è, ê, ë) si nécessaire.

Ex. : IL PASSE NOEL CHEZ SA MERE. → Il passe Noël chez sa mère.

1. DANS UNE ENQUETE POLICIERE, ON DIT QU'IL FAUT CHERCHER LA FEMME.
→ ______________________________

2. LE PROFESSEUR DE JOEL S'APPELLE MARCEL.
→ ______________________________

3. CE FIM S'APPELLE : LA CONQUETE DE L'ANGLETERRE.
→ ______________________________

4. C'EST LA DERNIERE FOIS QUE J'ACHETE UNE BAGUETTE CHEZ CETTE BOULANGERE.
→ ______________________________

4 Complétez avec un mot qui se termine par ***et.***

Ex. : Il n'y a plus de place dans cet hôtel, c'est ***complet.***

1. C'est le septième mois de l'année : ______________.
2. Il ne faut pas le répéter, c'est un ______________.
3. Je vais lui offrir un ______________ de roses.
4. L'______________ français a 26 lettres.

EXERCICES

5 **Complétez les phrases en écrivant correctement le son [a] ou [ɑ] (attention aux accords).**

Ex. : Un potage et du pâté.

Je prép______re le rep______ de ce soir : d'______bord, une s______l______de de m______che ______vec de l'avoc______.
Ensuite un pl______ avec des légumes disposés en petits t______ sur l'______ssiette. Il y aur______ aussi des p______tes avec du from______ge r______pé et de la sauce tom______te pour ceux qui aimen ç______.
P______ de pl______teau de from______ges, car ce serait trop gr______ et trop lourd pour l'estom______.
Pour le dessert, un g______teau ______ l'______bricot ______vec de délic______ écl______ de chocol______.
Enfin je ferai une tis______ne. Mon m______ri n'en boit p______ c______r il dit qu'il n'aime pas ce liquide biz______rre et verd______tre.

6 **Ajoutez des accents circonflexes sur les *a* quand c'est nécessaire.**

Ex. : Le crâne.

1. chatain
2. gratuit
3. marron
4. grisatre
5. batiment
6. chaton
7. théatre
8. casser
9. lacher
10. patte
11. mas
12. la
13. bal
14. ame
15. quatre
16. grace

7 **Complétez les phrases en écrivant correctement le son [ɔ] ou [o]**

Ex. : Ce document est un faux.

1. C'est une nouvelle f______rmule de dentifrice, avec du flu______r, du calci______m et parfumé à la chl______r______phylle.
2. Comme j'ai la p______ sensible, j'achète toujours des dé______d______rants sans alc______l.
3. L'______ de r______ses est une l______tion qui resserre les p______res de la p______.
4. Je dépenses des s______mmes f______lles en pr______duits de b______t é.
5. Si les sympt______mes persistent, prenez une d______se de ce sir______.
6. Ne buvez pas de vin, buvez plut______ de l'______.
7. Bient______, vous m'appl______direz !
8. Mon frère a mangé trois gr______ morc______ de ce gât______.
9. Ce scénari______est vraiment m______vais, c'est un c______chemar !
10. L'______t______m______biliste a dû laisser ses c______rd______nées au p______licier.

8 **Complétez en écrivant correctement le son [u].**

Connaissez-vous cette spécialité de T______l______se ? C'est un rag______t avec du porc, du canard, du m______ton et des haricots blancs. V______ devez absolument g______ter ce plat qui ne c______te pas très cher et que beauc______ de monde apprécie en France.
Comment s'appelle ce plat ? Le ________________.

EXERCICES

9 **Complétez selon le sens avec *u* ou *ou*.**

1. Ce matin, en sortant de chez moi, je ne voyais rien ; il y avait beaucoup de br______illard.
2. Mosc______ est la capitale de la R______ssie.
3. Il n'entend plus rien, il est complètement s______rd.
4. Sylvie et Pascaline sont des sœurs j______melles.
5. Cette famille dépense plus pour la n______rrit______re que pour l'habillement.
6. Un gr______pe d'______vriers a ref______sé de faire des heures s______pplémentaires.
7. La poste est t______t au b______t du b______levard.
8. Dans cette gare, le b______ffet n'est ______vert qu'à partir de huit heures.

10 **Complétez avec *lieu, lieue, lieux* ou *lieues* ?**

*Ex. : Un **lieu** est un espace, une **lieue** est une distance d'environ 4 kilomètres.*

1. Jules Verne a écrit *Vingt Mille* ______________ *sous les mers.*
2. Les jeux Olympiques ont ______________ tous les quatre ans.
3. Peu de temps après le début de l'incendie, les pompiers étaient déjà sur les ______________.
4. La ______________ est une ancienne mesure de distance.

11 **Arcueil, Bourgueil, Montorgueil et Rueil sont des petites villes françaises. Dans quel nom ne se trouve pas le son [œ] ?**

____

12 **Dictée, extrait d'une chanson d'Adamo.**

____
____
____
____
____

13 **Complétez les phrases en écrivant correctement le son [ɛ̃] ou le son [œ̃].**

Ex. : copain.

1. ______sensible
2. chac______
3. bil______gue
4. exam______
5. entreti______
6. lycé______
7. ess______
8. parf______
9. th______
10. s______bolique
11. v______queur
12. s______dicat
13. ét______dre
14. ______poli
15. pl______

EXERCICES

14 **Complétez les phrases en écrivant correctement le son [ɑ̃].**
*Ex. : Il a trouvé un **emploi** à la **campagne**.*

1. Il s______ble qu'il ait fait de fréqu______ voyages en Suisse.
2. Tiens, il m______que une ______poule à la l______pe de chevet.
3. P______d______ que tu r______ges, je m'occupe des ______f______.
4. Mes par______ ont été néglig______. Ils n'ont pas fermé la porte à clé et ils ont été c______briolés.
5. Dev______ l'hôtel, il y avait un gr______ ch______ et un ét______.
6. Cet élève est intellig______ mais il est souv______ insol______ et méch______.
7. Les viol______ orages de cette nuit ont été accompagnés de pluies abond______tes.
8. Ce qui est ______bêt______ c'est que nous ne pourrons pas ______ménager av______ déc______bre.

15 **Complétez les phrases en écrivant correctement le son [ɔ̃].**
*Ex. : Il y a des **complications**.*

Le maç______ est venu réparer le plaf______ car il y a eu une in______dati______ chez m______ voisin du dessus. Ensuite, c'est le pl______bier qui est arrivé. Il a dém______té le le robinet de la cuisine d______ j'avais cassé une partie. Mais il lui manquait une petite pièce r______de d______c il est reparti. Il est revenu trois heures plus tard et il n'a pas réussi à faire la réparati______. Le c______ble, c'est que j'ai dû payer un ac______pte.

16 **Complétez avec *i*, *y* ou *ill*.**
*Ex. : Il **y** a de l'ambiance **ici**.*

1. Vous ne vous ennu______ez pas trop ?
2. Je n'ai aucune conf______ance en lui.
3. Les enfants de mes voisins sont très bru______ants.
4. Le feu______age de cet arbre est très vert.

17 **Terminez les phrases avec *d*, *e*, *s*, *t* ou *x*.**
*Ex. : Je n'aime pas beaucoup cet **endroit**.*

1. Cet athlète a réussi un exploi______.
2. Elle a trop crié, elle n'a plus de voi______.
3. Allume le chauffage, il fait trop froi______.
4. Quand il a appris qu'il avait réussi son examen, il a laissé éclater sa joi______.
5. Je serai absent pendant un moi______.
6. Nous avons acheté un gâteau aux noi______.
7. Tout était différent autrefoi______.
8. Ne me demande pas de t'aider, je ne suis pas très adroi______.

20 APPRENDRE
Comment écrire le son [p] : p, pp

Tout à coup, **P**ascal veut re**p**artir au **P**ortugal.
Laissez un message a**p**rès le bi**p** sonore et je vous ra**pp**ellerai.

LE SON [p] PEUT S'ÉCRIRE

■ **p** *Il est **p**assé **p**ar **P**oitiers.*
*Elle a em**p**orté ses affaires.*

Parfois, la lettre **p** ne se prononce pas quand elle est suivie d'un **t**.
*com**pt**er, scul**pt**ure, se**pt**,* etc.

À la fin d'un mot, la lettre **p** est généralement muette.
*Il y a beaucou**p** tro**p** de monde dans le métro.*

Le **p** peut être prononcé à la fin de certains mots d'origine étrangère.
*bi**p**, check-u**p**, handica**p**, hold-u**p**, jee**p**, scoo**p**, sli**p**, sto**p**, to**p**.*

Quand les mots **beaucoup** et **trop** sont devant une voyelle, on peut faire la liaison avec le **p** dans la langue soutenue.

*C'est tro**p**‿abstrait.*

■ **pp**

• Les verbes commençant par le son [ap] et les mots de la même famille.
*a**pp**rentissage, a**pp**rendre, a**pp**récier, a**pp**réciation,* etc.
*Il faut a**pp**rendre à a**pp**récier ce que l'on a.*
*Ra**pp**elez-moi vers vingt heures.*

Exceptions : *a**p**aiser, a**p**ercevoir, a**p**eurer, a**p**latir, a**p**lanir, a**p**itoyer, a**p**ostropher* et leurs dérivés : *a**p**aisement,* etc.

• D'autres mots s'écrivent **app** en position initiale ou médiane.
*Quelqu'un a fra**pp**é à la porte de mon a**pp**artement.*

• Quelques mots en [ɔp] : *o**pp**ortun, o**pp**oser, o**pp**rimer,* etc.

• Les mots en [syp].
*Je su**pp**ose que vous êtes le su**pp**léant.*
Sauf les mots en **super** : ***supé**rieur, **super**be, **super**ficie,* etc.

• On trouve **-ppe** en finale.
*J'ai la gri**pp**e.*
*Une gra**pp**e de raisin.*

EXERCICES

1 Complétez les mots et placez-les dans les phrases correctes.

*Ex. : **s / p** **tro-** Ce **gros** sac est à moi.*
***gro-** Il y a **trop** de pollution dans les grandes villes.*

p / s	**1.** dra-	**a.** Je me suis cassé le ____________ en skiant.
	2. bra-	**b.** J'ai changé les ____________ s de mon lit.
p / d	**3.** quan-	**c.** ____________ reviendrez-vous de voyage ?
	4. cam-	**d.** Cet été, j'ai dormi sur un lit de ____________.
t / p	**5.** galo-	**e.** Le ____________, c'est l'allure rapide du cheval.
	6. tro-	**f.** Le ____________, c'est une allure plus modérée.
p / t	**7.** cham-	**g.** Ce soir, j'ai un cours de ____________.
	8. chan-	**h.** Cet agriculteur a semé du blé dans son ____________.
t / p	**9.** coû-	**i.** Dans la bagarre, il a reçu un ____________ à la tête.
	10. cou-	**j.** Quel a été le ____________ de votre voyage ?

2 Soulignez *p* à la fin des mots quand il se prononce et dans la liaison.

Ex. : J'ai trop attendu Éric, je dis stop, je pars !

1. Une femme dynamique a du pep.
2. Une femme fatale est souvent traitée de vamp.
3. Tout à coup, un loup est apparu.
4. Il a bu un coup à votre santé.
5. Il a beaucoup trop insisté.
6. J'ai un scoop : il y a eu un hold-up.
7. Il a acheté un slip bleu en coton.
8. Un drap orange.
9. Il est trop égoïste et trop macho.
10. Mets un sparadrap sur ta plaie.

3 Complétez les mots par *p* ou *pp*.

Ex. : Le perroquet s'est échappé de sa cage.

1. Nous avons a____ris le subjonctif.
2. Tu a____erçois la tour Eiffel ?
3. Vous avez un a____el de New York, monsieur.
4. Cette pommade a____aisera votre brûlure.
5. Le ténor a eu beaucoup d'a____laudissements.
6. Indiquez votre a____réciation de notre hôtel sur cette fiche.
7. Cette entreprise s'est rapidement dévelo____ée.
8. Nous nous o____osons à sa proposition.
9. Il nous a su____liés de l'aider.
10. Bon a____étit !
11. Écrivez votre adresse au dos de l'envelo____e.
12. Vous devez dé____oser votre dossier au secrétariat.

EXERCICES

4 **Complétez les mots par *p* ou *pp* et retrouvez les mots de la même famille comme dans l'exemple.**

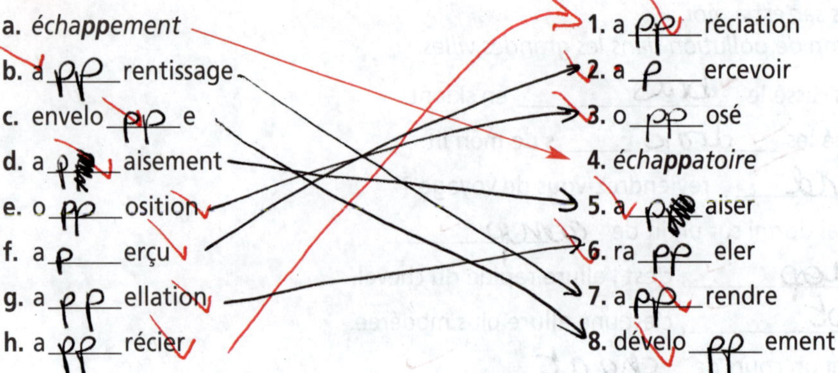

a. *échappement*
b. a____rentissage
c. envelo____e
d. a____aisement
e. o____osition
f. a____erçu
g. a____ellation
h. a____récier

1. a____réciation
2. a____ercevoir
3. o____osé
4. *échappatoire*
5. a____aiser
6. ra____eler
7. a____rendre
8. dévelo____ement

5 **Complétez les mots de ces dialogues par *p* ou *pp*.**

Ex. : Je crois que j'ai attrappé un rhume.
Fais attention, il y a une épidémie de grippe en ce moment.

1. Comment t'a____elles-tu ?
– Sophie.
– Tu peux é____eler, s'il te plaît ?
2. Pierre est parti et il a em____orté mon parapluie.
– Ne t'inquiète pas, je t'en a____orte un autre.
– Merci, tu es gentil.
3. Nicolas a encore faim, il a un a____étit d'ogre.
– Donne-lui une banane, ça a____aisera sa faim un moment.
4. J'a____récie que tu viennes me chercher à l'aéroport.
– Mais tu es très im____ortante à mes yeux.
5. Tu as un nouvel a____artement ?
– Oui, viens prendre l'a____éritif ce soir si tu veux.
6. Ce plat est trop é____icé !
– Tu as raison, c'est é____ouvantable !
7. Qui s'occu____e de votre équi____e ?
– Je vous le ré____ète encore une fois, c'est moi !
8. Tu as a____ris la nouvelle ?
– Oui, je sais que Xavier et Annie se sé____arent.
9. Quelqu'un fra____e à la porte !
– C'est mon voisin qui me ra____orte mon tire-bouchon.
10. Je ne su____orte pas Jean-Yves.
– Moi non plus, je le trouve su____erficiel.

EXERCICES

6 **Formez 20 mots comme dans l'exemple (parfois plusieurs possibilités) et réécrivez-les.**

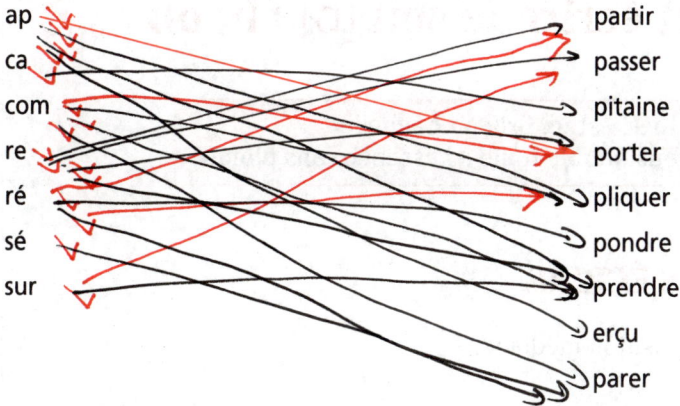

ap	partir
ca	passer
com	pitaine
re	porter
ré	pliquer
sé	pondre
sur	prendre
	erçu
	parer

1. *apporter*	2.	3.	4.	5.
6.	7.	8.	9.	10.
11.	12.	13.	14.	15.
16.	17.	18.	19.	20.

7 **Trouvez les mots : ils contiennent tous *pp*.**

*Ex. : Ce bijou est à moi, il m'**appartient**.*

1. Pour allumer la radio, il faut a__________ sur le bouton vert.
2. J'ai de la fièvre et je tousse, j'ai la g__________.
3. Pour la chambre grand luxe, il faut payer un s__________ de 50 euros.
4. Le train de 7 h 40 n'existe plus, il a été s__________ le mois dernier.
5. Paul semble méchant mais ce n'est qu'une a__________, car en réalité il est gentil.
6. Dans la corbeille de fruits, il y a des pommes et des g__________ de raisin.
7. Le gangster est parti en cachette, il s'est é__________ de la prison.
8. Je vais mettre une jolie n__________ à fleurs sur la table.
9. Nicolas aime le football. C'est un __________ du PSG.

8 **Dictée.**

21 LE BREVET
Comment écrire le son [b] : b, bb

Al**b**ert est un **b**rillant **b**achelier.
Ce **b**us qui nous dou**b**le roule à l'essence sans plom**b**.

LE SON [b] PEUT S'ÉCRIRE

■ **b** En début de mot ou en position médiane.

***B**runo **b**oit une **b**ière.*
*Ro**b**ert donne le **bib**eron à son **b**é**b**é.*

b est assez rare en fin de mot.

• On le trouve dans deux mots mais il n'est pas prononcé : *plom**b*** et *aplom**b***.

*Cette femme a réagi avec beaucoup d'aplom**b**.*
*Les plom**b**s ont sauté, il n'y a plus d'électricité.*

• Dans des mots d'origine étrangère, le **b** final se prononce.

*Joël laisse ses clu**b**s de golf au clu**b**-house.*
*Depuis qu'il a gagné au Loto, il vit comme un naba**b**.*
*Anne a trouvé un jo**b** d'été dans un pu**b** irlandais.*
*Il y a trop de pu**b*** (abréviation de « publicité ») *sur le we**b**.*
*En français familier, on appelle un médecin un toubi**b**.*
*Il est sno**b** mais l'été il porte un bo**b**.*
*J'ai vu un baoba**b** immense en Afrique.*

■ **bb** Assez rare mais on le trouve :

• Dans des mots du vocabulaire religieux.

*a**bb**é, sa**bb**at, ra**bb**in.*
*Nous avons visité l'a**bb**aye de Royaumont.*
[abei]

• Dans des mots empruntés à l'anglais.

*Pour jouer au basket-ball, il faut apprendre à dri**bb**ler.*
*Notre ho**bb**y, c'est de jouer au scra**bb**le.*

Sabbat = Sabbath.
Sabbatique = sabatical

EXERCICES

1 **Complétez les phrases par des mots commençant par *b*.**

*Ex. : On peut s'y asseoir dans un parc : le **banc**.*

1. Le bébé boit son b__________.
2. J'ai acheté une b__________ de vin rouge.
3. Les valises et les sacs sont des b__________.
4. Allez jusqu'au b__________ de la rue et tournez à droite.
5. Un autre mot pour le vélo est la b__________.
6. Les habitants de la Bretagne sont les B__________.
7. Joachim a acheté mon collier en or dans une b__________.
8. On peut y emprunter un livre : la b__________.

2 **Complétez la grille par des mots qui se terminent par *b*.**

*Ex. : Il peut être « de bridge » ou « de golf » : **club**.*

1. Abréviation de publicité.
2. Quand on croit être à la mode et distingué.
3. Un métal très lourd.
4. Un très gros arbre d'Afrique.

					B
					B
					B
					B

3 **Trouvez les mots avec un *b* correspondant aux définitions comme dans l'exemple.**

1 B O N B O N (horizontal) — 2 B… — 3 … — 4 B… — 5 B… — 6, 7, 8 (vertical) : 8 B…

1. C'est sucré et c'est mauvais pour les dents.
2. J'ai fait une __________ de neige et je l'ai lancée.
3. On dort dans une __________.
4. On l'achète à la boulangerie.
5. Elle a les cheveux noirs, elle est __________.
6. Il fait du pain.
7. Ils vivent __________ : dans la même maison.
8. Elle sert à manger et à parler.

4 **Complétez les mots par *b* ou *bb*.**

*Ex. : a**bb**é.*

1. sa_____le
2. a_____aisser
3. a_____aye
4. dri_____ler
5. scra_____leur
6. ta_____le
7. ta_____ac
8. ra_____in
9. ho_____y
10. sno_____isme
11. sa_____atique
12. cra_____e

EXERCICES

5 **Remettez les lettres des mots dans l'ordre.**

Ex. : Quelqu'un qui est très riche et vit fastueusement. *B N A A B :* ***NABAB***

1. On dit léger comme une plume et lourd comme du ________________. LMOBP
2. Pour gagner un peu d'argent pendant les vacances, les étudiants cherchent souvent un ________________ d'été. BJO
3. En français familier, c'est le médecin. ________________ UITBBO
4. Elle interrompt régulièrement les films à la télévision. ________________ UPB
5. Un petit chapeau rond en coton qui protège du soleil. ________________ OBB
6. Se comporter avec assurance, avec ________________. ROLBAM

6 **Charades.**

Ex. : Mon premier est le contraire de haut : ***bas.***
Mon deuxième est le pluriel de « le » : ***les.***
Mon tout est un objet qui sert à faire le ménage : ***balai.***

1. Mon premier est un endroit ou l'on va boire un verre. ________________
   Mon deuxième est le participe passé de boire. ________________
   Mon tout se dit d'un homme qui porte une barbe. ________________
2. Mon premier est un objet sur lequel on peut s'asseoir dans un parc. ________________
   Mon deuxième est un synonyme de extrémité. ________________
   Mon tout est une plante tropicale qui peut devenir très grande. ________________
3. Mon premier est le contraire de mauvais. ________________
   Mon deuxième est le contraire de mauvaise. ________________
   Mon troisième est le jour avant aujourd'hui. ________________
   Mon tout est une boîte à bonbons. ________________
4. Mon premier est la deuxième lettre de l'alphabet. ________________
   Mon deuxième est la deuxième lettre de l'alphabet. ________________
   Mon tout est un très jeune enfant. ________________
5. Mon premier est la première lettre de l'alphabet. ________________
   Mon deuxième est le contraire de laid. ________________
   Mon troisième est l'endroit où l'on dort. ________________
   Mon tout se dit d'une loi que l'on a supprimée. ________________

7 **Retrouvez les mots.**

Ex. : BB → ***bébé***

1. BC → ________________
2. ABC → ________________
3. AB ________________
4. ABI ________________

EXERCICES

8 **Retrouvez la première syllabe des mots dans la liste (la même pour tous les mots du même paragraphe).**

*Ex. : **ab***
*Je suis **ab**onné à* Télémagazine *et je le reçois chaque semaine chez moi.*
*J'ai fait une tarte aux **ab**ricots.*
*N'**ab**andonnez pas vos animaux quand vous partez en vacances.*

A : ______

1. Marie travaille ______névolement dans une association.
2. Cette société gagne beaucoup d'argent, elle fait de gros ______néfices.
3. Certains croient que le Français typique a un ______ret sur la tête et une baguette sous le bras.

B : ______

1. Ce soir, les deux candidats à l'élection présidentielle participent à un ______at télévisé.
2. Je n'ai pas le temps de déjeuner, je suis ______ordé aujourd'hui.
3. Pouvez-vous ______oucher cette bouteille, s'il vous plaît ?

C : ______

1. Il y a deux cents ans que cet écrivain est mort, c'est le ______centenaire de sa mort.
2. À la plage, les femmes portent des ______kinis.
3. Il se passe quelque chose de ______zarre ici.

D : ______

1. J'ai ______ttu quatre œufs et j'ai fait une omelette.
2. Matt parle beaucoup, il est ______vard.
3. Napoléon a livré de nombreuses ______tailles.

E : ______

1. Les enfants doivent ______éir à leurs parents.
2. À quoi sert cet ______jet ?
3. Savez-vous d'où vient l'______ élisque de la place de la Concorde à Paris ?

9 **Dictée.**

____

____

____

____

____

22

TEST
Comment écrire le son [t] : t, tt, th (pt, d)

Il faut admet**t**re que Becke**tt** est un gran**d** au**t**eur de **th**éâtre ; il com**pt**e parmi les **t**rès grands.

LE SON [t] PEUT S'ÉCRIRE

■ **t** (**-te** en finale)

*Tu **t**ravailles à l'a**t**elier ?*
*Res**te** encore, tu n'es pas en re**t**ard.*
***T**ou**t**es les **t**rois semaines, S**t**éphane achè**te** une car**te** de **t**éléphone.*
*La secré**t**aire du direc**t**eur va **t**oujours dans ce res**t**auran**t**.*
*Le vol n'é**t**ait pas direc**t**, je me suis arrê**t**é en **t**ransi**t** à **T**oulouse.*

Dans beaucoup de mots, la lettre **t** n'est pas prononcée en finale : *haut*, *lit*, *nuit*, *petit*, *toit*, *tout*, *port*, etc.

Devant la lettre **i**, **t** peut se prononcer [s] : *action*, *patient*, *égyptien*, *direc**t**ion*, *attention*, *démocratie*, etc.
(*cf.* Comment écrire le son [s])

■ **t'** Pronom devant une voyelle ou **h** muet.

*Comment tu **t'**appelles ?*
*Debout, c'est l'heure d'aller à l'école, il est temps de **t'**habiller.*
*Elle fait une fête, elle **t'**y a invité ?*
*Tu **t'**en vas déjà ?*

■ **tt** (**-tte** en finale).

*La cha**tte** se ne**tt**oie, elle fait sa toile**tte**.*
*J'a**tt**ends une le**tt**re de Bernade**tte**.*
*Si vous avez terminé les caro**ttes**, je vais changer les assie**ttes** pour l'omele**tte**.*
*Ne je**tte** pas ces bo**ttes**, tu peux encore les me**tt**re.*
*Une petite gou**tte** est une gou**tt**elette.*

Dans quelques mots d'origine étrangère, les lettres **tt** sont possibles en finales : *wa**tt***.

EXERCICES

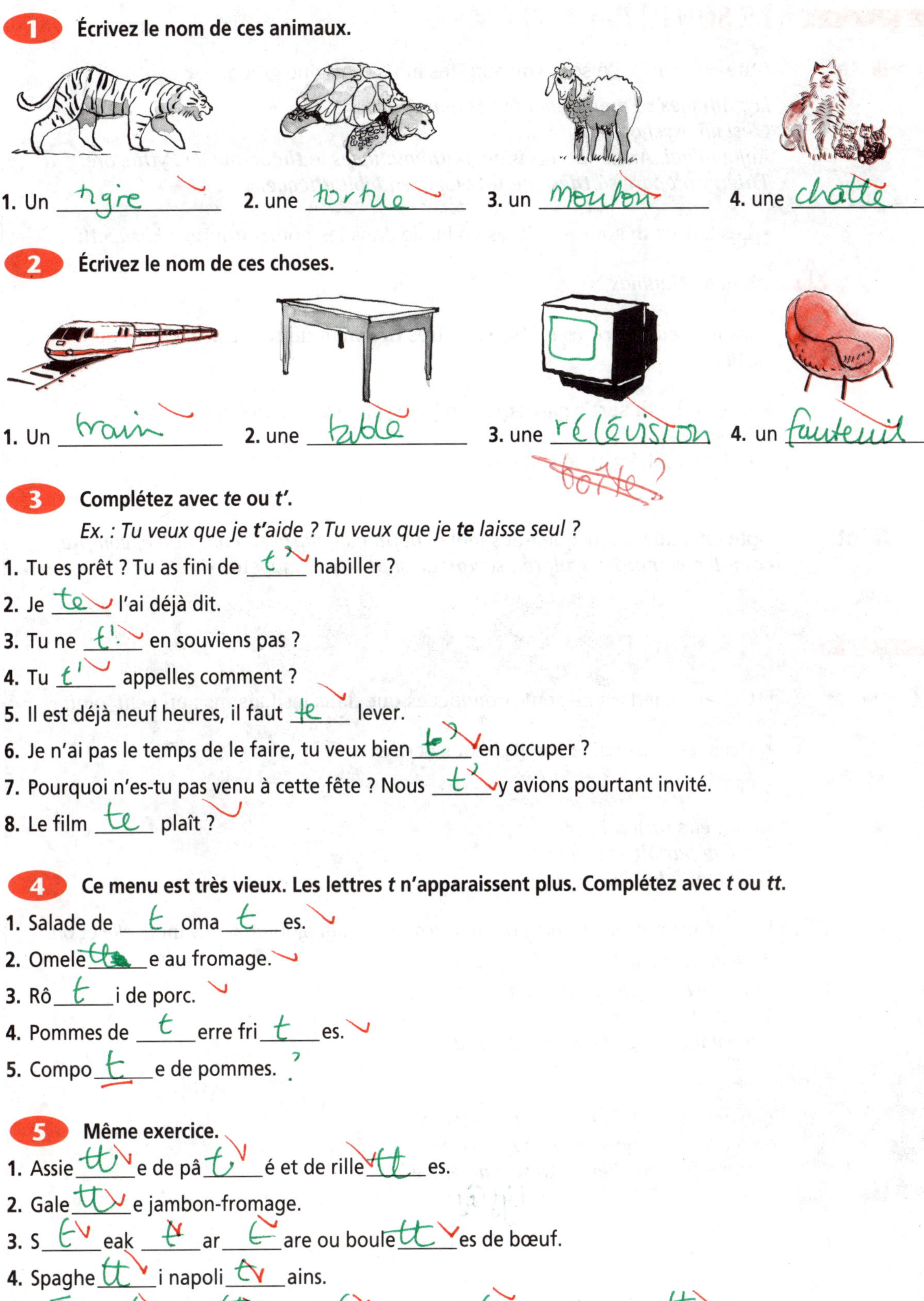

1 **Écrivez le nom de ces animaux.**

1. Un _____ 2. une _____ 3. un _____ 4. une _____

2 **Écrivez le nom de ces choses.**

1. Un _____ 2. une _____ 3. une _____ 4. un _____

3 **Complétez avec *te* ou *t'*.**

Ex. : Tu veux que je ***t'****aide ? Tu veux que je* ***te*** *laisse seul ?*

1. Tu es prêt ? Tu as fini de _____ habiller ?
2. Je _____ l'ai déjà dit.
3. Tu ne _____ en souviens pas ?
4. Tu _____ appelles comment ?
5. Il est déjà neuf heures, il faut _____ lever.
6. Je n'ai pas le temps de le faire, tu veux bien _____ en occuper ?
7. Pourquoi n'es-tu pas venu à cette fête ? Nous _____ y avions pourtant invité.
8. Le film _____ plaît ?

4 **Ce menu est très vieux. Les lettres *t* n'apparaissent plus. Complétez avec *t* ou *tt*.**

1. Salade de _____ oma _____ es.
2. Omele _____ e au fromage.
3. Rô _____ i de porc.
4. Pommes de _____ erre fri _____ es.
5. Compo _____ e de pommes.

5 **Même exercice.**

1. Assie _____ e de pâ _____ é et de rille _____ es.
2. Gale _____ e jambon-fromage.
3. S _____ eak _____ ar _____ are ou boule _____ es de bœuf.
4. Spaghe _____ i napoli _____ ains.
5. _____ ar _____ ele _____ e au ci _____ ron ou gâ _____ eau aux noise _____ es.

LE SON [t] PEUT S'ÉCRIRE

■ **th**

(**-the** en finale). Ce sont souvent des mots d'origine grecque.

*Les a**th**lètes se préparent pour le mara**th**on.*
*C'est un psychopa**the**.*
*Aujourd'hui, Ar**th**ur a appris en ma**th**ématiques le **th**éorème de Py**th**agore.*
***Th**ierry prépare sa **th**èse de **th**éologie en biblio**th**èque.*

• Les lettres **th** sont possibles en finale dans les noms propres : *Élisabe**th**.*

tth dans *Matthias.*

• Dans quelques rares mots, les lettres **th** sont muettes : *as**th**me, is**th**me, Go**th**s.*

• Devant **ie**, **th** sert à garder le son [t] : *sympa**th**ie, homéopa**th**ie,* mais *démocratie* [s].
(*cf.* Comment écrire le son [s])

■ **pt**

(**-pte** en finale) dans quelques mots : *ba**pt**ême, ba**pt**iser, com**pt**able, com**pte**, com**pt**er, com**pt**oir, scul**pt**er, scul**pt**eur, se**pt**, se**pt**ième,* etc.

LE SON [t] ET LA LIAISON

• Certaines lettres ne sont prononcées que dans les liaisons : un *petit‿ami.*

• Dans les liaisons, le son [t] peut s'écrire :

■ **t**

*Aurai**t**‿elle raison ?*
*C'est un parfai**t**‿exemple.*
*C'est tou**t**‿à fait juste.*

Lorsqu'un verbe se termine par une voyelle, il faut ajouter **-t-** devant *il, elle* et *on.*

*A-**t**-il de l'argent ?*
*Travaille-**t**-on le dimanche dans votre pays ?*
*Viendra-**t**-elle demain ?*
*Cet enfant mange-**t**-il régulièrement ?*

■ **d**

*Qui atten**d**‿on ? Un gran**d**‿ami de Pierre.*
*On ne sait pas encore quan**d**‿il arrivera.*
*Il habitera chez Pierre, au secon**d**‿étage.*

EXERCICES

1 Et pour le petit déjeuner ? Complétez avec *t*, *tt* ou *th*.

1. Le ma_____in, je prend du _____é avec des bisco_____es et de la confi_____ure.
2. Le dimanche, j'achè_____e une bague_____e et je fais des _____ar_____ines.
3. Quelquefois, je bois un jus de caro_____es ou une infusion de _____ym.

2 Réécrivez ces mots avec *thé* ou *té*.

*Ex. : ...léphone → **téléphone**.*

1. _____âtre
2. _____orie
3. Bon_____
4. _____rapie
5. San_____
6. _____moin
7. _____lévision
8. Es_____tique
9. Retrai_____
10. _____ologie

3 Complétez avec *th* ou *pt*.

1. Élisabe_____ a se_____ ans, elle sait déjà com_____er.
2. Ar_____ur est sympa_____ique.
3. Aimez-vous cette scul_____ure ?
4. _____ierry est champion d'a_____létisme.

4 Charades.

1. Mon premier est une boisson très fréquente en Chine ou en Angleterre. __________
   Mon deuxième est la quinzième lettre de l'alphabet. __________
   Mon troisième est un aliment très fréquent en Chine et au Japon. __________
   Mon tout peut être, par exemple, celle de la relativité. __________
2. Mon premier est le premier des nombres. __________
   Mon deuxième est le contraire de grand. __________
   Ma troisième est à toi. __________
   Mon quatrième est entre *ré* et *fa*. __________
   Mon tout est aimé. __________

5 Complétez avec *d* ou *t*.

*Ex. : Qui atten**d**-on ?*

1. Il te téléphonera quan_____ il reviendra de voyage.
2. Fai_____-il toujours beau dans votre pays ?
3. Elle sera tou_____ à fait prête dans un peti_____ instant.
4. Nous avons réservé dans un gran_____ hôtel.

23 LES DICTIONNAIRES
Comment écrire le son [d] : d (dd, dh)

En atten**d**ant l'a**dd**ition qui tar**de**, **D**i**d**ier lit Sten**dh**al.

LE SON [d] PEUT S'ÉCRIRE

■ **d** (-**de** en finale).

Dominique ira demain au stade.
Il faudra demander l'adresse de cette étudiante allemande.
André a mal aux dents, il va demander un rendez-vous chez le dentiste.
Ce comédien est admirable, il est très doué.

En finale de mots, mis à part quelques mots comme *sud*, la lettre **d** n'est pas prononcée dans les mots d'origine française : *canard*, *froid*, *nid*, *laid*, *pied*, *nœud*, *chaud*, etc.

Elle peut l'être dans des noms (communs ou propres) d'origine étrangère : *raid*, *stand*, *Madrid*, etc.

Tu connais l'actrice qui joue la barmaid dans le film Bagdad Cafe *?*
David a fait un raid automobile au Tchad.
Pour ce voyage dans les fjords norvégiens, Conrad emporte des vestes de tweed.

■ **d'** Préposition **de** devant une voyelle et dans *aujourd'hui*.

Aujourd'hui, je vais regarder un match de Coupe d'Europe.
Elle revient d'Italie.
La poste est à côté d'une boulangerie.

■ **dd** Rarement, et toujours entre deux voyelles.

Donnez-moi l'addition, s'il vous plaît.
Vous avez pris du haddock et ensuite un pudding.
Le général attend la reddition de l'ennemi.

■ **dh** Dans quelques rares mots.

Pour adhérer à ce mouvement, il faut remplir un bulletin d'adhésion.
Je recolle les pages du livre avec du papier adhésif.

⚠ **-ddh** dans *Bouddha*, *bouddhisme*, *bouddhiste*.

EXERCICES

1 **Trouvez le début de chaque série de mots : dé, de, des, da, dan ou di ?**

Ex. : Dé (...penser, ...mon, ...part) → Dépenser, démon, départ.

1. ____sin
   ____sous
   ____sus
2. ____ser
   ____ger
   ____cing
3. ____vant
   ____voir
   ____gré
4. ____couvrir
   ____corer
   ____but
5. ____me
   ____te
   ____vantage
6. ____plomate
   ____vin
   ____gne

2 **Écrivez le nom de ces animaux.**

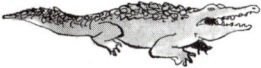

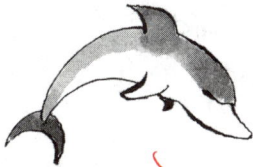

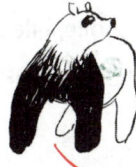

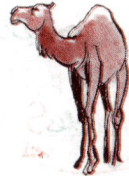

1. ____________ 2. ____________ 3. ____________ 4. ____________

3 **Complétez les listes.**

Ex.: Petit déjeuner, déjeuner, ***dîner****.*

1. Entrée, plat, fromage, ____________.
2. Jeudi, vendredi, samedi, ____________.
3. Septembre, octobre, novembre, ____________.
4. Sept, huit, neuf, ____________.
5. Noms, verbes, adverbes, ____________.
6. Le nord, l'est, l'ouest, le ____________.
7. Muette, aveugle, ____________.
8. Hier, aujourd'hui, ____________.

4 **Trouvez le *d* intrus dans ces films (lequel n'est pas prononcé ?).**

Le Cid, Bagdad Cafe, David et Goliath, L'espion qui venait du froid.

5 **Complétez avec *de* ou *d'*.**

1. ______Artagnan était l'ami des trois mousquetaires.
2. Nous revenons ______Espagne.
3. Elle s'est assise à côté ______André.
4. C'est aujour______hui le jour ______ mon anniversaire.
5. Ce n'est pas ______ ma faute.
6. C'est un ami ______Pierre.
7. Je ne suis pas ______accord.
8. Vous n'avez pas ______chance.

EXERCICES

6 **Complétez avec *de, des* ou *dent*.**

*Ex. : Qu'est-ce que tu lui deman**des** ?*

1. Elles habitent Rouen, elles sont norman_____.
2. Galilée a dit que la Terre était ron_____.
3. Claudia et Kerstin sont alleman_____.
4. Ils sont trop lents, ils nous retar_____.
5. Ces deux étudiantes viennent de Finlan_____.
6. Ses deux sœurs sont gran_____ et blon_____.
7. Les salles de classes ne sont pas très gran_____.
8. Mes valises sont très lour_____.
9. En France, les bureaux de tabac ven_____ des timbres.
10. La marchan_____ n'est pas très jolie, elle serait plutôt lai_____.
11. Les partis politiques ne s'accord_____ pas sur la question.
12. Tu m'ai_____ ?

7 **Qui sont ces Français ? Écrivez la solution.**

*Ex. : C'est le père des trois mousquetaires : **Alexandre Dumas**.*

1. C'est un acteur, il a joué Cyrano de Bergerac et Obélix : _____________________.
2. C'est une chanteuse qui a été très célèbre dans les années cinquante. Ses chansons les plus célèbres sont *La Vie en rose* et *Non, je ne regrette rien* : _____________________.
3. C'est un footballeur qui est très célèbre depuis que la France a gagné la Coupe du monde en 1998 : _____________________.
4. C'est un général français qui a dirigé pendant la Seconde Guerre mondiale la Résistance à Londres : _____________________.
5. C'est un couturier très connu, son prénom est Christian : _____________________.
6. C'est un poète, il a écrit *Les Fleurs du mal* : _____________________.
7. Cette jeune fille a lutté contre les Anglais au quinzième siècle, elle est morte brûlée : _____________________

8 **Complétez ce menu avec *d* ou *dd* (attention, certains d peuvent être muets).**

1. Sala_____e
2. Pâté de canar_____
3. Filet de ha_____ock
4. _____in_____e
5. Épinar_____s
6. Pu_____ing

EXERCICES

9 **Charades**

1. Mon premier est le premier nombre. ______
   Mon deuxième est notre planète. ______
   Mon troisième est le participe passé du verbe dire. ______
   Mon tout n'est pas permis. ______
2. Mon premier est le contraire de début. ______
   Mon deuxième est le contraire de rapide. ______
   Mon troisième est une préposition qui indique l'appartenance ou l'origine. ______
   Mon tout est un pays européen voisin de la Suède. ______

10 **Rébus**

1. D C D
   Quelqu'un qui n'est plus en vie : ______
2. D K π T
   Quelqu'un à qui on a coupé la tête : ______
3. Une activité artistique : ______
4. Il ne sait pas ce qu'il veut : ______

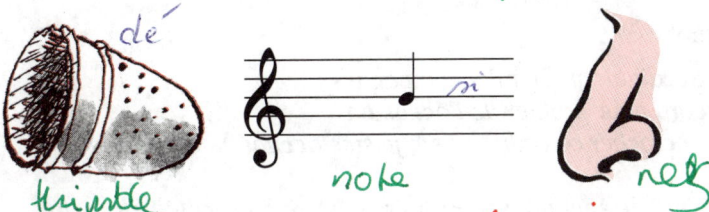

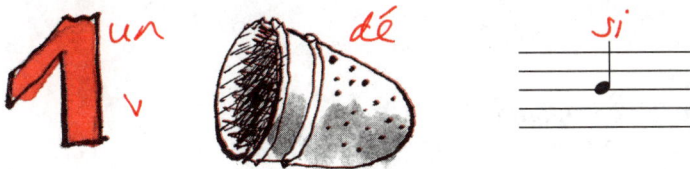

11 **Dictée énigme.**

______
______
______
______
______
______
______

24

Le bac
Comment écrire le son [k] : c, qu, k (cc, cqu, ch, ck)

Patri**ck** s'o**cc**upe d'un groupe de ro**ck**. Ja**cqu**es fait partie d'un or**ch**estre. Ils habitent à cin**qu**ante **k**ilomètres de la **c**apitale.

LE SON [k] PEUT S'ÉCRIRE

- **c** — (sauf devant **e** et **i**).

*Frédéri**c** boit du **C**o**c**a-**C**ola et **C**laude du **c**a**c**ao.*
*Au **c**afé, j'ai ren**c**ontré un **c**ollègue **c**anadien et sa femme é**c**ossaise.*
*Je n'ai pas re**c**onnu le **c**opain qui était ave**c** toi.*

Les lettres **c** et **ct** à la fin d'un mot peuvent ne pas être prononcées : *estomac, franc, blanc, tabac, caoutchouc, aspect, respect, suspect,* etc.

- **cc** — À l'intérieur d'un mot.

*Je vais fêter mon ba**cc**alauréat. Tu m'a**cc**ompagnes ?*
*Je ne suis pas d'a**cc**ord pour profiter de l'o**cc**asion.*
*Tu peux m'aider à a**cc**rocher ce cadre ? Non, je suis o**cc**upé.*

Devant les lettres **e** et **i**, le second **c** se prononce [s] : *Il a accepté de se faire vacciner.* (*cf.* Comment écrire le son [ks] et le son [gz]).

- **qu** — (**-que** en finale).

*J'ai téléphoné **qu**atre fois à l'anti**qu**aire.*
*Dans sa bibliothè**que**, il a **quelques** ouvrages remar**qu**ables.*
*Pour**qu**oi as-tu **qu**itté ton travail ?*

- **qu'** — Le pronom **que**, la conjonction **que** et ses dérivés *(lorsque, puisque)* deviennent **qu'** devant une voyelle : *Je suis sûr **qu'**il n'a pas aimé le livre **qu'**elle lui a offert.*

- **q** — Rare et toujours en finale : *cin**q**, co**q**.*

*Le co**q** a chanté à cin**q** heures.*

- **cqu** — (**cque** en finale) *a**cqu**érir, a**cqu**iescer, a**cqu**itter,* etc.
*Ja**cqu**es a fait l'a**cqu**isition d'une statue gre**cque**.*

EXERCICES

1 **Qu'est-ce que c'est ?**

1. C'est un endroit où on peut boire quelque chose : un ________.
2. Ce sont des gens qui travaillent ensemble : des ________.
3. Les mouches, les fourmis, les moustiques sont des ________.
4. C'est le contraire de sombre : ________.
5. C'est une pâtisserie en forme de lune : un ________.

2 **Trouvez le *c* intrus.**

1. Tabac, bac, sac, lac.
2. Franc, blanc, sec, caoutchouc.
3. Suspect, respect, aspect, direct.

3 **Complétez avec *c* ou *cc*.**

1. C'est l'été, les enfants sont en va____ances.
2. Pour rentrer à l'université, il faut avoir le ba____alauréat.
3. Je ne suis pas du tout d'a____ord avec toi.
4 J'ai acheté une voiture d'o____asion.
5. Il s'o____upe très bien de ses enfants.
6. La semaine dernière, il a eu un a____ident.

Dans quel mot est-ce que les lettres **cc** ne se prononcent pas [k] ? ________

4 **Écrivez les chiffres en lettres.**

1. 4 : ________
2. 14 : ________
3. 15 : ________
4. 54 : ________
5. 55 : ________
6. 44 : ________

5 **Choisissez la bonne orthographe.**

1. Aujourd'hui, nous avons atteint un | pic | pique | de pollution.
2. Elle a mis de la | lac | laque | sur ses cheveux.
3. Aimez-vous le | coq | coque | au vin ?
4. Le | trafic | trafique | routier est de plus en plus important.
5. Je ne m'attendais pas à cela, ça m'a fait un | choc | choque |.

6 **Complétez avec *que* ou *qu'*.**

Ex. : ***Que*** *fais-tu ?*

1. ____ proposes-tu ?
2. ____ est-ce ____ tu lis ?
3. Je crois ____ elle ne viendra pas.
4. ____ est-ce ____ il t'a dit ?
5. Est-ce ____ tu aimes le livre ____ il t'a acheté ?

LE SON [k] PEUT S'ÉCRIRE

■ **k**

Dans des mots d'origine étrangère.

*Elle a acheté un **k**ilo de mo**k**a et une bouteille de **k**irsch.*
*Il fait du **k**ung-fu et du **k**araté.*
*Au zoo, j'ai vu des **k**angourous et des **k**oalas.*
*Ella a ramené pour ses enfants un **k**imono du Japon, un **k**ilt d'Écosse et un anora**k** du Canada.*

■ **ch**

Dans des mots d'origine étrangère.

*A Muni**ch**, j'ai écouté un or**ch**estre qui jouait un concerto de Ba**ch**.*
*Le kra**ch** boursier a provoqué un **ch**aos général.*
*Je lui ai offert des or**ch**idées et du **ch**ianti.*
*Dans cette **ch**orégraphie, tous les mouvements sont bien syn**ch**ronisés.*

■ **ck**

Dans des mots d'origine étrangère, particulièrement d'origine anglaise.

*Qu'est-ce tu préfères comme chien ? Les co**ck**ers ou les te**ck**els ?*
*Ce joueur de ho**ck**ey est très fort, c'est un cra**ck**.*
*J'ai pris un bo**ck** de bière et Patri**ck** a pris un co**ck**tail.*

C/QUE

• Quelques noms et adjectifs qui se terminent par **-c** ont leur féminin en **-que** :
*Frédéri**c** / Frédéri**que** ; publi**c** / publi**que** ; tur**c** / tur**que**.*

*Frédéri**que** travaille à l'ambassade tur**que**, elle parle tur**c** couramment.*
*Frédéri**c** a mis ses enfants à l'école publi**que**, ils les emmène souvent au jardin publi**c**.*

Le féminin de *grec* est *grecque*.

• Tous les noms et adjectifs qui se terminent au féminin par **-que** n'ont pas leur masculin en **-c**.
Dominique (masculin et féminin), *antique, magnifique, magique, fantastique,* (masculin et féminin), etc.
*Une statue anti**que**, un bâtiment anti**que**.*
*Une vue magnifi**que**, un site magnifi**que**.*

Chic est masculin et féminin : *un chic type, une chic fille.*

EXERCICES

1 **Complétez avec le mot exact.**

1. Mille mètres font un ___.
2. Cet animal a une poche pour son petit, c'est un ___.
3. C'est une sauce tomate qu'on peut mettre sur les frites : le ___.
4. C'est un jeu qui consiste à chanter en public sur accompagnement musical : le ___.

2 **Écrivez le nom des pays en ajoutant *c*, *k* ou *qu*.**

Ex. : olombie → *Colombie*

1. Éosse ___
2. Maro ___
3. oweit ___
4. Turie ___
5. Uraine ___
6. Paistan ___
7. orée ___
8. Mexie ___
9. Danemar ___
10. ongo ___
11. Mozambie ___
12. Slovaie ___

3 **Complétez avec *k* ou *ch*.**

1. On ne va pas en anora___ à un concert de Ba___.
2. Cette Japonaise en ___imono fait un bouquet avec des or___idées.
3. Faites attention au ___olestérol.
4. Dans ce pays, il y a des risques de ___oléra.
5. Il n'a pas encore décidé s'il veut devenir psy___ologue, psy___iatre ou psy___analyste.
6. Je vais au ___iosque acheter un journal.

4 **Choisissez la bonne orthographe.**

1. Depuis l'euro, on ne paye plus avec des | marks | marques | en Allemagne.
2. | Marc | Marque | aime beaucoup cette | marc | marque | de vêtements.
3. On n'as pas encore réussi à photographier le monstre du | Loch | Loque | Ness.
4. Malgré le | crack | krach | boursier, il ne | crac | craque | pas, c'est un | crac | crack | !
5. Il chante de tout son | cœur | chœur | dans cette | corral | chorale |.
6. Si tu vas jouer au tennis, n'oublie pas ta | racket | raquette |.
7. Il est solide comme un | roc | rock |.
8. Il n'y a plus aucun ordre dans ce pays, c'est le véritable | chaos | KO |.
9. La semaine dernière, j'ai vu un match de | hoquet | hockey | sur glace.

5 **Complétez avec *c* ou *que*.**

1. Elle est très élégante, elle est très chi___.
2. Frédéri___ est née en Belgi___.
3. Ce château est absolument magnifi___.
4. Est-ce que tu aimes la cuisine tur___ ?
5. Domini___ vend du matériel opti___.

25 LA LANGUE ANGLAISE

Comment écrire le son [g] : g, gu (gh, gg, c)

> La situation s'est a**gg**ravée dans certaines banlieues, qui sont devenues de vrais **gh**ettos.
> Le **g**ouvernement essaie de se**c**onder les associations qui luttent contre les ba**g**arres et le trafic de dro**gue**.

LE SON [g] PEUT S'ÉCRIRE

- **g** Sauf devant les lettres **e (é, è, ê)**, **i**, **y** et **n**.
*Gré**g**oire est à la **g**are. Il va à un con**g**rès à **G**renoble.*
*As-tu déjà **g**oûté la **g**lace à la **g**oyave ?*
*Il ne marche pas droit, il marche en zi**g**za**g**.*
*Le **g**ouvernement **g**rec a au**g**menté les impôts.*

⚠ Le son [g] peut s'écrire **g** devant **e** et **i** dans quelques mots d'origine étrangère : *la Gestapo, la geisha, la call-girl*, etc.

⚠ La lettre **g** n'est en général pas prononcée en finale ou devant **t** : *long, faubourg, sang, rang, poing, doigt, vingt*, sauf dans les mots d'origine étrangère : *gag, gong, grog*, etc.

- **gu** Devant les lettres **e (é, è, ê)**, i et y, **gue** en finale.
***Gu**y commence à jouer de la **gu**itare. Il n'a **gu**ère d'expérience.*
*Je suis fati**gué** d'étudier cette lan**gue**.*
*Une **gu**êpe a piqué Mar**gu**erite. Pour la consoler, sa mère lui a acheté une ba**gue**.*

- **gh** Dans des mots d'origine étrangère : *le **gh**etto, les spa**gh**etti, l'Af**gh**anistan, le **Gh**ana, le Kir**gh**izistan, le Ma**gh**reb*, etc.

- **gg** (rarement) : ***agg**lomération, **agg**lutiné, **agg**ravation, **agg**raver, tobo**gg**an* et dans des mots d'origine étrangère : *jo**gg**ing*, etc.

- **c** Dans *second* et ses dérivés : *se**c**onde, se**c**onder, se**c**ondaire*.

EXERCICES

1 **Écrivez le nom de ces animaux :**

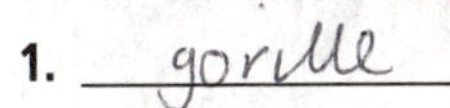

1. ____________ 2. ____________ 3. ____________

2 **Quel est ce pays ? (dans tous ces pays, il y a le son [g]).**

Ex. : Oulan-Bator est la capitale de la ***Mongolie****.*

L'Afrique

1. Dakar est la capitale du ____________.
2. Lomé est la capitale du ____________.
3. Luanda est la capitale de l'____________.
4. Libreville est la capitale du ____________.

L'Europe

1. Sofia est la capitale de la ____________.
2. Athènes est la capitale de la ____________.
3. Budapest est la capitale de la ____________.
4. Lisbonne est la capitale du ____________.

3 **Trouver le contraire de ces mots.**

*Ex. : maigre/****gros****.*

1 brûlant/ ____________
2. fille/ ____________
3. diminuer/ ____________
4. petit/ ____________
5. droite/ ____________
6. perdre/ ____________

4 **Choisissez *gar, gâ, gro, gri, goû*, et faites de nouveaux mots.**

Ex. : ***GLA*** *+ son =* ***glaçon****.*

1. ______ + tôt = ____________
2. ______ + masse = ____________
3. ______ + cire = ____________
4. ______ + âge = ____________
5. ______ + thé = ____________

5 **Trouvez le g intrus (quelle lettre g ne se prononce pas comme les autres ?).**

1. Gong, sang, gang, gag.
2. Long, rang, grog, vingt.

EXERCICES

6 **Greg visite la France pendant l'été. Quel est son itinéraire ? Choisissez les villes qui contiennent le son [g] et vous connaîtrez son itinéraire. Il part de l'aéroport Charles-de-Gaulle et va toujours vers le Sud.**

Boulogne, Paris aéroport Charles-de-Gaulle, Angers, Bourges, Limoges, Angoulême, Périgueux, Grenoble, Gap, Avignon, Draguignan, Perpignan.

Paris Charles-de-Gaulle, ______________________

____

____

____

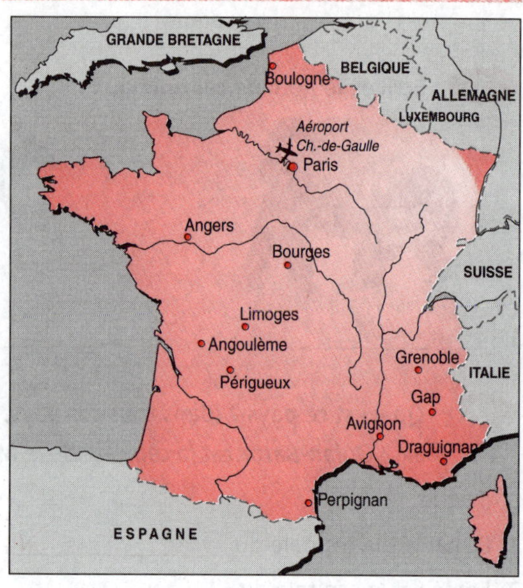

7 **Complétez avec *gu* ou *g* et reliez les deux colonnes.**

1. La Bourgogne
2. Les ____eishas
3. La____itare
4. La g____eule
5. Un homme vul____aire
6. Les al____es
7. La ba____ette
8. La fi____ure
9. Une femme distin____ée
10. Le de____ré

A. est un instrument de musique.
B. sont dans la mer.
C. est souvent élégante.
D. sert à mesurer la température.
E. s'achète dans une boulangerie.
F. sont japonaises.
G. est une province française dont le vin est célèbre.
H. est la bouche de certains animaux (chiens, chats).
I. peut être géométrique.
J. n'est pas très fin.

8 **Réécrivez les phrases en ajoutant les g [g].**
*Ex. : Marot est fatiuée. → Margot est fati**gu**ée.*

1. réoire est éléant : ______________________
2. aston est un arçon aréable : ______________________
3. Je joue au ruby et au olf : ______________________
4. Il est rippé, il se prépare un ro : ______________________
5. Une riffe de draon : ______________________

9 **Choisissez le mot exact.**

1. Il y a ce soir un concert | d'orge | d'orgue |.
2. Il fait froid, il sort avec ses | gants | gens |.
3. L'espagnol et l'italien sont des | langues | langes | proches.
4. Pendant la fête, Pierre l'a | draguée | dragée |.

EXERCICES

10 **Complétez avec *g* ou *gh*.**

1. Le Maroc, l'Algérie et la Tunisie forment le Ma______reb.
2. Cet été, il a voyagé au Séné______al, au ______abon et au ______ana.
3. Elle adore les spa______etti.
4. Elvis Presley a chanté l'histoire d'un bébé noir né dans le ______etto de Chica______o.

11 **Complétez avec *g* ou *gg*.**

1. Il y a eu une au______mentation de la population dans cette a______lomération.
2. La crise économique a a______ravé les problèmes sociaux.
3. Ce livre s'appelle *l'Ortho______raphe pro______ressive.*

12 **Complétez avec *second, seconde, secondes* ou *secondaire*.**

1. Une minute fait soixante ______________.
2. Après l'école primaire, il y a l'école ______________.
3. C'est le bras droit du directeur, c'est son ______________.
4. Au lycée, après la classe de troisième, il y a la classe de ______________.
5. Ce n'est pas important, c'est ______________.
6. La ______________ Guerre mondiale a duré de 1939 à 1945.

13 **Charades.**

1. Mon premier est le contraire de tard. ______________
   Mon deuxième n'est pas laid. ______________
   Mon troisième habille la main. ______________
   Mon tout amuse les enfants. ______________
2. Mon premier se porte au doigt. ______________
   Mon second ne se demande pas au dames. ______________
   Mon tout s'emmène en voyage. ______________

14 **Un peu de géographie. Dictée.**

____

____

____

____

____

Quel est ce pays ? ______________

26

EXPOSÉS ET EXERCICES

Comment écrire le son [ks] et le son [gz] : x, xc (cc, ct)

> Alexandre a un **ex**cellent a**cc**ent et une bonne di**ct**ion.
> **X**avier l'**ex**horte à se présenter à l'**ex**amen.

LE SON [ks] PEUT S'ÉCRIRE

■ **x** (**-xe** en finale).

Ce taxi est luxueux.
Excusez-moi !
C'est un texte paradoxal.
Alex paye un maximum de taxes pour son duplex.

⚠ La lettre **x** peut se prononcer [s] (*six*, *soixante*) ou [z] (*sixième*, *deuxième*) (*cf.* Comment écrire le son [s] et Comment écrire le son [z]).

En finale, elle n'est pas prononcée dans les marques de pluriel et de conjugaison (*peux*, *veux*, *bijoux*, *aux*, *chevaux*) ni devant **i** et **u** (*heureux*, *deux*, *flux*, *paix*, *prix*), sauf dans certains noms propres : *Aix*, *Astérix*, *Alix*, et dans *phénix*.

■ **xc** Devant **e, é, è, i**, et derrière **e** initial.

Il m'a dit que le film était excellent.
Cela excite ma curiosité.
C'est excessif de dire que ce film est exceptionnel.
Il faut boire avec modération, sans excès.

■ **cc** Devant **e, é, è,** et **i**, et derrière **a, o** et **u**.

N'accélère pas, tu vas avoir un accident.
Il n'accepte pas le succès de son successeur.
Certaines populations du tiers-monde n'ont toujours pas accès aux vaccins.

Lorsque la lettre **i** se prononce [j], le son [ks] peut s'écrire **ct**, particulièrement devant **-ion** : *action, perfection, réduction, section,* etc. (*cf.* Comment écrire le son [sj]).

EXERCICES

1 **Trouvez le mot qui correspond (dans tous les mots, il y a un *x*).**

Ex. : On le prend quand les bus et les métros sont en grève : le ***taxi****.*

1. Le contraire de minimum, c'est ______________.
2. Entre le pouce et le majeur, il y a l'______________.
3. Un petit café noir s'appelle un ______________.
4. Le contraire d'intérieur, c'est ______________.
5. La Chine et le Japon sont en ______________ - Orient.
6. Tu ne comprends pas ? Attends, je vais t'______________.

2 **Choisissez la bonne orthographe.**

1. Mon frère m'a emmené voir un combat de | box | boxe |.
2. Je suis en vacances, je me | relax | relaxe |.
3. J'ai bien reçu ton | faxe | fax |.
4. Cet écrivain a reçu le | prix | pris | Nobel.

Quel est dans ces mots celui où n'apparaît pas le son [ks] ? ______________.

3 **Dans les textes suivant, soulignez les mots avec la lettre *x* où il y a le son [ks].**

1. Dans ce magasin, les prix sont fixes. Cet article mexicain coûte trente-six euros, mais si vous en prenez deux, le prix ne sera que de soixante euros.
2. Ce texte vous semble paradoxal, mais si je vous l'explique, vous comprendrez mieux.
3. Félix est heureux. Il a acheté des bijoux et des porcelaines de Saxe extraordinaires dans une boutique de luxe, rue de la Paix à Paris.
4. Maxime habite à Aix, dans un duplex au sixième étage, avec deux de ses neveux.

4 **Complétez avec *ex* ou *exc*.**

1. Ce matin, cet étudiant a fait un ______ posé ______ ellent.
2. L'______ position était ______ eptionnelle.
3. Il est ______ essif dans son comportement mais il ne le fait pas ______ près.
4. N'______ ite pas ce chien, il va te mordre.
5. C'est un ______ ploit ______ traordinaire.

5 **Trouvez le contraire.**

Ex. : Le contraire de freiner, c'est ***accélérer****.*

1. Le contraire de précéder, c'est s______________.
2. Le contraire de refuser, c'est a______________.
3. Le contraire de l'échec, c'est le s______________.
4. Le contraire d'oriental, c'est o______________.

LE SON [gz] PEUT S'ÉCRIRE

 **x**

Entre **e** et une autre voyelle ou un **h** muet : *e**x**amen, e**x**il, e**x**ode, e**x**haler, e**x**hiber, e**x**hibition, e**x**horter, e**x**hortation, e**x**humer, e**x**humation.*

*La France est aussi appelée l'He**x**agone.*
*C'est e**x**act.*
*Vous avez donné un bon e**x**emple.*
*Préparez-vous à l'e**x**amen en faisant des e**x**ercices.*
*Vous e**x**agérez !*
*Quelle profession e**x**ercez-vous ?*
*Certaines personnes croient à l'e**x**istence des extraterrestres.*

Cette règle s'applique pour les mots avec préfixe.

*C'est ine**x**act.*
*J'ai dû rée**x**aminer le document.*

⚠ Une graphie rare : *eczéma.*

LE SON [ks] ET LE SON [gz] A L'INITIALE

À l'initiale, le son [gz] s'écrit **x**.

***X**avier est **x**énophobe.*

Mais pour quelques mots, la prononciation hésite entre [ks] ou [gz] :
xylophone, xénophobe.

[iks] LA LETTRE X

La lettre **x** peut servir à transcrire le son [iks].
Cette lettre employée seule peut avoir plusieurs sens en français.

*Deux routes en **X** font un croisement.*
*Un film **X** est un film pornographique.*
*En mathématiques, **X** est l'inconnue d'une équation.*
*Porter plainte contre **X**, c'est porter plaine contre un inconnu.*
*Un **X** est un élève de l'École Polytechnique.*

EXERCICES

1 **Complétez avec un mot de la liste suivante :**
exact, exagération, examen, exemples, exercices, exiger, exil, exotique.

1. C'est un pays lointain, il est très ____________.
2. Pour maîtriser l'orthographe française, il faut faire des ____________.
3. Pour bien faire comprendre, le professeur donne beaucoup d' ____________.
4. Napoléon est parti en ____________ à Sainte-Hélène.
5. À la fin de chaque semestre universitaire, il y a un ____________.
6. Il y a beaucoup d' ____________ ; il ne faut pas le croire.
7. C'est juste, c'est ____________.
8. Tu n'a pas le droit d' ____________ cela de moi.

2 **Que signifient les mots suivants ? Choisissez les deux bonnes définitions.**

1. Hexagone :
   a. Une figure à six côtés.
   b. Une enfant sorcière.
   c. La France.
   d. Une figure géométrique exacte.
   e. Une région d'Asie mineure.
   f. Un insecte à six pattes.

2. Un ex. :
   a. L'abréviation d'un exploit.
   b. Extraordinaire.
   c. Un mari dont on a divorcé.
   d. Un résultat exact.
   e. L'abréviation d'un exercice.
   f. Un ancien petit ami.

3 **Complétez avec *ex* ou *exh*.**

1. ______orter signifie encourager fortement.
2. ______iger signifie vouloir absolument
3. ______iber signifie montrer.
4. ______aler signifie répandre une odeur.
5. ______umer signifie retirer de terre.
6. ______ister signifie vivre.

4 **Trouvez le *x* intrus.**

Xavier, un jeune joueur de xylophone qui combat la xénophobie, a porté plainte contre X.

5 **Choisissez les expressions possibles.**

1. Un livre X.
2. Un croisement en X.
3. Une plainte contre X.
4. Un calcul en X.
5. Une boulangère X.
6. Un vélo en X.
7. Un film X.
8. Un produit dangereux X.

27 LA FACULTÉ DE PHILOSOPHIE
Comment écrire le son [f] : f, ff, ph

Sophie a **ph**otogra**ph**ié des gira**f**es et des bu**ff**les pendant son sa**f**ari en A**f**rique.

LE SON [f] PEUT S'ÉCRIRE

■ **f**

Dans toutes les positions.

Félix joue au golf avec un ami africain.
Il fait très chaud, les enfants ont soif. Leur mère leur prépare une carafe d'eau fraîche.
Françoise a mangé neuf gaufres, elle avait très faim.

Dans certains mots, la lettre **f** est muette en finale : *nerf, cerf, clef,* et au pluriel les lettres **fs** *: œufs, bœufs.*

La lettre **e** devant **-ff** se prononce [e] : *effort, efforcer*, etc. (*cf.* Comment écrire le son [e]).

■ **ff**

Principalement à l'intérieur d'un mot, **ffe** en finale.

*Attention au chat, il gri**ffe**.*
*Geo**ff**roy fait des e**ff**orts pour réussir en a**ff**aires.*
*Cette a**ff**iche est a**ff**reuse.*

Les lettres **ff** peuvent se trouver en fin de mot. Ces mots sont d'origine étrangère (le *bluff*) ou des abréviations (le *sous-off* pour le sous-officier).

■ **ph**

(**-phe** en finale)

*L'orthogra**phe** du français n'est pas seulement **ph**onétique.*
*Ce matin, il y avait cours de géogra**ph**ie et de **ph**iloso**ph**ie.*
*C'est une bibliogra**ph**ie de **Ph**ilippe de Macédoine.*

Cette écriture **(ph)** se trouve souvent dans les racines grecques.
Graph-, -graphe (écriture) : *graphologie, orthographe…*
Philo-, -phile (qui aime) : *philosophe, anglophile, francophile…*
Phon-, -phone (son) : *phonétique, téléphone, francophone…*
Photo- (lumière) : *photographie, photocopie…*
Physio- (nature) : *physiologie, physionomie…*

ph peut être possible en finale : ***Joseph***.

EXERCICES

1 **Reconstituez les mots en ajoutant un *f*.**

Ex. : Des petits garçons, des petites filles, des enants → ***des enfants.***

1. Avoir envie de manger aim → ________________
2. Un continent Arique → ________________
3. Ce qu'on peut boire avant le repas apériti → ________________
4. Avoir envie de boire soi → ________________
5. Le contraire d'ancien neu → ________________
6. Au-dessus de nos têtes dans une pièce plaond → ________________
7. Elle brûle lamme → ________________
8. Le contraire de fort aible → ________________
9. Il enseigne proesseur→ ________________
10. On le voit à la télévision ou au cinéma ilm → ________________

2 **Complétez le dialogue à l'aide des dessins.**

Au restaurant :

– Bonjour, vous avez choisi ?
– Oui, je prendrai un steak.
– Très bien, et qu'allez-vous prendre avec votre steak ?
– Je prendrai des ________________.
– Et ensuite ?
– Ensuite, je prendrai un ________________.
– Vous prendrez un dessert ?
– Une ________________.
– Désolé, monsieur, nous n'en avons plus.
– Alors, je prendrai une tarte aux ________________.
– Parfait. Et comme boisson ?
– Simplement une ________________ d'eau.

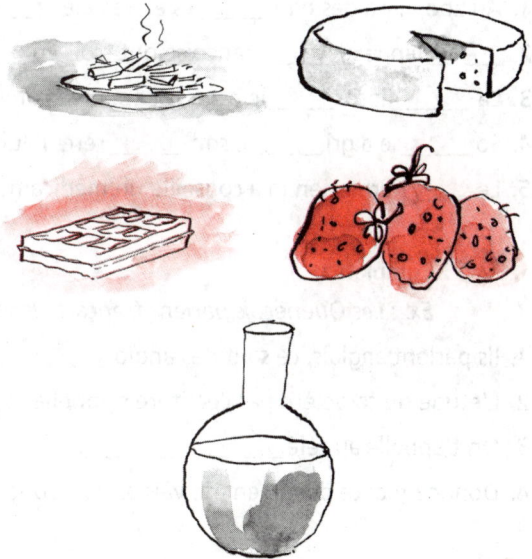

3 **Réécrivez en minuscules les mots en majuscules et ajoutez le *f* (dans ces mots, la lettre *f* n'est pas prononcée).**

1. Il faut des ŒUS ________________ pour faire une omelette.
2. Je ne peux pas ouvrir, je n'ai pas la CLE________________
3. Le père de Bambi est un CER ________________
4. Dans le pré, il y a des vaches et des BŒUS ________________.

4 **Trouvez le *f* intrus (dans lequel de ces mots le *f* ne se prononce-t-il pas ?).**

Chef, nerf, relief, œuf : ________________

EXERCICES

5 **Reconstituez les mots en ajoutant un ou deux f.**

*Ex. : Horrible : areux → **affreux**.*

1. Un nombre — chire → ________
2. Un lion, un tigre — auve → ________
3. C'est pour toujours — deiniti → ________
4. Le contraire de victoire — déaite → ________
5. Au poker, par exemple — blu → ________
6. À l'arrière d'une voiture — core → ________
7. Un capitaine, un commandant — oicier → ________
8. Une raison — moti → ________
9. Le contraire de facile — diicile → ________
10. Le contraire d'accepter — reuser → ________

6 **F, ff ou ph ?**

1. Au zoo, il y a des gira_____es et des élé_____ants.
2. _____ilippe et _____rançoise ont trois en_____ants : un _____ils et deux _____illes.
3. La _____iloso_____ie est aussi appelée la méta_____ysique.
4. So_____ie a gri_____é son _____rère. Il lui a donné une gi_____le.
5. Le _____armacien m'a conseillé un médicament qui _____ait beaucoup d'e_____et.

7 **Complétez.**

*Ex. : Les Québécois parlent français, ils sont **francophones**.*

1. Ils parlent anglais, ce sont des anglo________.
2. L'étude du caractère par l'écriture s'appelle la ________ologie.
3. On t'appelle au télé________.
4. Donnez-moi ce document, je vais en faire une ________copie.

8 **Quel est ce pays ?**

1. Sa capitale est Paris : la ________.
2. Sa capitale est Helsinki : la ________.
3. Sa capitale est Pretoria : l'________.
4. Sa capitale est Kaboul : l'________.
5. Sa capitale est Manille : les ________.

9 **Charade.**

Mon premier est une note de musique. ________

Mon deuxième est le contraire de froid. ________

Mon troisième a une baguette magique. ________

Mon tout est un verbe qui signifie rendre chaud. ________

EXERCICES

10 **Qu'est-ce qu'ils étudient ? Choisissez le bon mot dans la liste suivante.**
Géographie, pharmacie, phonétique, philologie, philosophie, photographie, physique.
*Ex.: Alphonse étudie les sons, il étudie la **phonétique**.*

1. Sophie étudie les médicaments, elle étudie la ________________.
2. Joseph étudie l'atome. Il étudie la ________________ nucléaire.
3. Philippe étudie Platon et Aristote, il étudie la ________________.
4. Théophile étudie la technique et l'art de prendre des images. Il étudie la ________________.
5. Daphné étudie les pays, leur relief, leur histoire, leur économie. Elle étudie l'histoire et la ________________.
6. Christophe étudie les langues anciennes, il étudie la ________________

11 **Charades rébus.**

1. Lorsqu'il est droit, mon premier fait 45 degrés.

____

Mon deuxième est un liquide, c'est aussi une voyelle.

____

Mon troisième sert pour coudre. ________________

Mon tout aime l'Angleterre et la culture anglaise : ________________________________

2. Mon premier sert à guider les bateaux la nuit.

____

Ma deuxième est à moi. C'est aussi dans les bateaux ce qui porte la voile.

____

Mon troisième sert à couper, c'est aussi une note de musique. ________________

On achète les médicaments dans mon tout. ________________________________

12 **Dictée recette**

____

____

____

____

____

Qu'est-ce que c'est ? C'est une ________________.

28

LES LIVRES

Comment écrire le son [v] : v, w

Viviane et **W**olfgang ont **v**oyagé dans un **w**agon confortable.

LE SON [v] PEUT S'ÉCRIRE

■ **v** (**-ve** en finale).

*Valérie est très ba**v**arde et très **v**i**ve**.* *J'ai **v**u le film a**v**ant de lire le li**v**re.* *Vous a**v**ez **v**endu **v**otre **v**oiture ?* *Vos amis **v**iennent **v**endredi.*

■ **w** *Watteau était un peintre français.*
*Aujourd'hui, il n'y a plus dans le métro de **w**agons de première classe.*
*Il y a eu en Espagne et au Portugal un empire **w**isigoth.*

• On n'écrit le son [v] avec la lettre **w** que dans des mots d'origine française (comme le peintre *Watteau*) ou d'origine allemande (*Wagner*, *Wolfgang*).

***W**otan et les **W**alkyries appartiennent à la mythologie germanique.*
*La république de **W**eimar a duré de 1919 à 1933.*

• Pour les mots d'une autre origine, *cf.* Comment écrire le son [w].

 Dans certains sigles, la lettre **w** se prononce [v], même si l'origine du sigle n'est ni française ni allemande : *les WC* [vese], mais *les waters* [watɛr].

LE FÉMININ EN VE

Dans beaucoup d'adjectifs et dans certains noms, les lettres **ve** marquent le féminin d'adjectifs qui se terminent en **f** au masculin.

■ **ef / ève**

*L'exposé était bre**f**, la conférence était br**ève**.*

■ **euf / euve**

*Elle porte une robe ne**uve** et un chapeau ne**uf**.*

■ **if / ive**

*Une phrase interrogat**ive** peut commencer par un pronom interrogat**if**.*

EXERCICES

1 **Écrivez le nom de ces objets.**

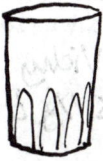

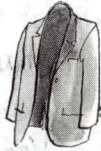

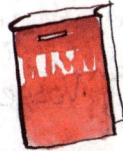

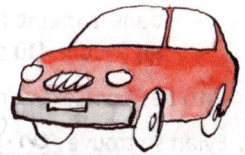

1. Un ______________. **2.** une ______________. **3.** un ______________. **4.** une ______________.

2 **Un peu de géographie. Placez ces régions ou ces départements sur la carte.**

Anvers, Auvergne, Provence, Savoie, Vendée.

1. Cette région est en Belgique.

2. Ce département est au bord de l'Atlantique.

3. Cette région est entre Paris et la mer Méditerranée.

4. Ce département est à la frontière italienne.

5. Cette province est au bord de la Méditerranée.

GRANDE BRETAGNE · BELGIQUE · ALLEMAGNE · LUXEMBOURG · Paris · SUISSE · ITALIE · ESPAGNE
1. .... 2. .... 3. .... 4. .... 5. ....

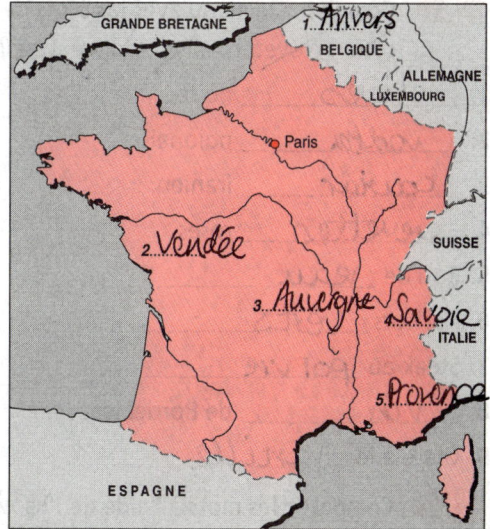

3 **Trouvez et écrivez le mot exact (tous ces mots commencent par la lettre *v*).**

Ex.: Avant de partir en voyage, je fais ma ***valise****.*

1. Une bicyclette s'appelle aussi un ______________.

2. Le drapeau italien est ______________, blanc et rouge.

3. Ce n'est pas faux, c'est ______________.

4. Paris, Lyon et Marseille sont des ______________.

5. Dans les phrases, il y a un sujet et un ______________.

6. Ce chien n'est pas jeune, il est ______________.

7. Il ne marche pas lentement, il marche ______________.

8. Pour acheter mon billet d'avion, je vais dans une agence de ______________.

9. Pendant le repas, on peut boire en France du ______________ rouge ou du ______________ blanc.

10. Le petit de la vache, c'est le ______________.

11. Il n'y a pas d'école en juillet et en août, ce sont les grandes ______________.

12. Dans ce magasin, la ______________ est très aimable.

13. Les ______________ de la fenêtre sont sales, il faut les laver.

14. Le lexique s'appelle aussi le ______________.

EXERCICES

4 **Géographie et logique. Évian, Contrexéville, Vichy et Vittel sont des villes où il y a de l'eau minérale. Elles se trouvent en Auvergne, en Savoie et dans les Vosges. Contrexéville et Vittel sont dans la même région. Vittel et Évian ne sont pas en Auvergne. Contrexéville et Vichy ne sont pas en Savoie. Où se trouvent ces villes ?**

1. Vittel et Contrexéville se trouvent ______________.
2. Évian se trouve ______________.
3. Vichy se trouve ______________.

5 **Complétez le menu avec les mots de la liste suivante :**
caviar, crevettes, olives, poivre, vanille, veau, verts, vin, vodka.

1. ______________ noires.
2. ______________ polonaise.
3. ______________ iranien.
4. ______________ roses.
5. Rôti de ______________.
6. Haricots ______________.
7. Steak au ______________.
8. ______________ de Bordeaux.
9. Glace à la ______________.

6 **Composez les mots à l'aide de : va, ven, ver, vi, voi, ou vol.**
*Ex. : vé → **végétal, vérité, vélo.***

1. _____ geance
   _____ dredi
   _____ deur
2. _____ dure
   _____ bal
   _____ re
3. _____ can
   _____ ant
   _____ eur
4. _____ rus
   _____ tesse
   _____ sa
5. _____ lise
   _____ cances
   _____ che
6. _____ le
   _____ ture
   _____ sin

7 **Composez les mots à l'aide de : vant, ve, ver, vie, vin ou vue.**
*Ex. : veu : **aveu, cheveu.***

1. ra _____
   de _____
2. re _____
   entre _____
3. en _____
   sur _____
4. la _____
   rê _____
5. sa _____
   de _____
6. ri _____
   ca _____

EXERCICES

8 **Complétez avec la lettre *v* ou la lettre *w*.**

1. L'auteur de *La Petite Musique de nuit* est ______olfgang Amadeus Mozart.
2. Dans la mythologie latine, ______énus est la déesse de l'amour.
3. Dans ce train, il y a un ______agon-restaurant.
4. Louis XIV habitait à ______ersailles.
5. Dans ce café, les ______C sont au sous-sol.
6. ______ienne est la capitale de l'Autriche.

9 **Touvez le *w* intrus.**

Wolfgang, Washington,Wagner

10 **Charades.**

1. Mon premier est la troisième personne singulier présent du verbe aller. ______
   Mon second est le contraire de tard. ______
   Mon tout est un peintre français. ______
2. La mer fait mon premier. ______
   Mon deuxième est au milieu du visage. ______
   Mon troisième est le contraire de quelque chose. ______
   Mon tout qualifie un opéra allemand. ______

11 **Mettez au féminin.**

1. Un homme actif, une femme ______.
2. Un veuf, une ______.
3. Un aspect positif, une réaction ______.
4. Un étudiant vif, une étudiante ______.
5. Un récit bref, une histoire ______.
6. Un vélo neuf, une voiture ______.
7. Un garçon naïf, une fille ______.
8. Un résultat définitif, une conclusion ______.

12 **De quelle sorte de phrase s'agit-il ? Répondez en complétant avec les mots de la liste : *Interrogative, affirmative, négative, exclamative ou impérative.***

Ex. : Comme il fait chaud ! C'est une phrase exclamative.

1. Je partirai demain en vacances.
   C'est une phrase ______.
2. Je ne viendrai pas à son anniversaire.
   C'est une phrase ______.
3. Viens ici !
   C'est une phrase ______.
4. Tu crois que tu pourras retrouver ton chemin ?
   C'est une phrase ______.
5. Quel beau film !
   C'est une phrase ______.

29 LES SCIENCES SOCIALES

Comment écrire le son [s] : s, ss, c, ç (sc, t, x, z)

Dans **c**e re**s**taurant près de la faculté des **sc**ien**c**es de Metz, j'ai pris une **s**alade ni**ç**oise, du poi**ss**on et un vin d'Al**s**ace. L'addi**t**ion était **s**évère : soi**x**ante euros !

LE SON [s] PEUT S'ÉCRIRE

■ **s** (sauf devant la lettre **h** et entre deux voyelles) / **se** (en finale après consonne).

***S**erge pen**se** po**s**tuler pour une bour**se** d'études.*
***S**ophie dan**se** une val**se** avec **s**on ami e**s**pagnol.*
*Ils **s**ont pour l'in**s**tant dans une di**s**cothèque, ils iront en**s**uite au re**s**taurant.*

En finale, la lettre **s** est souvent muette, mais elle est prononcée dans certains mots : *albatro**s**, a**s**, atla**s**, blocu**s**, bu**s**, cactu**s**, cosmo**s**, fil**s**, grati**s**, héla**s**, jadi**s**, lotu**s**, maï**s**, mar**s**, oasi**s**, o**s**, sen**s**, tenni**s**, vi**s***, etc.

Normalement, la lettre **s** entre deux voyelles sert à écrire le son [z] : *rose, vase, bise* (*cf.* Comment écrire le son [z]).
Dans certains mots, la lettre **s** entre deux voyelles sert à écrire le son [s]. Ce sont en général des mots composés dont le second élément commence par un **s** : *asocial, contresens, cosinus, entresol, parasol, présélection, présupposé, vraisemblable*, etc.

Dans la plupart des mots commençant par *trans-*, la lettre **s** se prononce [z] : *transaction, transitif*, etc., ainsi que dans *Alsace* (*cf.* Comment écrire le son [z]).

■ **s'** Devant les verbes ou les pronoms commençant par une voyelle ou un **h** muet, le pronom **se** s'écrit **s'**.

*Ils **s'**aiment, ils **s'**embrassent, ils **s'**en vont.*
*Ces enfants **s'**habillent.*

Si devient **s'** devant *il* / *ils* : ***S'**ils savaient.*

■ **ss** (entre deux voyelles) / **-sse** (en finale).

*L'étudiante ru**sse** a lai**ss**é sa trou**sse** dans la cla**sse**.*
*Je vais pa**ss**er mes vacances en Éco**sse**.*
*Dans cette bra**ss**erie, il y a toujours des sauci**ss**es ou du poi**ss**on.*

EXERCICES

1 Complétez la liste.

*Ex. : La famille : le père, la mère, le frère, la **sœur**.*

1. Les jours de la semaine : lundi, mardi, mercredi, jeudi, vendredi, ______.
2. Les mois d'été : juin, juillet, août, ______.
3. Le costume : le pantalon, le gilet, la ______.
4. Les cartes : le dix, le valet, la reine, le roi, l' ______.

2 Complétez avec *se* ou *s'*.

1. Il ______ appelle Stanislas.
2. Elle ______ lève, elle ______ habille, elle ______ douche, puis elle ______ prépare un petit déjeuner.
3. Sarah garde son petit frère, elle ______ en occupe très bien.
4. ______ il faisait beau, on pourrait aller ______ promener.

3 Quels sont ces pays ? Réécrivez-les avec un ou plusieurs *s*.

*Ex. : YRIE → **Syrie**.*

1. RUIE → ______
2. UEDE → ______
3. UIE → ______
4. EPAGNE → ______
5. OUDAN → ______
6. BONIE → ______

4 Complétez avec *s* ou *ss*.

1. Au déjeuner, j'ai mangé du poi______on.
2. Je n'entends pas ce qu'ils disent, ils parlent à voix ba______e.
3. Je ne crois pas à son histoire, elle n'est pas très vrai______emblable.
4. Il y a une étudiante ru______e dans la cla______e.
5. Tu as fait un contre______ens dans ta traduction.

5 Reliez les provinces au chiffre correspondant.

Alsace, Corse, Gascogne, Pays basque, Roussillon, Savoie.

Pour vous aider :

L'Alsace est près de l'Allemagne. → 1

La Corse est une île. 2

La Gascogne est au-dessus du Pays basque. 3

Le Pays basque est près de l'Espagne. 4

Le Roussillon est près de la Méditerranée. 5

La Savoie est près de l'Italie. 6

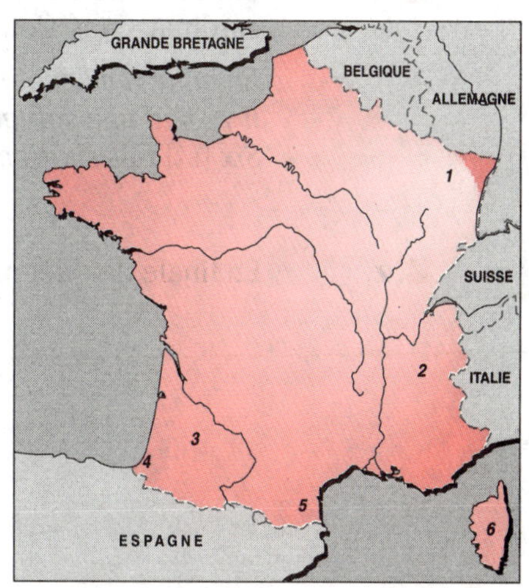

LE SON [s] PEUT S'ÉCRIRE

c — Devant **e, i** et **y** / **ce** en finale.

Cet été, Céline ira en Grèce.
Ceci n'est pas facile.
Je te remercie de cette invitation au concert.
La directrice a décidé d'accepter cet étudiant en premier cycle.

⚠ Devant certaines formes du verbes *être*, le pronom **ce** s'écrit **c'** : *c'est vrai, c'était bien.*

ç — Uniquement devant les lettres **a, o, u.**
Le **ç** (c cédille) se prononce toujours [s] et permet de garder la lettre **c**, dans les conjugaisons par exemple : *je commence, nous commençons.*

Le petit garçon doit apprendre sa leçon de français, il n'aime pas ça.
Je suis déçu par la façon dont les maçons ont refait la façade.

sc — Devant **e, i** et **y**.

Tu prends l'ascenseur pour descendre ?
Cette piscine ultramoderne fascine les adolescents.
Ce scientifique s'intéresse à la civilisation scythe.

t — Dans les noms féminins se terminant par **-tie**.

La démocratie ne reconnaît pas la suprématie de l'aristocratie.
Il a voyagé en Croatie.

Dans quelques mots comme *patient, impatience, quotient*, etc.
Pour les autres finales en **-tion -tien, -tiel, -tieux, -tiaire,** (*cf.* Comment écrire le son [sj]).

x — Dans *soixante* et *soixantaine*, dans *dix* et *six* nombres et non adjectifs cardinaux, (*cf.* Comment écrire le son [z]) et dans *dix-sept*).

En mille neuf cent soixante-dix-sept, elle avait six [siz] *ans.*
Il y avait une soixantaine de personnes, je n'en connaissais pas plus de dix.
Six [si] *fois six trente-six.*

z — En finale de quelques noms propres : *Biarritz, Austerlitz*, etc. et dans *quartz*.

EXERCICES

1 **Complétez avec *ce, ç'* ou *ça*.**

Ex. : C'est bon.

1. ______ va ?
2. ______ était bien ?
3. Tu aimes ______ ?
4. ______ ira comme ______ !
5. Je ne sais pas ______ que ______ est.
6. ______ n'est rien.

2 **Complétez avec *c* ou *ç*.**

1. C'est un offi______ier de poli______e.
2. Patri______e et Fran______oise sont fian______és.
3. Elle a re______u une bague pour ses fian______ailles.
4. Aimez-vous le ______inéma fran______ais ?
5. C'est une fa______on de dire mer______i ?
6. Il est né______essaire d'être poli en so______iété.
7. Trop de publi______ité m'aga______e.
8. Ce gar______on vient de Ni______e, il est ni______ois.

3 **Reliez le mot à sa définition et écrivez-le en commençant par *s, c* ou *sc*.**

1. Une expédition de chasse en Afrique.	ignature : ______________
2. Un légume comestible.	endrier : ______________
3. Pour dire bonjour.	énario : ______________
4. Pour couper du bois ou des métaux.	afari : ***safari***
5. À la fin d'une lettre.	éléri : ______________
6. Une figure formée par un rond.	iences : ______________
7. Le blé, le maïs, le riz, par exemple.	éréales : ______________
8. Les clowns y présentent leur numéro.	alut : ______________
9. Le texte d'un film.	ie : ______________
10. La Terre tourne autour de cet astre.	ercle : ______________
11. Les mathématiques, par exemple.	oleil : ______________
12. On y pose la cigarette.	irque : ______________

4 **Complétez avec *ss, sc* ou *t*.**

1. Le musicien a fait une fau______e note.
2. Je boirais bien une ta______e de café.
3. Il a perdu connai______ance, il est resté incon______ient.
4. La démocra______ie est récente dans ce pays.
5. Cet adole______ent a beaucoup de pa______ience.

30 La traduction

Comment écrire le son [sj] : ci, si, ssi, ti

À cause de la réce**ssi**on, les politi**ci**ens ont voté une rédu**cti**on des pen**si**ons.

• À l'initiale, le son [sj] suit les règles de [s] : **s, sc, c** (*cf.* Comment écrire le son [s]). *Nous **sci**ons du bois. C'est le **si**en. **Ci**eux est le pluriel de **ci**el.* En finale, tout dépend de la terminaison.

LE SON [sjɔ̃] S'ÉCRIT

■ **tion** (le plus fréquent) derrière les lettres **c, p, a, o, au** (sauf *passion* et *compassion*).

*Par précau**tion**, ne tardez pas pour l'inscrip**tion** à ce concours de l'Éduca**tion** na**tion**ale.*
*Ce sont des no**tions** qu'il maîtrise à la perfec**tion**.*

⚠ Derrière le son [k], le son [sjɔ̃] peut aussi s'écrire **-xion** (*cf.* Comment écrire le son [ks]) : *ac**tion***, *réduc**tion***, mais *connexion*, *réflexion*, etc.

■ **tion, sion** (**-ssion** derrière une voyelle) dans les autres cas.

*Vous avez trop de ten**sion**, faites atten**tion** !*
*Est-ce qu'il y a des condi**tions** particulières d'admi**ssion** ?*
*La discu**ssion** peut apporter une progre**ssion** vers la solu**tion**.*

⚠ Toujours **-sion** derrière la lettre **l** : *pul**sion** (expul**sion**, convul**sion**, impul**sion**).*
*Il ne sait pas contrôler ses pul**sions**.*

⚠ **-ssions** dans les terminaisons verbales (imparfait et subjonctif) : *fini**ssions***, *guéri**ssions***, *ca**ssions***, etc.

■ **cion, cions** Dans les terminaisons verbales (verbes en **-cier**) et dans *suspicion*.

*Nous n'appré**cions** pas d'être l'objet d'une suspi**cion**.*

LE SON [sjɛ̃] PEUT S'ÉCRIRE

■ **cien** (le plus fréquent).

*Ce politi**cien** alsa**cien** est un an**cien** mathémati**cien**.*

■ **tien** Dans des adjectifs de noms propres qui se terminent en **t (te, ti, tie)** ou **s**.

*égyp**tien*** (Égypte), *haï**tien*** (Haïti), *véni**tien*** (Vénétie), *lao**tien*** (Laos), etc.

EXERCICES

1 Complétez par *sion* ou *tion*.

1. Dans quelle sec______ étudiez-vous ?
2. Quelle op______ avez-vous choisie ?
3. Il n'a pas payé les frais d'inscrip______ à l'université, il risque l'expul______.
4. L'ONU est l'Organisa______ des Na______s unies.
5. La reprise économique a donné une nouvelle impul______ au commerce mondial.

2 À partir du verbe, trouvez le nom (tous les mots sont dans la page de gauche).
Ex. : opter : ***option****.*

1. agir : ________________
2. connecter : ________________
3. réfléchir : ________________
4. compatir : ________________
5. réduire : ________________
6. convulser : ________________

3 Complétez avec *tion, sion* ou *ssion*.

1. Il n'a pas payé à son ex-femme sa pen______ alimentaire.
2. Elle a eu une très bonne note à sa ver______ anglaise.
3. Il est temps que nous fini______s ce travail.
4. Mon voisin a été victime d'une agre______.
5. Il a eu son diplôme avec men______.

4 Écrivez la terminaison en [sjɔ̃] (attention aux pluriels).

Madame,
Nous avons bien reçu la lettre que vous avez envoyée à l'attention de notre directeur. Malheureusement, celui-ci est en mi______ et il ne reviendra pas avant une semaine. Nous vous remer______ d'avoir pris la peine de nous livrer le résultat de vos réfle______ Nous avons été très sensibles à la clarté de votre argumenta______ Dès que ce sera possible, nous mettrons en place une commi______ qui étudiera attentivement votre projet. Ce sera peut-être la solu______ à certains de nos problèmes.
Veuillez croire à nos remerciements et à toute notre considéra______.

5 Trouvez la profession à partir d'un mot de la même famille.
Ex.: Il s'occupe de la technique, c'est un ***technicien****.*

1. magie → ________________
2. académie → ________________
3. mathématiques → ________________
4. physique → ________________
5. électricité → ________________
6. musique → ________________

LE SON [sje] PEUT S'ÉCRIRE

■ **cier** *acier, épicier, financier, glacier, sorcier, romancier*, etc.

Ce romancier écrit des romans policiers.

■ **sier** (après une consonne) / **ssier** (après une voyelle) : *boursier, grossier, caissier*, etc.

Le pâtissier a un nouveau caissier.

• Les verbes en [sje] s'écrivent **-cier** : *apprécier, associer, remercier*, etc., sauf *initier* (ainsi que ses dérivés : *initiateur, initiale, initiative, initiation*, etc.).

• Dans les terminaisons verbales, le son [sje] peut s'écrire **-ciez, -cié** (verbes en **-cer** ou **-cier**) ou **-siez, -ssiez** (autres verbes en **-er** à l'imparfait ou au subjonctif).

Je ne savais pas si vous finissiez ou si vous commenciez.
Vous pensiez que je n'avais pas apprécié ? Remerciez-le de ma part.

LE SON [sjɛr] PEUT S'ÉCRIRE

■ **cière** *épicière, sorcière, romancière, policière*, etc.

Cette romancière écrit des histoires de sorcières.

■ **sière, ssière** : *boursière, poussière, caissière*, etc.

⚠ Le son [sjɛr] peut aussi s'écrire (rarement) **-ciaire** : *bénéficiaire*, et **-tiaire** : *tertiaire*.

LE SON [sjø] PEUT S'ÉCRIRE

■ **cieu/cieux** En finale dans les adjectifs qui proviennent de noms terminés par **-ce** : *audacieuse / audacieux* (audace), *consciencieux* (conscience), *délicieux* (délice), *silencieux* (silence), etc., ainsi que dans quelques autres adjectifs : *précieux* et *soucieux*.

Cet enfant est malicieux et gracieux.

■ **tieu/tieux** En finale dans les autres cas, sauf *monsieur, messieurs, anxieux*.
C'est une ambitieuse.

LE SON [sjɛl] PEUT S'ÉCRIRE

■ **ciel/cielle** Après **i** : *officiel, logiciel, superficiel*, etc.

■ **tiel/tielle** Après une consonne : *préférentiel, providentiel, partiel*, etc., sauf *circonstanciel*.

EXERCICES

1 **Le petit Jacques a reçu une note de sa maman. Complétez les mots en [sje].**

Va chercher les gâteaux chez le pâti______, du jambon et des tomates chez l'épi______.

À la pâtisserie, sois gentil avec le cai______.

Je sais bien qu'il ressemble à un sor______, ce n'est pas une raison pour être gro______.

N'oublie pas en partant de le remer______.

2 **Conjuguez les verbes entre parenthèses.**

Ex. : Ce n'est pas très bien, il faut que vous (recommencer) ***recommenciez****.*

1. Si vous *(commencer)* ________________ maintenant , vous pourriez avoir fini ce soir.
2. Il n'y a qu'une seule solution, *(associer)* ________________-vous avec votre concurrent.
3. J' *(apprécier)* ________________ la pièce de théâtre que j'ai vue hier.
4. Je vous en prie, ne me *(remercier)* ________________ pas.
5. Je *(s'initier)* ________________ la semaine dernière aux nouvelles technologies.

3 **Écrivez le son [sjɛr].**

*Ex. : Marguerite Duras est une roman****cière****.*

Après quelques opérations bour______ malheureuses, il a connu une situation finan______ catastrophique. Il a signé un chèque sans provision, mais le bénéfi______ du chèque a porté plainte. Après une enquête poli______, il a été condamné.

4 ***Cieux* ou *tieux* ? Complétez avec un adjectif (attention au féminin et au pluriel).**

Ex. : Elle a beaucoup d'astuce, elle est ***astucieuse****.*

1. Il a beaucoup d'audace, il est ________________.
2. Je ne crois pas à toutes ces superstitions, je ne suis pas ________________.
3. Ne reste pas toujours en silence ; sois un peu moins ________________.
4. Les maladies qui communiquent des infections sont des maladies ________________.
5. Elle a beaucoup d'ambition, elle est ________________.

5 ***Ciel* ou *tiel* ? Complétez avec un adjectif (attention au féminin et au pluriel).**

1. Les élections pour élire un président sont des élections ________________.
2. C'est un tarif de préférence, c'est un tarif ________________.
3. La situation a été officialisée, elle est maintenant ________________.
4. Ce n'est qu'une partie des résultats, c'est un résultat ________________.
5. En grammaire, un complément qui exprime les circonstances (temps, lieu, cause, etc.) est un complément ________________.

31

La poésie
Comment écrire le son [z] : s, z (zz, x)

Élisabeth a dix-huit ans. Une dizaine de fois par mois, elle sort avec ses‿amis écouter de la musique et surtout du jazz.

LE SON [z] PEUT S'ÉCRIRE

- **s** (entre deux voyelles) / **se** (en finale après une voyelle).
  En lui offrant une rose, son cousin lui a fait la bise. *Je suis désolé, je m'excuse.*
  Le musée présente une exposition qui durera toute la saison.

 Le **s** entre deux voyelles peut se prononcer [s] : *asocial, parasol*, etc.

 Le son [z] s'écrit **s** dans la plupart des mots commençant par **trans** et suivis d'une voyelle prononcée : *transaction, transatlantique, transiger (intransigeant), transitif (intransitif)*, etc., et dans les mots *Alsace, alsacien, alsacienne*.

- **z** *Au zoo, les enfants ont vu des zèbres, des zébus et des gazelles.*
  Elle a passé quinze jours sur la Côte d'Azur, elle est toute bronzée.

 En finale, la lettre **z** peut ne pas être prononcée : *assez, chez, nez, rez-de-chaussée, riz*, ainsi que dans les terminaisons de la deuxième personne du pluriel : *chantez, chanteriez, chantiez*, etc. (elle est prononcée dans le mot *gaz*).

- **zz** Rarement et dans des mots d'origine étrangère : *jazz, puzzle*, etc.

- **x** Dans quelques rares mots : *deuxième / deuxièmement ; sixième / sixièmement ; dixième / dixièmement ; dix-huit / dix-neuf.*

LE SON [z] ET LA LIAISON

Dans les liaisons, le son [z] peut s'écrire **z** *(chez‿eux)* mais aussi :

- **s** À la fin des mots grammaticaux, du nombre *trois* et de l'adverbe *très*.
  Vous êtes très‿aimable.
  Mes‿amis et leurs trois‿enfants ont des‿ennuis de santé.

- **x** À la fin des adjectifs en **x**, des nombres *deux, six, dix* et de l'article *aux*.
  Elle vit aux‿États-Unis depuis deux‿ans. Elle attend un heureux‿événement.

EXERCICES

1 **Écrivez leur nom (attention au pluriel).**

Dans le jardin, il y a des ________________, des ________________, des ________________, et des ________________.

2 **Mettez au féminin.**

*Ex. : Un coiffeur anglais → **Une coiffeuse anglaise**.*

1. Un chanteur antillais → ________________
2. Un Polonais amoureux → ________________
3. Un vendeur heureux → ________________
4. Un serveur courageux → ________________
5. Un masseur chinois → ________________
6. Un chômeur marseillais → ________________

3 **Complétez ces mots qui commencent par trans (ou intrans).**

*Ex. : Il refuse de discuter, il est intrans**igeant**.*

1. Les verbes sans complément d'objet direct sont des verbes intrans______.
2. Un poste de radio portatif est un trans______.
3. Un échange commercial est une trans______.
4. Les passagers font escale dans cet aéroport, ils sont en trans______.
5. Un paquebot qui fait la traversée entre l'Europe et l'Amérique est un trans______.

4 **Choisissez le bon nombre et écrivez-le en toutes lettres.**

0, 11, 12, 13, 14, 15
*Ex. : Les **douze** mois de l'année.*

1. La Première Guerre mondiale a commencé en mille neuf cent ________________.
2. Certaines personnes croient que cela porte malheur d'être ________________ à table.
3. Il est très déprimé, il a le moral à ________________.
4. L'équipe de football française est le ________________ de France.
5. La fête nationale française a lieu le ________________ juillet.
6. Il y a ________________ signes astrologiques.
7. En l'an 2000, la Communauté européenne était composée de ________________ pays.
8. Bravo ! Vous n'avez pas fait de fautes à la dictée, vous avez ________________ faute.
9. « Dans une semaine » se dit aussi « dans huit jours ». « Dans deux semaines » se dit aussi « dans ________________ jours ».

EXERCICES

5 **Un peu d'histoire. Choisissez le bon roi et écrivez son nom en toutes lettres.**

Louis XIII, Louis XIV, Louis XV, Louis XVI.

1. Il a eu la tête coupée : ________________.
2. On l'appelait le Roi-Soleil : ________________.
3. Richelieu était son ministre : ________________.
4. Il a perdu le Canada : ________________.

6 **À partir de *gaz*, formez un autre mot correspondant à la définition.**

*Ex. : Chanter comme un oiseau → **gazouiller**.*

1. On appelle ainsi certains journaux → Une gaz________________.
2. Une boisson qui pétille → Une boisson gaz________________.
3. De l'herbe courte et fine dans un jardin → Du gaz________________.
4. Cet animal a des cornes, il vit en Afrique → Une gaz________________.

7 **Complétez avec *s* ou *z*.**

1. C'est un lé______ard du Bré______il.
2. Elle aime les pay______ages de la Côte d'A______ur.
3. Est-ce qu'il y a des ri______ières au Vene______uela ?
4. Où sont les ci______eaux ? J'en ai be______oin.
5. La Malai______ie et l'Indoné______ie sont en A______ie.
6. Cette égli______e est de style by______antin.
7. Ce chimpan______é et ce ______èbre sont sont nés au jardin ______oologique.

8 **Complétez avec *z* ou *zz*.**

Ex. : Brazzaville est la capitale du Congo.

1. C'est étrange, c'est vraiment bi______arre.
2. En ce moment, nous survolons l'Ama______onie.
3. L'hori______on est la ligne qui sépare le ciel de la terre.
4. Tu viens avec moi écouter du ja______ ?
5. Je serai absent une dou______aine de jours.
6. Je n'arrive pas à terminer ce pu______le.
7. Cet étudiant vient du Mo______ambique.

9 **Choisissez la bonne orthographe.**

1. Pendant les vacances, vous ne vous [rasiez | razziez] pas.
2. Je lui ai raconté [mésaventures | mes aventures] au Canada.
3. Il écoute souvent du [jase | jazz].
4. Nous sommes en complet [des accords | désaccord].

10 **Quel animal se transforme en danger si on lui enlève un s ?**________________.

EXERCICES

11 **Écrivez l'adjectif du nombre.**

Ex. : C'est la (14) ***quatorzième*** *année qu'il travaille dans cette entreprise.*

1. À Paris, le (16) ________________ arrondissement est très chic.
2. Elle attend son (6) ________________ enfant.
3. La découverte de l'Amérique date du (15) ________________ siècle.
4. *Le (3)* ________________ *Homme* est un roman de Graham Greene.
5. Je ne le répéterai plus ; c'est la (10) ________________ fois que je te le dis !
6. L'ascenseur s'est arrêté entre le (11) ________________ et le (12) ________________ étage.
7. Simone de Beauvoir a écrit *Le (2)* ________________ *Sexe.*
8. Certaines sociétés payent à leurs employés un (13) ________________ mois.

12 **Soulignez les lettres qui se prononcent [z] à cause de la liaison.**

Ex. : Ils ont rencontré des étudiants polonais.

1. Ils ont voyagé aux États-Unis.
2. Quelles ont été vos impressions ?
3. Sa fille a maintenant dix ans et demi.
4. Nous avons prévu de les inviter.
5. J'ai eu un sérieux accident dans les Alpes.
6. Plusieurs élèves étaient très attentifs.

13 **Charades.**

1. Mon premier est le féminin de gris. ________________
   On dort dans mon second. ________________
   Mon tout est un ours des montagnes de l'Amérique du Nord. ________________________
2. Mon premier est une note de musique ou sert à introduire une condition. ________________
   Mon second est un parc avec des animaux exotiques. ________________
   On coupe le papier ou des étoffes avec mon tout. ________________________

14 **Au zoo. Écrivez le nom de ces animaux (ils apparaissent tous dans la leçon et les exercices).**

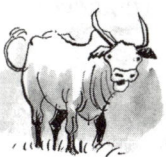

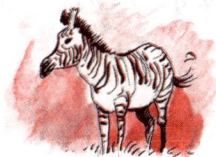

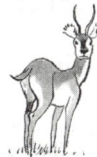

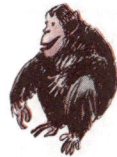

1. ________________ 2. ________________ 3. ________________ 4. ________________

32 La recherche
Comment écrire le son [ʃ] : ch (sh, sch, c, cc, sc)

Il **ch**erche son tee-**sh**irt et sa **ch**emise blan**ch**e.
Le **sh**érif est fâ**ch**é.

LE SON [ʃ] PEUT S'ÉCRIRE

- **ch** (**-che** en finale)

*Le **ch**ef fait **ch**auffer des **ch**ampignons aux é**ch**alotes pour faire une qui**ch**e.*

Parfois, **ch** se prononce [k]

• Devant **l** et **r** dans les mots d'origine grecque.
*Un chewing-gum à la **ch**lorophylle.*
*C'est un pays **ch**rétien.*

• Devant une voyelle dans des mots d'origine étrangère : *ar**ch**aïque, ma**ch**iavélique, psy**ch**analyse,* etc.
*L'or**ch**estre que nous avons entendu était très bon.*

• En finale : *kra**ch**, lo**ch**, Ba**ch**…*

Certains adjectifs font leur féminin en **-che** : *blanc / blan**che** ; frais / fraî**che** ; franc / fran**che** ; sec / sè**che**.*

- **sh** Dans les mots d'origine anglaise.

*Un **sh**ampooing, une coupe et un brus**h**ing, s'il vous plaît !*

- **sch** Dans les mots d'origine grecque ou allemande : ***sch**éma, **sch**isme, **sch**naps.*

*Vous préférez un verre de kir**sch** ou un verre de **sch**naps avec la tarte aux quet**sch**es ?*

Le son [ʃ] et le son [tʃ] s'écrivent parfois **ch, c, cc** ou **sc** dans certains mots d'origine anglaise, italienne ou espagnole.

[tʃ] : *coa**ch**er, coa**ch**ing, ran**ch**, sandwi**ch** / dol**c**e vita, cappu**cc**ino, carpa**cc**io,*
[ʃ] : *cre**sc**endo.*
Dans ***ch**allenge*, **ch** peut se prononcer [ʃ] ou [tʃ].

Dans la langue familière, « je » se prononce parfois [ʃ] à cause de la chute du **e** devant les consonnes **c, f, p, s, t**.

***Je** fais [ʃfɛ] des progrès en français.*

EXERCICES

1 **Trouvez les mots correspondant aux définitions.**

Ex. : Un pays d'Amérique du sud : ***C H I L I.***

1. ________________ ! Ne fais pas de bruit, le bébé dort.
2. Tu peux choisir, tu as le ________________.
3. Une maison en montagne.
4. Entre blond et brun.
5. Un carnet de chèques.
6. Un homme qui vit dans un château.
7. Un plat alsacien.
8. On peut y acheter du pâté, du saucisson, etc.

1.	C	H									
2.	C	H									
3.	C	H									
4.	C	H									
5.	C	H									
6.	C	H									
7.	C	H									
8.	C	H									

2 **Écrivez correctement les mots formés à partir du mot chat.**

pot = ***chapeau***
leur = ________________
grain = ________________
chat + lange = ________________
pitre = ________________
ton = ________________
mot = ________________

3 **Mettez les adjectifs au féminin.**

Ex. : J'aime le jus d'ananas frais. J'aime l'eau ***fraîche****.*

1. John porte un pantalon blanc et Jenny, une jupe ________________.
2. Christophe est franc ; Josiane, elle, n'est pas très ________________.
3. Il y a un vent sec ; c'est la saison ________________.

4 **Dans lequel de ces mots les lettres *ch* se prononcent-elles différemment des autres ?**

*Ex. : chocolat / **chorale** / chou / chouette*

1. vichy / synchronisation / chirurgie / chimique
2. architecte / afficher / chlorhydrique / anarchie
3. chaos / chimère / chroniqueur / ecchymose
4. chiche / ficher / orchestration / affranchissement
5. hachis / machine / archaïque / chahut
6. coach / vache / ranch / sandwich
7. artichaut / arachide / orchidée / ketchup
8. machiavélique / archéologue / psychiatre / charpentier

EXERCICES

5 **Complétez les mots par *che* ou *sh*.**

*Ex. : La **vache** est dans le pré.*

1. Après le cra______, les secours sont arrivés.
2. Un glace à la pista______, s'il vous plaît.
3. Le fla______ de mon appareil photo ne fonctionne pas.
4. Il y a une ta______ sur mon tee-shirt.
5. J'ai payé ca______.
6. Alain joue au squa______ après le travail.
7. Le bûcheron coupe l'arbre à la ha______.
8. Les enfants jouent à ca______-ca______.

6 **Complétez les phrases avec *ch, sh* ou *sch*.**

*Ex. : Tu as dit quelque **chose** ?*

1. Vous voyez sur ce ______éma que la situation est compliquée.
2. Michaël a un ran______ en Californie.
3. Il faut toujours boire un petit verre de kir______ quand on mange de la fondue savoyarde.
4. Il faut toujours mettre un peu de ______naps dans le vin chaud.
5. Après le ______ampooing, la coiffeuse m'a fait un bru______ing.

7 **Complétez par *ch, sch, sh, cc* ou *sc*.**

*Ex. : Au cinéma, John Wayne a souvent joué le rôle du **shérif**.*

1. Le gaspa______o est un potage à base de tomates que l'on mange froid.
2. Descendre en ski tout droit et très vite, c'est descendre tout ______uss.
3. Son appartement est décoré dans un style un peu démodé, c'est un peu kit______.
4. En Italie, j'ai bu du cappu______ino.
5. Sa colère va cre______endo, elle est de plus en plus forte.

8 **Complétez les phrases par *ch, che, sh, sch* et reliez les deux colonnes.**

*Ex. : Une **niche** est une petite maison pour un chien.*

1. Un put______	a. est fait à base de pain.
2. Un cla______	b. est un jouet qui représente un animal.
3. Une clo______	c. est un morceau de bois.
4. Une pelu______	d. est une violente dispute.
5. Un sandwi______	e. est un fruit.
6. Une qui______	f. est en haut d'une église et sonne.
7. Une pê______	g. est une tarte salée.
8. Une bû______	i. est une violente tentative de prendre le pouvoir.

EXERCICES

9 **Trouvez le contraire de ces mots (ils contiennent tous *ch*).**

*Ex. : froid → **chaud**.*

1. attacher → ________________
2. éloigner → ________________
3. montrer → ________________
4. vente → ________________
5. pauvre → ________________

10 **Remettez les mots à leur place comme dans l'exemple et amusez-vous à répéter ces phrases.**

1. chien / chasser / sachant / ***chasseur***

   Un ***chasseur*** ________________ chasser doit savoir ________________ sans son ________________.

2. sèches / archiduchesse / chaussettes

   Les ________________ de l'________________ sont-elles ________________ ? Oui, elles sont sèches, archisèches.

11 **Trouvez le mot qui correspond à la définition.**

1. Le cuisinier d'un restaurant est aussi appelé le ________________.
2. Faire les boutiques, c'est aussi faire du ________________.
3. Parler tout bas à l'oreille de quelqu'un, c'est ________________.
4. C'est une partie d'un vêtement où l'on peut mettre ses mains. C'est une ________________.

12 **Soulignez « je » quand il peut se prononcer [ʃ] dans la langue familière.**

Ex. : Je fais un régime et je maigris.

1. Je plonge et je nage.
2. Je saute et je tombe.
3. Je fume et je tousse.
4. Je mange et je grossis.
5. Je travaille et je suis fatigué.
6. Je finis cet exercice et je me repose.

13 **Dictée.**

____

____

____

____

____

33

LE SUJET
Comment écrire le son [ʒ] : j, g

Je n'ai jamais conjugué les verbes au subjonctif.
Le gigot mijote dans son jus.
Jacques suggère de manger du jambon et de boire de l'orangeade.

LE SON [ʒ] PEUT S'ÉCRIRE

■ **j**

• Devant les lettres **a**, **e**, **o** et **u**.

Je me réjouis de la jalousie de Joséphine.
Le projet de Joël a été rejeté.
Elle aime le jus d'orange.

⚠ Il n'y a pas de mots en **ji-** et en **jy-**, sauf quelques mots d'origine étrangère comme *tajine.*

⚠ Certains mots d'origine anglaise se prononcent [dʒ] mais s'écrivent **j** :
Je fais du jogging en écoutant du jazz.

• Le pronom **je** devient **j'** devant une voyelle ou devant **h**.
J'aime l'appartement ou j'habite.

■ **g**

Devant les lettres **e**, **i** et **y**, **ge** en finale.

Gisèle fait encore de la gymnastique.
Le magicien a des gestes précis.
Ne posez pas vos bagages sur le siège.
Du haut du refuge, j'ai eu le vertige.

⚠ Dans *suggérer, suggestion, suggestif,* **gg** se prononce [gʒ] et dans *gin*, **g** se prononce [dʒ].

■ **ge**

• Devant les voyelles **a** et **o**.

Un quartier bourgeois. Un plat immangeable.

• Dans les conjugaisons des verbes en **-ger**, devant **a** et **o**.

Nous changeons d'appartement. Avant, je déménageais souvent.
Ajoutez du sucre, du lait et des œufs en mélangeant bien.

EXERCICES

1 Complétez les mots par *j* ou *g* comme dans l'exemple.

Le ***jardinier*** a trouvé une auber_____ine _____igantesque dans son pota_____er. C'est le résultat d'un bon arrosa_____e. Dans le _____ardin, il a cueilli une _____erbe de _____acinthes et de _____onquilles _____aunes. Ses _____éraniums rou_____es n'ont pas de ti_____es assez longues pour en faire des bouquets.

2 Même exercice.

Au_____ourd'hui, le docteur a de nombreux patients. Un _____eune enfant a la rou_____eole. Sa mère demande si c'est conta_____ieux. Cet homme a mal a la gor_____e, il a une an_____ine, le docteur lui a prescrit des _____élules. Un autre a le visa_____e enflé, c'est une aller_____ie, il faut a_____ir vite.

3 Même exercice.

Mathieu est collé_____ien. Il n'aime pas beaucoup la grammaire. Il ne connaît pas les con_____ugaisons, surtout le sub_____onctif. Il oublie d'accorder les ad_____ectifs et ne met pas de ma_____uscules aux noms propres. Quant aux con_____onctions, il n'en a _____amais entendu parler.

4 Même exercice.

Allons dé_____euner dans cette auber_____e, le cuisinier y est très bon. Au menu du jour, il y a du _____igot aux cour_____ettes, du _____ambon braisé ou encore du ta_____ine de mouton. Tous les aliments sont frais ici, rien n'est con_____elé.

5 Formez 14 mots (parfois plusieurs possibilités).

lav	c	si	vert	coll	privil	cort	ro	cir	or	cour	chôm	j

age	ège	ige	oge	uge

6 Complétez comme dans l'exemple.

*Ex. : Il faut **je**ter tous ces vieux papiers.*	*je*	*ge*
1. Cet été, nous irons à la pla_____.	je	ge
2. Il y a trop d'a_____tation dans les grandes villes.	ji	gi
3. Les murs ont été repeints en bei_____.	je	ge
4. Faites de la _____mnastique.	gi	gy
5. On est ma_____ur à dix-huit ans.	je	ge
6. Je n'ai plus d'ar_____nt.	je	ge

EXERCICES

7 **Dans cette liste de noms, cochez ceux qui ont le son [ʒ] et vous retrouverez ceux qui sont invités à mon anniversaire.**

- Pascal Jean ❑
- Yves Longuet ❑
- Lydie Garaud ❑
- Stéphanie Georges ❑
- Éric Guidon ❑
- Corinne Janteau ❑
- Mamie Gigi ❑
- Valentine Giraudeau ❑
- Christophe Lejeune ❑
- Rémi Gigon ❑
- Chloé Rugier ❑
- Noëlle de La Grange ❑
- Pierre Geoffroy ❑

8 **Dans cette liste de choses, cochez celles qui ont le son [ʒ] et vous découvrirez les cadeaux que j'ai reçus.**

- jeu de cartes ❑
- service à orangeade ❑
- pull jacquard ❑
- bégonia ❑
- boîte à bijoux ❑
- figurine en bois ❑
- banjo ❑
- bougeoir ❑
- statuette égyptienne ❑
- aiguilles à tricoter ❑
- jupe ❑
- pyjama à fleurs ❑
- guitare ❑

9 **Charades.**

Ex. : Mon premier est le pronom sujet de la première personne du singulier : ***je****.*
Mon deuxième est le participe passé du verbe dire : ***dit****.*
Mon tout est un jour de la semaine : ***jeudi****.*

1. Mon premier est la septième lettre de l'alphabet. ______
Mon deuxième contient 365 jours. ______
Mon tout est très grand. ______

2. Mon premier est un petit champ ou vivent les vaches ou les moutons. ______
Mon deuxième est un liquide extrait d'un fruit. ______
Mon troisième est la septième lettre de l'alphabet. ______
On a mon tout quand on se fait une opinion sur une personne avant de la connaître. ______

10 **Complétez les mots par *j* ou *g*.**

Ex. : majuscule

1. py______ama
2. refu______e
3. rinça______e
4. pé______oratif
5. oran______e
6. in______ure
7. sé______ourner
8. étran______ère
9. ma______orité
10. mi______oter
11. privilé______ier
12. négli______eable
13. ______érant
14. ______estionnaire
15. ______u______ement

EXERCICES

11 **Mettre les verbes à l'imparfait.**
Ex. : Dariouch (exiger) ***exigeait*** *du caviar iranien.*

1. Victor (*déménager*) ________________ souvent quand il habitait aux États-Unis.
2. Il (*changer*) ________________ toujours de ville et il se faisait de nouveaux amis.
3. Tu (*manger*) ________________ des escargots quand tu étais en Bourgogne.
4. Ça ne te (*déranger*) ________________ pas d'habiter près de la ligne de chemin de fer ?
5. Il se (*ronger*) ________________ les ongles car il était nerveux.
6. Comme le chien (*bouger*) ________________ sans cesse, le vétérinaire ne pouvait pas le soigner.
7. En vacances, ils (*changer*) ________________ souvent d'hôtel.
8. Cette société n'(*engager*) ________________ autrefois que des hommes.

12 **Mettre les verbes au gérondif.**
Ex. : Elle travaille (manger) ***en mangeant.***

1. Jean-Pierre s'est blessé (*plonger*) ________________ dans le petit bassin.
2. Il s'est trompé (*partager*) ________________ les parts de gâteau.
3. J'ai compris (*corriger*) ________________ mes erreurs.
4. J'ai cassé tous les verres (*bouger*) ________________ la table.
5. J'ai eu un virus sur mon ordinateur (*télécharger*) ________________ un programme.
6. Ajouter trois œufs (*mélanger*) ________________ bien.
7. (*nager*) ________________ lentement, vous économiserez vos forces.
8. Le policier a trouvé le coupable (*interroger*) ________________ tous les suspects.

13 **Ajouter un e quand c'est nécessaire et écrivez le verbe de la même famille.**
Ex. : Le poisson a une nageoire sur le dos qui lui permet de ***nager.***

1. Dans la cage de l'oiseau, il y a une mang_____oire dans laquelle je lui donne à ________________.
2. Ma veng_____ance sera terrible ; je veux me ________________ car il m'a trahi.
3. Il est seul à cause de sa néglig_____ence ; il ne devrait pas ________________ ses amis.
4. Les plong_____ons sont interdits dans cette piscine ; il est interdit de ________________.
5. Ce pain est immang_____able ; on ne peut pas le ________________.

14 **Dictée.**

____

____

____

____

____

34

Le collège et le lycée
Comment écrire le son [l] : l, ll

L'é**l**éphant est un anima**l** inte**ll**igent.
La demoise**ll**e a mis son pu**ll** dans **l**a ma**ll**e.

LE SON [l] PEUT S'ÉCRIRE

■ **l**

*Le peup**l**e réc**l**ame **l**'abo**l**ition de **l**a peine de mort.*

Dans certains mots en **-il**, le **l** ne se prononce pas : *fusil, gentil, outil.*

• Des noms et des adjectifs se terminent en **-al** ou en **-el**.

*Un musée nation**al** / des musées nationaux ; une route nation**ale** / des routes nation**ales**.*
*Un dîner form**el** / des dîner form**els** ; une tenue form**elle** / des tenues form**elles**.*

• En finale, le son [l] peut s'écrire **l** (*bol, calcul, fil, mal,* etc.), mais aussi **le** :

*C'est diffici**le** de chanter avec cette chora**le**.*
*Mettez cette tab**le** dans l'ang**le**.*

• Les articles et les pronoms **le** et **la** deviennent **l'** devant une voyelle ou devant un **h** muet.

*Tu as vu **l'**horloge ? Oui, je **l'**ai vue.*

■ **ll**

• Dans certains mots, le son [l] s'écrit **ll** entre deux voyelles, **lle** en finale.

*Cette a**ll**iance est très be**lle**.*
*Nous a**ll**ons au co**ll**oque avec e**lle**.*
*J'ai oublié mon tube de co**lle** dans la sa**lle**.*

• On ajoute **ill-** à certains noms et adjectifs pour indiquer le contraire.

*Ce texte est **ill**isible (il n'est pas lisible).*
*C'est un **ill**ettré.*

Les mots en **-ille** qui se prononcent [il] sont : *tranqui**lle**, mi**lle**, vi**lle** ;*
les autres mots se prononcent [ij] comme *fille* (*cf.* Comment écrire le son [j]).

• Des mots d'origine étrangère se terminent en **-ll**.

*Enlève ton pu**ll** et vient danser le rock n'ro**ll**.*
*Il joue au basket-ba**ll**.*

EXERCICES

1 **Reliez le mot à sa définition.**

Ex. : C'est l'opposé du plafond. → ***le sol.***

1. Substance pour fixer deux choses ensemble. — **a.** col
2. Le haut d'une chemise. — **b.** colle
3. On y danse. — **c.** balle
4. Au tennis, elle est jaune et ronde. — **d.** bal
5. Ce n'est pas propre. — **e.** sale
6. On peut y mettre un groupe de personnes pour une réunion. — **f.** salle
7. Au grenier, elle est parfois pleine de vieilles choses. — **g.** mal
8. C'est le contraire du bien. — **h.** malle
9. On la met sur le dos du cheval. — **i.** sel
10. On en met pour assaisonner un plat. — **j.** selle

2 **Complétez les mots suivants par -*l* ou -*le*.**

*Ex. : Le cheni**l** n'est pas facile à trouver.*

1. Ce potier est agi______, il fabrique des vases en argi______.
2. Victor Hugo était en exi______ à Jersey. Sa fille Adèle fut internée dans un asi______.
3. En avri______, ne te découvre pas d'un fi______.
4. Le vigi______ de ce magasin est viri______.
5. Cette pi______ est usée, elle est inuti______.
6. Mona a de longs ci______s, son mari a de gros sourci______s.

3 **Même exercice.**

*Ex. : Je n'ai plus de céréa**les** mais ça m'est éga**l**.*

1. Le bandit recherché a un visage ova______ et bana______.
2. Son riva______ est pâ______, il perd confiance.
3. Nous avons visité la capita______ du crista______.
4. Les sanda______s que nous avons achetées au Maroc sont de fabrication artisana______.
5. Cette semaine, ne rate pas la chora______, c'est capita______ !

4 **Même exercice.**

*Ex. : Écrire une majuscu**le** ou une lettre capita**le**.*

1. Prenez votre manue______ de calcu______.
2. Il y a eu un vo______ à l'éco______.
3. Vous avez besoin d'un bo______ et d'une cassero______.
4. Dessinez son profi______, c'est moins diffici______.

EXERCICES

5 **Ajoutez *-l, -le, -ll,* ou *-lle* dans cette présentation de film.**

Jimmy erre dans le Far West. Il est *illettré* et ne possède que son cheva______, son fusi______, sa se______, et une grosse ma______. Un jour, alors que tout semble tranqui______ et que son cheva______ trotte a______ègrement, des mi______iers de libe______u______s s'abattent sur lui ! Il croit avoir une ha______ucination. Mais tout est bien rée______. Il se sent en péri______ mais il est ma______in. D'un mouvement agi______, il saute à terre, détache sa ma______, l'ouvre et s'y enferme...

6 **Même exercice avec cette publicité.**

Notre restaurant « *Belle* Vue » vous servira une cuisine traditionne______. Notre chef n'uti______ise que des produits bio______ogiques. Venez goûter nos spécia______ités régiona______s : les mou______s marinières, les ga______ettes sa______ées, les sa______ades au foie gras, les fi______ets de so______ au basi______ic et les î______s f______ottantes.

7 **Même exercice avec cette annonce.**

Société de distribution de tubes en a______uminium recherche une assistante pour son directeur généra______. Elle sera chargée des tâches traditionne______s du secrétariat, de la co______ecte et du traitement d'informations. Elle travaillera en étroite co______aboration avec notre équipe. Titu______aire d'un dip______ôme de secrétariat, elle aura une rée______ envie de défis. Une connaissance du mi______ieu industrie______ serait un plus.

8 **Même exercice avec cette lettre.**

Cher José, un petit mot en vitesse pour te dire que je suis très occupée. J'ai une pi______ de dossiers à finir et je ne serai pas tranqui______ tant que je ne les aurai pas finis mais c'est diffici______. Et tu sais, j'ai une santé un peu fragi______. À la maison, j'ai mi______ choses à faire ! Si tu veux te rendre uti______, et si tu vas en vi______, peux-tu me faire quelques courses ?

9 **Retrouvez les mots correspondants aux définitions.**

1. Masculin de elle.
2. On l'utilise pour coudre un bouton par exemple.
3. Il est sucré et il est fabriqué par les abeilles.
4. Après mars et avant mai.
5. Animal qui fait parfois des courses.
6. Contraire de singulier.
7. Contraire de horizontal.
8. Fleur jaune qui se tourne vers le soleil.
9. Contraire de vertical.
10. Adjectif de grammaire.

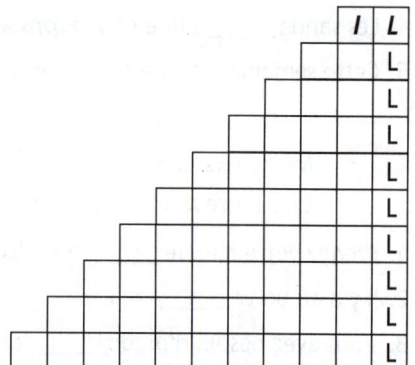

									I	*L*
										L
										L
										L
										L
										L
										L
										L
										L
										L

EXERCICES

10 **Charades.**

Ex. : Mon premier est un liquide blanc que l'on peut boire : ***lait****.*
Mon deuxième est le pronom sujet à la deuxième personne du singulier : ***tu****.*
Mon tout est un type de salade : ***laitue*** *(lait + tu).*

1. Mon premier est la première lettre de l'alphabet. ____________
Mon deuxième est le contraire de court. ____________
Mon troisième est la septième lettre de l'alphabet. ____________
Mon tout est le contraire de raccourcir. ____________________

2. Mon premier est une femme qui fait des miracles dans les contes. ____________
Mon deuxième est l'endroit où l'on dort. ____________
Mon troisième indique une condition. ____________
Mon quatrième est la vingtième lettre de l'alphabet. ____________
Mon tout se fait quand quelqu'un vous annonce une bonne nouvelle. ____________________

3. Mon premier est la première lettre de l'alphabet. ____________
Mon deuxième est le participe passé de lire. ____________
Mon troisième est le pluriel de mon. ____________
Mon tout est le contraire d'éteindre. ____________________

11 **Trouvez les mots en *l* correspondant aux définitions comme dans l'exemple.**

	4		5		6			
1	*A*	*L*	*I*	*M*	*E*	*N*	*T*	
	L		L					7
	L		L		L			
								L
2		L						
3					L			

1. Une chose que l'on mange.
2. Supprimer.
3. Quand on décroche le téléphone, on entend une…
4. On la craque pour faire du feu.
5. Quelque chose que l'on croit voir mais qui n'existe pas.
6. J'ai le soleil dans les yeux, je suis…
7. Si un voleur entre dans ma maison, elle sonne.

12 **Dictée.**

____
____
____
____
____

35 LE PRIMAIRE
Comment écrire le son [r] : r, rr (rd, rt, rs, rh, rrh)

Sous un ciel azur et dans une chaleur torride,
nous oublions l'hiver et les **rh**umes.
On achète du homa**rd** et du camembe**rt**, tu es d'acco**rd** ?

LE SON [r] PEUT S'ÉCRIRE

■ **r** Dans toutes les positions.

Renée a révisé rapidement ses cours de russe.
Brigitte a préféré travailler l'après-midi.
Or et car sont des conjonctions de coordination.

⚠ En finale le son [r] peut s'écrire **r** (*amour, bar, futur, partir, voir*, etc.), mais aussi **re** : *boire, encore, gare, rire, voiture*…, particulièrement dans le féminin des adjectifs terminés par **r** : clai**r** / clai**re** ; futu**r** / futu**re** ; pu**r** / pu**re**, etc.

Grégoire n'aime pas boire de la vodka pure.

■ **rr** Au milieu d'un mot.

Le camion s'est arrêté juste devant le carrousel.
L'étudiant a corrigé ses erreurs.

Les contraires de certains adjectifs en **r-** peuvent s'écrire **irr-**.

Il est irresponsable. *C'est irréel.*

■ **rh** ou **rrh**

arrhes, chlorhydrique, dirham, rhésus, rhinocéros, rhumatisme, etc.
Rhabille-toi, tu vas attraper un rhume !

LE SON [r] EN FINALE

■ Le son [ar] peut s'écrire

-ar : *Quel bazar dans ce bar !*
-ard : *Le motard fonce sur le boulevard car il est en retard.*
-are : *Il est rare de le voir fumer le cigare.*
-arre : *Il y a eu une bagarre dans la rue.*
-ars : *Le jars est le mâle de l'oie.*
-art : *Le départ est à huit heures et quart.*
-oir : les verbes *devoir, pouvoir, voir*.
-oire : la *Loire* et les verbes *croire* et *boire*.

EXERCICES

1 **Complétez les phrases par *ra, re, ré, ri, ro, ru* ou *ry*.**

*Ex. : Pouvez-vous **ra**masser cette feuille par terre ?*

1. Sous le premier étage, il y a le ______ z-de-chaussée.
2. J'aime bien *Santiano* de Hugues Aufray, c'est une chanson très ______thmée.
3. Avant le bac, tous les élèves ______visent.
4. Le ______nard est un animal ______sé.
5. Je suis furieuse, la coiffeuse m'a fait un chignon ______dicule !
6. J'ai assaisonné mon poulet avec du ______marin.

2 **Trouvez les mots correspondant aux définitions.**

1. La peinture, la sculpture, le cinéma.
2. L'examen comporte l'oral et l'______.
3. Je lis les nouvelles dans le ______.
4. Un route rapide.
5. Contraire d'agréable.

				A	*R*	*T*				
					R					
					R					
					R					
					R					

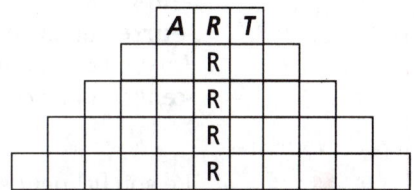

3 **Complétez ces deux extraits d'un poème de Paul Verlaine : *-eur, -œur, -œur, -œur, -our, -oir, -ire***

Il pleure dans mon c______
Comme il pleut sur la ville.
Quelle est cette langu______
Qui pénètre mon c______ ?
[...]

C'est bien la p______ peine
De ne sav______ pourquoi,
Sans am______ et sans haine,
Mon c______ a tant de peine.

4 **Complétez les mots par *-r* ou *-rr*.**

*Ex. : Monsieur Fargeot est i**rr**ité, il se baga**rr**e avec tous les employés.*

1. Inte______ogez le responsable pour savoir à quelle heu______e a______ive le cou______ier.
2. Déba______assez-vous de ces pola______s sans inté______êt.
3. Si on vous dit que je vais être mis au placa______d, ce sont des raconta__s.
4. A______êtez de répéter comme un pe______oquet toutes mes questions.
5. Vous avez fait une e______eur dans votre cu______iculum vitae.
6. Comment ? Vous avez éga______é la facture ? Vous êtes complètement i______esponsable !

5 **Complétez les mots par *rr, rh* ou *rrh*.**

*Ex. : Le **Rh**ône est un fleuve français.*

1. Tu as déjà vu un ______inocéros ?
2. C'est affreux, c'est ho______ible.
3. En réservant, j'ai versé des a______es.
4. Il est malade, il a un ______ume.

- Le son [ɛr] peut s'écrire

-ère : *Mon **père** et mon **frère** sont en voyage.*
-erre : *L'émeraude est une **pierre** précieuse.*
-ers : ***Vers** trois heures.*
-ert : *Une peu de camem**bert** avant le des**sert** ?*
-er : Dans *am**er**, canc**er**, ch**er**, enf**er**, éth**er**, hamst**er**, fi**er**, f**er**, hi**er**, hiv**er**, jok**er**, las**er**, m**er**, pok**er**, polyest**er**, pull-ov**er**, report**er**…*
-air : *Une fille au **pair**.*
-aire : *La ville a un nouveau **maire**.*

- Le son [œr] peut s'écrire

-eur : *Michel aimerait être chant**eur**.*
-eure : *Vous êtes à l'**heure**.*
-eurs : *Il habite ail**leurs**.*
-eurre : dans de rares mots comme ***leurre*** et ***beurre***.
*Un croissant au **beurre**, s'il vous plaît.*
-œur : dans ***cœur***, ***sœur***…

- Le son [ir] peut s'écrire

-ir : *Son dés**ir** est de part**ir**.*
-ire : *Elle aime **rire**.*
-yr : *La rue des Mart**yr**s.*
-yre : *Si vous avez mal à l'œil, mettez un peu de ce coll**yre**.*

- Le son [ɔr] peut s'écrire

-or : *Pour aller au rayon juni**or**, prenez l'escalat**or**.*
-ord : *D'acc**ord**, mais tu y vas d'ab**ord**.*
-ords : *Quand on regrette quelque chose, on a du rem**ords**.*
-ore : *J'ai enc**ore** acheté un nouveau st**ore**.*
-orps : *Les gens célèbres ont souvent un garde du c**orps**.*
-ors : *Al**ors**, on va deh**ors** ?*
-ort : *Quel transp**ort** prenez-vous pour aller à l'aérop**ort** ?*

- Le son [yr] peut s'écrire

-ur : *Une poule **sur** un **mur** qui picore du pain **dur**.*
-ure : (surtout des féminins) *La maison de la cult**ure**.*

- Le son [ur] peut s'écrire

-our : ***Pour** mon am**our**.*
-ourd : *Ce sac est trop l**ourd**.*
-ours : *Il porte touj**ours** des pantalons de vel**ours**.*
-ourt : *Un **court** moment.*

Après un **r**, la lettre finale est parfois prononcée, surtout dans les mots d'origine étrangère : *skate-boa**rd**, mœu**rs**, ou**rs**, fli**rt**, ka**rt**, sho**rt**, tee-shi**rt**, yaou**rt***…

EXERCICES

1 **Reliez les parties de mots pour former des mots, comme dans l'exemple.**

1. ba	sard
2. bi	zar
3. ha	zarre

7. cauche	mard
8. ho	mar

4. cou	vers
5. tra	vert
6. hi	ver

9. pla	cart
10. auto	card
11. é	car

2 **Complétez les vers afin d'obtenir des rimes (des mots qui se terminent par le même son).**

Ex. : Tu es mon seul amour.
*Je t'aimerai tou**jours**.*

1. Oublions l'hiver
Changeons d'univ______.

2. Sur le lac le brouillard
Cache les nénuph______.

3. L'amour est mort
N'aie aucun rem______.

3 **Complétez les phrases en reliant la phrase à la terminaison correcte.**

Ex. : Il est entré dans le b______. — are.
Il a commandé un cig______. — ar.

1. Ce produit d'entretien est efficace et, en plus, il est inod______. — or
2. J'ai aimé la pièce de théâtre mais j'ai trouvé le déc______ étrange. — ore
3. Quelle est votre coul______ préférée ? — eur
4. À quelle h______ est votre vol ? — eure
5. J'ai lu *Les Mart______s*, une œuvre de Chateaubriand. — yre
6. Le pharmacien m'a vendu un coll______ pour les yeux. — yr

4 **Ajoutez *d, s, t,* ou rien selon le cas, aux mots suivants.**

*Ex. : campagnar**d**.*

1. dehor______ **2.** standar______ **3.** chauffar______ **4.** décor______
5. velour______ **6.** hangar______ **7.** yaour______ **8.** fier______
9. radar______ **10.** autour______ **11.** rempar______ **12.** éther______
13. billar______ **14.** volontier______ **15.** milliar______ **16.** ailleur______

5 **Dictée.**

____
____
____
____
____

36

LA MÉMOIRE
Comment écrire le son [m] : m, mm

Marc a **m**arqué son diplô**m**e dans son curriculu**m** vitae.
Monique a été no**mm**ée responsable du **m**uséu**m**.

LE SON [m] PEUT S'ÉCRIRE

■ **m** *Michèle* ***M****artin a acheté une* ***m****achine à laver.*
*Il n'a ja****m****ais re****m****ercié le té****m****oin.*
*Il y a au maximu****m*** *trois poissons dans l'aquariu****m****.* (plus rare en fin de mot)

• **-me** en finale : *C'est un dra****me****, il n'a pas eu son diplô****me****.*

• Le pronom **me** devient **m'** devant une voyelle ou un **h** muet :
Ça ***m'****amuse.*

• Dans les mots en **am-**, **ém-** et **om-**.
am*itié,* ***ém****otion,* ***om****elette,* etc.
Exceptions : *a**mm**oniaque* et *e**mm**ental.*

• Dans les mots en **-lim** et **-lam**.
lim*iter,* ***clim****at, s'ex****clam****er,* etc.

⚠ Exceptions : *flamme* et ses dérivés.

• Dans les mots dérivés de **nom**.
nom*inatif,* ***nom****inal,* ***nom****inaliser,* etc.
Exception : *nommer.*

• Dans les mots en **rem-** ou **rém-**.
Je vous ***rem****ercie.*
Il est bien ***rém****unéré.*

■ **mm** (**-mme** en finale)
*Cette fe****mme*** *a co****mm****andé trois kilos de po****mmes*** *et cent gra****mmes*** *de mûres.*

• Dans les adverbes dérivés des adjectifs en **-ent** et **-ant**.
*appare****mm****ent, différe****mm****ent, étonna****mm****ent* (*cf.* Comment écrire le son [a]).

• Dans les mots en **imm-**.
J'ai ***imm****édiatement quitté l'****imm****euble.*
Exceptions : *image, imiter,* et leurs dérivés.

EXERCICES

1 **Complétez la pyramide avec les mots correspondant aux définitions.**

Ex. : copain →

1. Adorer.
2. Chose que l'on mange.
3. Mille mètres.
4. Grand magasin d'alimentation.

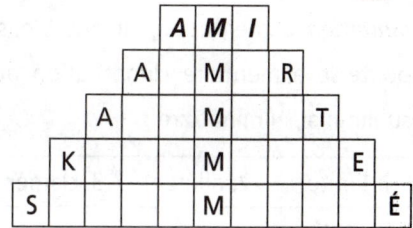

				A	***M***	***I***				
			A		M		R			
		A			M			T		
	K				M				E	
S					M					É

2 **Complétez les définitions et la pyramide.**

Ex. : Cette voiture est à moi, c'est ______ voiture.

1. Ce matelas n'est pas assez dur, il est…
2. Connaissez-vous le ______ Saint-Michel ?
3. Façon d'appeler sa grand-mère.
4. On le met sur le visage pour se cacher.

				M	***A***
			M		
		M			
	M				
M					

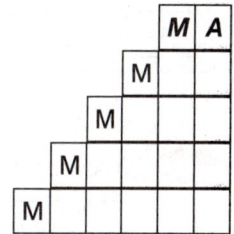

3 **Complétez les mots du carnet de notes du commissaire Boneuil avec *am, em, ém* ou *om* (attention : un mot du texte s'écrit avec deux « m », à vous de le trouver).**

Mardi, 8 heures, place de la Liberté.

Le suspect sort de l'***omnibus***.

1. Il aide avec ______abilité une vieille dame à descendre.
2. Il entre dans le bar près de la salle ______nisports.
3. Il salue ______icalement le patron.
4. Il commande une ______elette à l'______enthal.
5. Il sort et se dirige vers un individu qu'il salue avec un fort accent ______éricain.
6. Il sort un petit paquet de sa poche et déplie le papier : une petite pierre verte apparaît et semble ______erveiller l'autre : sûrement une ______eraude.
7. Sans ______otion, il lui donne le paquet et disparaît.

4 **Charades**

1. Mon premier est le possessif de moi au féminin singulier. ______________
   Mon deuxième est un très grand pays asiatique. ______________
   Mon tout peut laver, sécher, coudre, etc. ____________________________

2. Mon premier est le féminin de son. ______________
   Mon deuxième est le féminin de le. ______________
   Mon troisième est après la note de musique *ré* et avant *fa*. ______________
   Mon tout se mange. ____________________________

EXERCICES

5 **Regroupez dans le tableau les mots qui appartiennent à la même famille.**

limitation, alimentation, lamentable, sublimer, alimenter, proclamer, poliment, élimination, acclimatation, politesse, alimentaire, climatisation, acclamer, réclamer, délimiter, impoli, lamentation, limitrophe, subliminal, éliminatoire

1. limite	2. aliment	3. clamer	4. poli	5. lamenter	6. sublime	7. climat	8. éliminer
limitation	______	______	______	______	______	______	______
______	______	______	______	______	______	______	______
______	______	______	______	______	______	______	______
______	______	______	______	______	______	______	______

6 **Trouvez les mots en *rem-* comme dans l'exemple et associez-les à leur définition.**

rem	**ède**	*voir, noter.*
	monter	*bouger.*
	ise	*un médicament ou une solution à un problème.*
	arquer	*un débarras, un grenier.*
	uer	*dire merci.*
	ercier	*Le contraire de démonter.*

7 **Guillaume doit faire un rapport de stage en entreprise. Complétez ses notes avec *m* ou *mm*.**

*Ex. : Faire un program**m**e de travail.*

1. Co______encer par rassembler les documents : brochures, co______andes.
2. Faire le so______aire.
3. No______er chaque chapitre.
4. Li______iter les phrases trop complexes.
5. Corriger les fautes de gra______aire.
6. Éli______iner les informations inutiles.
7. Ne pas oublier les re______erciements.
8. Noter les re______arques au bas de la page.
9. Impri______er le rapport en trois exemplaires.
10. Re______ettre le rapport au professeur.

EXERCICES

8 **Trouvez les mots en *imm-* (attention, un mot est en *im-*).**

*Ex. : Certains aimeraient être **immortels** ; pas moi, et vous ?*

1. Les dinosaures étaient souvent des animaux i_________________ (très grands).
2. À seize ans, Joseph n'est pas très mature, il est i_________________.
3. L'appartement des Chefner est au quatorzième étage d'un grand i_________________.
4. Rendez-moi i_________________ mon porte-monnaie ou j'appelle la police.
5. Ne bouge pas, reste i_________________.
6. Yves sait i_________________ tous les hommes politiques, c'est très drôle.

9 **Le professeur a écrit le travail du mois prochain au tableau, quelqu'un s'est amusé à effacer tous les « m » ; replacez-les.**

Ex. : L'omission de l'article.

1. Progra______e du mois prochain :
2. Les prono______s dé______onstratifs
3. La for______ation de l'adverbe
4. Le prono______ co______plé______ent d'objet
5. La for______e prono______inale

10 **Complétez les titres suivants.**

Ex. : Un amour de Swann (Marcel Proust).

1. *Candide ou l'Opti______is______e* (Voltaire)
2. *L'Éducation senti______entale* (Gustave Flaubert)
3. *Le Bourgeois gentilho______e* (Molière)
4. *La Divine Co______édie* (Dante)
5. *L'Écu______e des jours* (Boris Vian)
6. *L'I______age dans le tapis* (Henry James)

11 **Dictée.**

____

____

____

____

____

37

L'ANNÉE UNIVERSITAIRE
Comment écrire le son [n] : n, nn (mn)

Le patro**n**at a agit avec té**n**acité et a re**n**oué le dialogue avec les actio**nn**aires.
Il a ouvert la va**nn**e et la mi**n**e s'est remplie d'une to**nn**e de terre.

LE SON [n] PEUT S'ÉCRIRE

■ **n**

*Le **n**avire a fait **n**aufrage, les marins sont rentrés à la **n**age.*
*Mon fils aî**n**é n'a pas d'affi**n**ité avec les fémi**n**istes.*
(plus rare en fin de mot) : *baco**n**, clow**n**, cyclame**n**, fa**n**, gree**n***, etc.

• En finale : **-ane, -ène, -ine, -one, -une** et **-yne** : *tis**ane**, sc**ène**, oxyg**ène**, mach**ine**, carb**one**, l**une**, pr**une**, misog**yne***, etc.

• Devant une voyelle ou un h muet, la négation **ne** devient **n'**.

*Je **n**'en veux plus.*

• Dans les mots en **in-** + **voyelle** et **un-** + **voyelle**.

***in**actif, **in**apte, **in**attendu, **in**espéré, **in**utile.*
***un**anime, **un**i, **un**ifier, **un**iforme, **un**iversel.*

• Dans les dérivés des mots se terminant par **-in**.

*jardi**n** / jardi**n**ier ; mati**n** / mati**n**ée ; câli**n** / câli**n**e ; coqui**n** / coqui**n**e*

• Dans les mots en **-onal**.

*canto**n**al, natio**n**al, patro**n**al…*

• Dans les mots en **pan-** + voyelle.

*pa**n**acher, pa**n**el, pa**n**é, pa**n**er, pa**n**ier, pa**n**ique, pa**n**oplie, pa**n**orama.*
Exceptions : *pa**nn**e, pa**nn**eau.*

• Dans les mots en **ren- / rén-** + voyelle.

*re**n**aître, re**n**ard, re**n**ier, re**n**ifler, re**n**om, re**n**ouer, ré**n**over.*
Exception : *re**nn**e.*

• Dans les mots en **ten- / tén-** + voyelle.

*te**n**able, te**n**ace, té**n**acité, te**n**ir, té**n**or.*
Exception : *te**nn**is.*

EXERCICES

1 **Reconstituez les mots suivants en reliant les groupes de lettres et leurs définitions comme dans l'exemple.**

alpin		al
commun		iquer
raffin		amique
dyn		***iste***
région		er
emmen		é

qui escalade les montagnes
propre à une région
parler, échanger
très vivant
accompagner quelqu'un quelque part
élégant, subtil

2 **Complétez les mots avec *ane, ène, ine, one, une,* ou *yne*.**

*Ex. : ban **-ane**.*

1. dou______
2. auberg______
3. fort______
4. oxyg______
5. pisc______
6. sc______
7. comm______
8. monot______
9. tis______
10. carav______
11. cop______
12. misog______
13. café______
14. je______

3 **Retrouvez le mot de base.**

*Ex. : cantonal - **canton**.*

1. patronat : ______________________
2. gaminerie : ______________________
3. régionalisme : ______________________
4. international : ______________________
5. bouquiniste : ______________________
6. cheminement : ______________________
7. dessinateur : ______________________
8. hexagonal : ______________________

4 **Écrivez les noms correspondant aux définitions dans la grille (ils contiennent tous un ou deux « n ») et vous en découvrirez un autre verticalement.**

Ex. : Je suis le seul fils ; je suis fils ...

1. La voiture est tombée en ...
2. On l'utilise pour fabriquer le pain.
3. Contraire de évitable.
4. Donner un ordre.
5. Sur la tête du roi ou de la reine.
6. Un voyelle et une ...
7. Le plus gros animal qui vit dans la mer.
8. Contraire de utile.

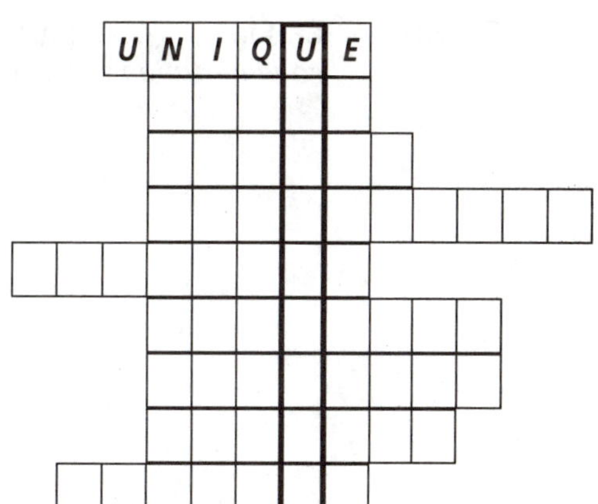

nn En milieu de mot.

*L'abo**nn**é que vous demandez ne figure pas dans l'a**nn**uaire.*
*Le perso**nn**el n'était pas ho**nn**ête, il gardait la mo**nn**aie des clients.*

- En finale (quelques mots féminins).

-anne : *ca**nne**, pa**nne**, va**nne**…*
-enne : *étre**nne**, moye**nne**…*
-onne : *bonbo**nne**, colo**nne**, conso**nne**, couro**nne**, perso**nne**, to**nne**…*

*Perso**nne** n'a aidé A**nne** qui était en pa**nne**.*

Il n'existe pas de mots en **-inne, -unne** et **-ynne**.

- Les adjectifs en **-ien** font leur féminin en **-ienne** et les adjectifs en **-éen**, en **-éenne**.

*alsacie**n** / alsacie**nne** ; collégie**n** / collégie**nne** ; coréе**n** / corée**nne** ; européе**n** / européе**nne** ; italie**n** / italie**nne** ; lycée**n** / lycée**nne** ; martie**n** / martie**nne** ; mathématicie**n** / mathématicie**nne**…*

*Cette lycée**nne** corée**nne** deviendra une grande mathématicie**nne**.*

- Les dérivés des mots en **-on** s'écrivent généralement **-onn-**.

*bo**n** / bo**nne** ; breto**n** / breto**nne** ; crampo**n** / crampo**nn**er ; échantillo**n** / échantillo**nn**er ; fonctio**n** / fonctio**nn**er / fonctio**nn**el / fonctio**nn**alisme ; maço**n** / maço**nn**erie ; migno**n** / migno**nne** ; piéto**n** / piéto**nne** ; so**n** / so**nn**er / so**nn**erie…*

*Tiens ma migno**nne**, mange une bo**nne** galette breto**nne**.*

– Les verbes en **-onner** s'écrivent **nn**.
*abando**nn**er, abo**nn**er, actio**nn**er, additio**nn**er, conditio**nn**er, éto**nn**er, espio**nn**er, ordo**nn**er…*

*Vous abando**nn**ez déjà ? Cela m'éto**nne**.*

Exceptions : *déto**n**er, ramo**n**er, télépho**n**er, détrô**n**er.*

Deux irrégularités : *ratio**nn**er* mais *ratio**n**alisme,* et *traditio**nn**el* mais *traditio**n**alisme.*

mn Le son [n] s'écrit parfois **mn** : *auto**mn**e, auto**mn**al, conda**mn**er, conda**mn**é, conda**mn**ation* et les autres dérivés.

EXERCICES

1 **Complétez les mots par *-ne* ou *-nne*.**

Ex. : Sa nouvelle caravane pèse une tonne.

1. L'héroïne de cette bande dessinée est une amazo______ qui porte une couro______.
2. Pour mes étre______s, ma marrai______ m'a donné cent euros.
3. Perso______ ne veut une vie monoto______.
4. Sa ca______ en ivoire a été confisquée à la doua______.
5. Il achète en moye______ trois meubles en ébè______ par an.

2 **Complétez les mots de base proposés pour en former un dérivé correspondant à la définition.**

*Ex. : Le son du téléphone : → **S O N n e r i e***

1. Pratique, utile. F O N C T I O N________________
2. Une toute petite maison. M A I S O N________________
3. Un chauffeur de camion. C A M I O N________________
4. Un boisson à base de citron. C I T R O N________________
5. Avec passion. P A S S I O N________________
6. Un vin qui a mauvais goût l'est peut-être. B O U C H O N________________
7. Un machine qui fabrique du béton. B E T O N________________
8. Rendre personnel. P E R S O N________________
9. Boîte à bonbons. B O N B O N________________

3 **Complétez les titres de journaux par *-n*, *-nn* ou *-mn*.**

Ex. : Une lycéenne bretonne sur le trône de miss France.

1. Un fonctio______aire conda______é par la Commission europée______e.
2. Danses traditio______elles et spécialités régio______ales au programme.
3. Espio______age industriel.
4. Pa______ique sur les chaî______es natio______ales.
5. Le juge Dumont a ordo______é l'empriso______ement immédiat de l'accusé.
6. Réductions de perso______el à l'auto______e.

4 **Dictée.**

____

____

____

____

____

38

L'ENSEIGNEMENT

Comment écrire le son [ɲ] : gn

La campa**gn**e auver**gn**ate est ma**gn**ifique.
Nous étei**gn**ons la lumière.

LE SON [ɲ] S'ÉCRIT

■ **gn**

• Généralement à l'intérieur d'un mot.

*A**gn**ès a i**gn**oré mon ami espa**gn**ol.*
*Un arma**gn**ac ou un co**gn**ac ?*

• En finale et devant le **e** muet.

*La campa**gne** est belle en Bourgo**gne**. On y voit des vi**gnes**.*
*Une assiette de lasa**gnes** ou une coupe de champa**gne** ?*

• Dans les verbes en **-gner**.

*Nicolas nous a accompa**gn**és à Strasbourg.*
*Veuillez si**gn**er ce document.*
*Pouvez-vous me rensei**gn**er ?*
*Il est tombé et son genou sai**gn**e.*

• Dans les verbes en **-aindre, -eindre** et **-oindre**, aux trois personnes du pluriel au présent de l'indicatif.

*Nous crai**gn**ons une grève des transports. (craindre)*
*Vous étei**gn**ez aussi cette lampe ? (éteindre)*
*Elles nous rejoi**gn**ent souvent dans ce bar après le travail. (rejoindre)*

À toutes les personnes de l'imparfait et du subjonctif présent.

*Avant, je pei**gn**ais des natures mortes. (peindre)*
*À mon avis, tu te plai**gn**ais trop souvent. (se plaindre)*
*Il veut que je le rejoi**gn**e à Madrid.*

■ Le son [ɲ] est parfois confondu avec le son [nj], qui s'écrit **ni** devant une voyelle :

• À l'intérieur d'un mot.

*Le jardi**ni**er a des bégo**ni**as dans son pa**ni**er.*
*Quelle est votre opi**ni**on, So**ni**a ?*

• Très rare en début de mot : ***ni**ais, **ni**èce, **ni**er.*

EXERCICES

1 **Complétez les phrases en choisissant dans la liste suivante : *alignés, souligné, témoigner, cogné, accompagné, saignante, ignoré, gagné, signal, mignon.***

*Ex. : Pour que l'autobus s'arrête, il faut faire **signe** au chauffeur.*

1. La semaine dernière, j'ai joué au Loto mais je n'ai rien ______________.
2. Mon voisin est passé sans me regarder, il m'a totalement ______________.
3. Comment voulez-vous votre viande, bleue, ______________, à point ou bien cuite ?
4. Vous êtes témoin de l'accident, donc vous devez ______________.
5. Le bébé est très beau et souriant, il est ______________.
6. Veuillez laisser un message après le ______________ sonore.
7. Le professeur a ______________ mes fautes d'un trait rouge.
8. Mon frère m'a ______________ à l'aéroport.
9. Je me suis ______________ le pied à la table. Ça fait très mal.
10. Pendant le défilé, les militaires sont bien ______________.

2 ***-agne, -igne* ou *-ogne* ? Chaque groupe de mots a la même terminaison, retrouvez-la.**

*Ex. : camp**agne** - champ**agne** - las**agne**.*

1. ins______ l______ v______
2. cig______ ivr______ Bourg______
3. Esp______ mont______ comp______
4. d______ cons______ ind______.

3 **Trouvez les mots correspondant aux définitions (ils contiennent tous *-gn-*) et vous découvrirez un autre mot verticalement.**

Ex. : Vêtement pour sortir du bain.

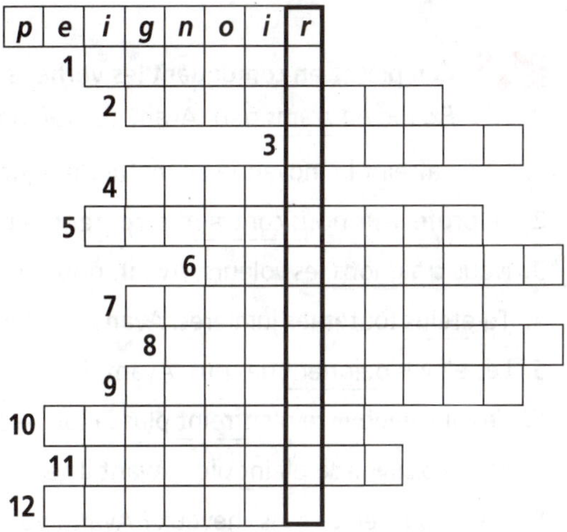

1. Objet pour se coiffer.
2. Se baigner ou faire une…
3. Je prends des médicaments, je me…
4. Grand oiseau blanc avec un grand cou.
5. Végétal qu'on peut trouver sous les arbres.
6. En bas d'une lettre.
7. On ne peut pas le joindre, il n'est pas…
8. Un professeur ou un…
9. Je viens avec vous, je vous…
10. Économiser.
11. Insecte qui fait des toiles.
12 Pâtisserie cuite dans l'huile.

EXERCICES

4 **Reliez les mots de la même famille dans chaque colonne comme dans l'exemple.**

se baigner	loin	saignant
1. saigner	soin	gagnant
2. éloigner	***bain***	aide-soignant
3. gain	témoigner	éloignement
4. témoignage	sang	ligne
5. aligner	gagner	***baignade***
6. soigner	alignement	témoin

5 **Complétez les phrases en mettant les verbes au présent.**

Ex. : Les artistes de la place du Tertre ***peignent*** *souvent les quartiers de Montmartre. (peindre)*

1. Nous (*joindre*) ________________ un chèque à ce courrier.
2. Vous êtes insupportable, vous (*se plaindre*) ________________ sans cesse !
3. Laurence et Luigi nous (*rejoindre*) ________________ souvent en Normandie.
4. Attention, ces vêtements colorés (*déteindre*) ________________ au lavage.
5. Les patrons (*craindre*) ________________ les grèves des ouvriers.
6. Nous (*éteindre*) ________________ toujours la télévision à minuit.
7. Guillaume et Charles (*se plaindre*) ________________ de leur manque de liberté.
8. Les clients (*joindre*) ________________ toujours un chèque à leur commande.
9. Vraiment ? Vous (*craindre*) ________________ l'orage ?
10. Mes sœurs (*peindre*) ________________ très bien, moi non.

6 **Complétez en conjuguant les verbes soulignés à l'imparfait.**

Ex. : Je ne crains rien. Avant, je ***craignais*** *les araignées.*

1. Léo a atteint la moyenne en mathématiques. Avant, il n'________________ pas dix sur vingt.
2. Le professeur nous contraint à apprendre par cœur. Avant, il ne nous ________________ à rien.
3. Nous craignons les voleurs. Avant, nous ne ________________ personne.
4. Tu éteins toutes les lumières. Avant, tu n'en ________________ aucune.
5. Les élèves peignent des nus. Avant, ils ________________ des paysages.
6. Cet automobiliste n'enfreint plus la loi. Avant, il ________________ le code de la route.
7. Mon voisin ne se plaint plus. Avant il se ________________ à cause de ma musique.
8. Vous vous teignez les cheveux ? Avant, vous ne vous les ________________ pas.
9. Sophie est trop occupée pour peindre. Avant, elle ________________ tous les jours.
10. Ce tee-shirt ne déteint plus. Avant, il ________________ beaucoup.

7 **Complétez les phrases par *gn* ou *ni*.**

*Ex. : Ce tableau est ma**gn**ifique.*

1. C'est mon avis, c'est mon opi_____on.
2. Elle travaille avec soin ou soi_____eusement.
3. L'arbre qui produit des bananes est le bana_____er.
4. De l'ail et de l'oi_____on.
5. On ne peut pas le joindre, il est injoi_____able.
6. Il faut toujours un ga_____ant et un perdant.

8 **Complétez les mots en choisissant entre les deux propositions.**

*Ex. : Un pa**nier** de fraises.*	*nier*	*gner*
1. Sa maison est de style colo_____.	nial	gnal
2. Nous avons une réu_____.	nion	gnon
3. Je mange entre les repas, je gri_____.	niote	gnote
4. Tournez doucement la poi_____ de la porte.	niée	gnée
5. Mon compa_____ s'appelle Jacques.	nion	gnon
6. On enregistre avec un ma_____tophone.	nié	gné
7. On appelle un prince Monsei_____.	nieur	gneur
8. Le vi_____ bordelais est très réputé.	nioble	gnoble

9 **Complétez avec les verbes suivants : *accompagner, soigner, signer, baigner, peigner.* (Attention aux conjugaisons).**

*Ex. : **Baie** → **baigner***

1. Il était malade, il s'est _______________ et il va mieux.
2. À Nice, il s'est _______________ dans la mer Méditerranée.
3. Je vous _______________ à l'aéroport.
4. Elle s'est lavé les cheveux puis elle les a _______________.
5. N'oubliez pas de _______________ votre carte d'identité.

10 **Dictée.**

____

____

____

____

____

EXERCICES

BILAN (Consonnes)

1 **Complétez les mots par *p* ou *pp*.**
Ex. : Ils ont apprécié.

1. Le ______rofesseur s'est a______erçu que les élèves n'avaient pas a______ris la leçon.
2. L'hôtel a su______rimé le su______lément pour les animaux.
3. Les joueurs ne su______ortent plus leur ca______itaine.
4. J'avais a______orté un gâteau et je l'ai rem______orté chez moi.
5. Reste au chaud si tu ne veux pas attra______er la gri______e.

2 **Complétez les mots par *b* ou *bb*.**
Ex. : Le plomb est plus lourd que le fer.

1. Une ______om______e a explosé au centre de la ville.
2. Il est dé______utant en français.
3. Un co______aye est quelqu'un qui se prête à une expérience médicale.
4. Vous pouvez appeler cet homme « mon père » ou « Monsieur l'a______é ».
5. Le basketteur a dri______lé jusqu'au panier et a marqué.

3 **Complétez les mots par *t*, *th* ou *tt*.**
Ex. : Ce livre s'appelle l'Orthographe progressive.

1. J'ai reçu une le______re ce matin.
2. Ton frère est très sympa______ique.
3. Je ne comprends pas, il parle trop vi______e.
4. Einstein a découvert la ______éorie de la rela______ivi______é.
5. Tu connais cet ac______eur de ______éâtre ?

4 **Complétez les mots avec *t*, *tt*, *d* ou *dd*.**
Ex. : début.

1. ______ic______ée
2. con______ac______
3. re______i______ion
4. ______ou______er
5. a______ribu______
6. ______irec______

5 **Complétez avec *cc*, *qu* ou *cqu*.**

1. Je n'ai plus de feu, tu peux me passer ton bri______et ?
2. J'aime beaucoup la cuisine gre______e
3. Il l'a a______ompagné au cinéma.
4. La semaine dernière, cette ban______e a été atta______ée pour la cin______ième fois cette année.
5. En peu de temps, il a a______is un bon a______ent.

EXERCICES

6 **Complétez en écrivant correctement le son [k].**

1. Au café, j'ai ______ommandé un mo______a et ma ______opine a choisi un ______o______a.
2. Ja______eline a passé le ba______alauréat il y a ______atre ans.
3. Tu m'a______ompagnes à la dis______othè______ ou tu préfères aller é______outer cet or______estre ?
4. Ce psy______ologue travaille sur l'a______isition du langage.
5. Ce pa______et pèse au moins cin______ante ______ilos.

7 **Complétez si nécessaire avec *u*.**

Ex. : Le g______ragiste est fatig______é. → Le garagiste est fatigué.

1. C'est un mag______asin élég______ant.
2. Ce collèg______e portug______ais joue très bien de la g______itare.
3. Tu as déjà g______oûté les g______alettes bretonnes ?
4. L'année dernière, les astrolog______es avaient prédit la g______erre.
5. Ce g______arçon n'est g______ère g______alant.

8 **Complétez si nécessaire avec *c*.**

Ex. : Ex______usez-moi. → Excusez-moi

1. Le résultat est ex______act, c'est ex______ellent.
2. Il a réussi tous les ex______ercices de l'ex______amen.
3. Il est tout ex______ité de partir dans ce pays ex______otique.
4. Le prix demandé par le chauffeur de tax______i est ex______essif.

9 **Complétez avec *x* ou *ct*.**

1. Sur mon ordinateur, la conne______ion à Internet est très longue.
2. Est-ce que vous faites des rédu______ions pour étudiants ?
3. Depuis qu'elle a passé un an en Italie, elle parle italien à la perfe______ion.
4. Je ne peux pas me décider tout de suite, cela demande réfle______ion.
5. Faire une BA, c'est faire une bonne a______ion.

10 **Complétez par *f*, *ff* ou *ph*.**

Fabienne est étudiante en ______iloso______ie. Malgré tous ses e______orts, elle trouve certains auteurs trop di______iciles. Hier, elle a essayé de ______aire un devoir que son pro______esseur lui avait donné. Ce matin elle sou______rait d'une a______reuse migraine. Elle est allée à la ______armacie, mais le médicament ne lui a ______ait aucun e______et. Elle a télé______oné à un ami qu'elle ne viendrait pas à la ______aculté.

EXERCICES

11 **Si six scies scient six citrons, six cents scies scieront six cents citrons. Y a-t-il des syllabes qui ne se prononcent pas** [si] **?**

____

12 **Trouvez le *z* intrus (qui ne se prononce pas** [s]**)** : Austerlitz, quartz, gaz, Biarritz.

13 **Dictée devinette.**

____

____

____

____

____

14 **D'où vient-il ? Complétez par *cien* ou *tien*.**

Ex. : Il vient de Vénétie, c'est un ***Vénitien****.*

1. Cet extraterrestre vient de Mars, c'est un ______________.
2. Il est né en Égypte, c'est un ______________.
3. Il habite à Haïti, c'est un ______________.
4. Il est né en Alsace, c'est un ______________.
5. Il vient du Laos, c'est un ______________.
6. Il vit à Tahiti, c'est un ______________.

15 **Complétez par *j* ou *g*.**

Ex. : l'horloge.

1. Vous n'avez pas corri_____é la moitié des fautes. Votre travail est négli_____é !
2. À sa ma_____orité, elle aura un bi_____ou de sa grand-mère.
3. J'ai pris un con_____é sabbatique pour re_____oindre mon mari au Brésil.
4. Ces fleurs qui sont encore en bour_____eons sont des _____onquilles.
5. Nous nous interro_____eons sur le _____u_____ement qui a été rendu.

16 **Trouvez les mots manquants qui contiennent tous le son** [ʃ]**.**

Ex. : On peut payer en espèces, par carte de crédit ou par ***chèque****.*

1. Pour prendre une photo à l'intérieur, il faut utiliser le ______________.
2. On se lave les cheveux avec du ______________.
3. Un poisson frais et de la viande ______________.
4. On dit qu'un son qui monte doucement va ______________.
5. Je ne suis pas content, je suis ______________ contre toi !

EXERCICES

17 **Complétez par *m* ou *mm*.**

Pour *allumer* le télécopieur, appuie sur le bouton vert. Un voyant lu______ineux indique qu'il est en marche. Pour é______ettre un fax, il suffit d'introduire le docu______ent co______e il est indiqué sur la machine. Il faut se li______iter à cinq feuilles par envoi sinon ça se bloque.
Peux-tu re______ettre tous les dossiers no______inatifs qui sont sur mon bureau dans l'ar______oire « co______andes » ? Je t'en re______ercie.

18 **Complétez par *n* ou *nn*.**

J'ai rencontré Frédéric chez un *bouquiniste* un dimanche, en fin de mati______ée, il y a dix ans. Je n'avais pas de mo______aie et la vendeuse non plus. Un homme est ve______u près de moi et a proposé de me dépa______er. Il m'a do______é son numéro de télépho______e. Je l'ai rappelé et il m'a invitée à boire une citro______ade dans un café de l'ave______ue Montaigne. Il m'a dit qu'il était dessi______ateur et je lui ai dit que j'étais fonctio______aire du fisc. Cela a semblé l'éto______er, il s'est levé et m'a abando______ée dans le bar. Je ne l'ai jamais revu.

19 **Complétez les mots par *l* ou *ll*.**

Ex. : illégal.

1. a______umette
2. brû______er
3. i______isible
4. mi______e
5. diffici______e
6. é______ire
7. po______i
8. tranqui______e
9. pu______
10. co______ection
11. ma______heureux
12. ma______e

20 **Complétez les mots en écrivant correctement le son [r].**

Il y a un tableau très *bizarre* chez ma belle-mè______. On voit au p______emier plan une ma______ au bo______ de laquelle il y a des fleu______ noi______. Su______ l'eau, il y a des nénupha______ blancs. À l'a______iè______, on voit une fo______êt très obscu______. Tout le déco______ semble être dans un b______ouilla______ ét______ange. Cette peintu______ lui a été offe______te pa______ un ami. D______ôle d'ami...

21 **Complétez les mots par *gn* ou *ni*.**

Ex. : J'aime sa compagnie.

1. Ma ______èce s'appelle A______ès.
2. J'ai entendu le chien gro______er.
3. Vous ______ez avoir si______é ce document ?
4. Ils pei______ent des portraits ? Je l'i______orais.
5. On voit souvent des arai______ées à la campa______e.

39 LA LETTRE H

L'**h**omme qui **h**éberge mes amis est un arc**h**itecte **h**ongrois.
Hip, **h**ip, **h**ip, **h**ourra ! ont **h**urlé les **h**abitants.

LE H MUET OU LE H ASPIRÉ AU DÉBUT D'UN MOT

- Devant le **h** muet.

– *la, le, de, je, me, te, se, ne* deviennent **l', d', j', m', t', s'** et **n** : *l'**h**iver, l'**h**abitude, un bruit d'**h**élicoptère, le musée de l'**h**omme, j'**h**abite, je m'**h**abille, il n'**h**abite pas ici.*
– *ma, ta* et *sa* deviennent **mon**, **ton** et **son** devant les noms et les adjectifs féminins : *mon **h**istoire, ton **h**abitude, son **h**umeur, son **h**orrible caractère.*
– on fait la liaison : *un‿**h**iver, une‿**h**eure, des‿**h**abitants, de belles‿**h**istoires.*

- Devant le **h** aspiré.

la, le, de, je, me, te, se, ma, ta et *sa* sont maintenus ; on ne fait pas la liaison.

*le **h**aricot, la **h**aine, je **h**ais, il se **h**âte, le **h**aut du **h**être, le **h**areng, la **h**alte, les **h**auteurs, les **h**éros, ...* (mais on fait la liaison avec : *les‿**h**éroïnes), ma / ta / sa **h**anche.*

Liste des mots les plus courants comportant un **h** aspiré

*la **h**ache / **h**acher*	***h**anter / la **h**antise*	***h**ennir*	*la **H**ollande /*
***h**agard*	*le **h**aras*	*le **h**érisson*	*le **H**ollandais*
*la **h**aie*	***h**arceler /*	*le **h**éron*	*le **h**omard*
*des **h**aillons*	*le **h**arcèlement*	*le **h**éros*	*la **H**ongrie /*
***h**aïr / la **h**aine*	***h**ardi*	*le **h**être*	*le **H**ongrois*
*le **h**âle / **h**âler*	*le **h**arem*	***h**eurter*	*la **h**onte /*
*le **h**all*	*le **h**areng*	*le **h**ibou*	***h**onteux*
*la **h**alle*	*la **h**arpe*	*le **h**ic*	***h**ors-d'œuvre*
*la **h**alte*	*le **h**asard /*	***h**ideux*	*la **h**otte*
*le **h**amac*	*se **h**asarder*	*la **h**iérarchie*	*la **h**oule*
*le **h**ameau*	*la **h**âte / se **h**âter*	***h**ippique /*	*la **h**ousse*
*le **h**ammam*	*la **h**ausse /*	*le **h**ippisme*	*le **h**ublot*
*le **h**amster*	***h**ausser /*	***h**isser / se **h**isser*	*le **h**uit*
*le **h**andicap*	***h**aut / **h**autain*	***h**ocher /*	***h**urler /*
*la **h**anche*	*la **h**auteur*	*le **h**ochement*	*le **h**urlement*
*le **h**angar*	*le **h**avre*	*le **h**old-up*	*la **h**utte*

EXERCICES

1 **Complétez en choisissant l'article comme dans l'exemple.**

Ex. : Dans ~~la~~ | **l'** *histoire,* **le** | ~~l'~~ *héros est un chevalier.*

1. Regarde par | le | l' | hublot, nous survolons | la | l' | Hollande.
2. Est-ce que tu vois | le | l' | hérisson qui court dans | la | l' | herbe ?
3. | Le | L' | hasard a voulu que nous nous rencontrions dans | le | l' | hall.
4. | Le | L' | hélicoptère est à l'abri de la tempête dans | le | l' | hangar.
5. | Le | L' | hic, c'est que je n'aime pas | l' | la | huile d'olive.

2 **Complétez en choisissant l'article comme dans l'exemple.**

Ex. : Il s'est cassé **le** | ~~l'~~ *haut* **de la** | ~~de l'~~ *hanche.*

1. Joséphine a | la | l' | haine | de la | de l' | hiérarchie.
2. Il ne faut pas s'occuper | de l' | du | hébergement à | la | l' | hâte.
3. Elle a joué | le | l' | huit à la roulette du casino | de l' | du | hôtel.
4. Parlez-nous | de l' | du | hiver dans | l' | le | hémisphère Nord.
5. L'aiguille | de la | de l' | horloge de la salle à manger est bloquée sur | le | l' | huit.

3 **Retrouvez les véritables titres des films français suivants en choisissant le nom correspondant à l'article.**

*Ex. : L'***Habit** *vert (film de Roger Richebé, 1937).*

1. *La* ________________ (film de Mathieu Kassowitz, 1995)
2. *Le* ________________ *et la Violence* (film de Philippe Labro, 1974)
3. *L'* ________________ (film de Philippe Labro, 1972)
4. *Le* ________________ *de la Marne* (film de André Hugon, 1939)
5. *Le* ________________ *chasse la nuit* (film de Werner Klinger,1965)
6. *L'* ________________ *d'Adèle H* (film de François Truffaut, 1975)
7. *La* ________________ *de la famille* (film de Richard Balducci, 1969)
8. *L'* ________________ (film de Jacques Rouffio, 1967)
9. *L'* ________________ *du tableau volé* (film de Raoul Ruiz, 1978)
10. *L'* ________________ *d'un capitaine* (film de Pierre Schoendoerffer, 1982)

habit	*hamac*
horreur	haine
hasard	homme
harcèlement	héritier
héros	hôpital
hibou	hiver
hanche	histoire
harmonie	honte
horizon	hasard
halle	hypothèse
havre	honneur

4 **Complétez pour retrouver des noms de rues, de places, etc., de Paris.**

Ex. : Rue **de la** *Harpe.*

1. Place ______ Havre.
2. Impasse ______ Haut.
3. Rue ______ Hôtel-de-Ville.
4. Quai ______ Horloge.
5. Boulevard ______ Hôpital.
6. Rue ______ Hameau.
7. Rue ______ 8-Mai-1945

LE H MUET AU MILIEU D'UN MOT

- Dans un mot composé d'un préfixe et d'un nom, d'un adjectif ou d'un verbe.
*dés**h**abiller, in**h**abituel, mal**h**onnête.*

- Dans les autres mots :
– entre deux voyelles (qui sont alors prononcées séparément) : *éba**h**i, de**h**ors, tra**h**ir.*
– **-h** est fréquent après les consonnes **c**, **t** ou **p** : **ch**, prononcé [ʃ] devant une voyelle : *a**ch**eter, ar**ch**itecte*... et prononcé [k] devant une consonne : *c**h**lore, c**h**ronologie, tec**h**nique* et dans *éc**h**o* et *ecc**h**ymose* ; **th**, prononcé [t] : *arit**h**métique, at**h**lète* et **ph** prononcé [f] : *alp**h**abet, p**h**rase, chlorop**h**ylle*...
(*cf.* Comment écrire les sons [ʃ], [t] et [f]).

INTERJECTIONS ET ONOMATOPÉES COMPORTANT UN H

*Eu**h**...* (hésitation) ;
***H**ourra ! / **H**ip, **h**ip, **h**ip, **h**ourra !* (joie) ;
*e**h** !; **h**è ! **h**o ! o**h**é ! **h**ep !* (appeler quelqu'un) ;
***h**a, **h**a ! / **h**i, **h**i !* (rire) ;
*e**h**, e**h** !* (rire ironique) ;
*o**h** !* (indignation, surprise, admiration) ;
*poua**h** !* (dégoût) ;
*peu**h** !* (indifférence) ;
***h**op ! **h**op là !* (accompagne un geste rapide) ;
***h**ue !* (pour faire avancer un cheval) ;
*meu**h** !* (cri de la vache) ;
*oua**h**, oua**h** !* (cri du chien)...

EXERCICES

1 **Écrivez correctement le sujet ou le pronom (avec le e ou l'apostrophe) devant les verbes.**

*Ex. : Je (me) ______ habille → Je **m'**habille.*

1. Qu'est-ce que je fais avec l'ail ? – Tu (le) ______ haches très fin.
2. (Je) ______ hausse les épaules car je trouve ce que tu dis assez méchant.
3. Je (ne) ______ hésite pas à lui dire la vérité.
4. Le spéléologue a réussi à (se) ______ hisser hors de la grotte.
5. Si ton chef (te) ______ harcèle, dénonce-le !
6. Il (me) ______ humilie devant les clients.
7. Dès qu'il est dix-huit heures, il (se) ______ hâte vers la sortie.
8. Si tu (le) ______ hais à ce point, quitte-le !

2 **Complétez les phrases en choisissant l'adjectif possessif *mon, ma, ton, ta, son,* ou *sa*.**

*Ex. : Avant d'acheter cette armoire, il faut que tu mesures **sa** hauteur.*

1. Tu as encore mis ______ horrible cravate verte à pois roses.
2. Le Père Noël remplit ______ hotte de jouets.
3. Jacques a légué sa fortune à ______ héritière qui est sa nièce.
4. Un jour, j'irai vivre dans ______ Hollande natale.
5. Où est ______ huile de bronzage ? Je l'avais pourtant mise ici.
6. Si tu veux une promotion, tu dois la demander à ______ hiérarchie.

3 **Complétez les phrases avec les expressions.**

*Ex. : Pour les jeunes mariés **hip, hip, hip, hourra !***

1. Ce sirop contre la toux n'est pas bon, ________________
2. J'ai frappé et j'ai entendu un chien, ________________
3. ________________, il y a quelqu'un là-haut ?
4. ________________, je vous ai bien eu !
5. 98 divisés pas 2, ________________, je crois que cela fait 49.
6. Ce cheval est trop lent, allez, ________________.
7. Je saute sur mon vélo et ________________, je m'en vais.

a. ouah, ouah !
b. eh, eh !
c. pouah !
d. euh…
e. ohé !
f. hop !
g. hue !

4 **Dictée.**

____

____

____

____

____

40 LE E MUET

Ces élève**s** de l'écol**e** de musiqu**e** travaill**ent** beaucoup. Ils étudi**ent** avec leur nouveau professeur un morceau difficile qu'ils joueront la semaine prochaine.

• Le **e** muet est un **e** qui ne se prononce pas (ou dont la prononciation est facultative), mais dont l'écriture est obligatoire.

LA LETTRE E S'ÉCRIT MAIS N'EST PAS PRONONCÉE

• En fin de mot, après une voyelle ou une consonne (sauf mots grammaticaux d'une syllabe : *je, me, de, que,* etc. (*cf.* Comment écrire le son [ə]).

La gare est dans la prochaine rue. Il y a une boulangerie dans cette avenue.
L'euro est la monnaie européenne. La petite fille joue dans l'allée.
La neige est fréquente en montagne. Pierre travaille en banlieue.

Dans certains cas (*poésie, chansons,* etc.), la lettre **e** peut être prononcée ([ə]).
Homme libre, toujours tu chériras la mer! (Baudelaire)
*Frère Jacque**s**, frère Jacque**s**, dormez-vous, dormez-vous ?*

• À l'intérieur d'un mot, la lettre **e** n'est pas prononcée :

– devant les lettres **a** et **o**.
Allons nous asseoir près de Jean.
Il y a beaucoup de beaux hôtels au bord de l'eau.

Derrière **g**, la lettre **e** sert à marquer la prononciation [ʒ] en finale et devant **a**, **o** et **u** : *pigeon, gara**ge**, je bou**ge**, nous bougeons, bou**gea**nt* (*cf.* Comment écrire le son [ʒ]).

– après **i** et **u** et devant une autre syllabe.
Voici l'argent pour le paiement (ou le payement) de cette soierie.
Avec tous mes remerciements pour votre dévouement.

LA LETTRE E ENTRE DEUX CONSONNES

• La prononciation de la lettre **e** est facultative à l'intérieur d'un mot entre deux consonnes. La lettre **e** n'est généralement pas prononcée lorsque la consonne qui la suit est devant une voyelle.

La parfumerie est près du carrefour.
Samedi, elle s'envolera pour le Danemark.
Geneviève veut acheter un bracelet dans une bijouterie du boulevard.

Devant une consonne finale ou une double consonne (**ll**, **nn**, **rr**, **tt**), la lettre **e** se prononce [ɛ] (*cf.* Comment écrire le son [ɛ]).
La bicyclette de Michel est plus belle que la mienne. Elle coûte plus cher.

EXERCICES

1 **D'où viennent ces voitures ? Répondez selon le modèle et soulignez les e muets.**

Ex. : F est pour une voiture qui vient de Finlande ou de France ?
F n'est pas pour une voiture qui vient ***de Finlande mais de France.***

1. CH est pour une voiture qui vient de Chine ou de Suisse ?
   CH n'est pas pour une voiture qui vient ______________________________.
2. A est pour une voiture qui vient d'Albanie ou d'Autriche ?
   A n'est pas pour une voiture qui vient ______________________________.
3. D est pour une voiture qui vient d'Allemagne ou du Danemark ?
   D n'est pas pour une voiture qui vient ______________________________.
4. S est pour une voiture qui vient de Slovaquie ou de Suède ?
   S n'est pas pour une voiture qui vient ______________________________.
5. B est pour une voiture qui vient de Belgique ou de Bulgarie ?
   B n'est pas pour une voiture qui vient ______________________________.

2 **Trouvez le mot exact (tous ces mots se terminent par un *e* muet).**

Ex. : Philippe est un garçon et Nadine est une ***fille.***

1. Ce n'est pas un homme, c'est une f______.
2. Il n'a pas peur, il a du c______.
3. La v______ est une danse très classique et très populaire à Vienne.
4. Il est barbu, il porte la b______.
5. Le pommier est un a______ fruitier.

3 **Écrivez les noms du corps humain à la place appropriée.**

Le coude, la joue, l'oreille, l'épaule, la jambe, le ventre, la cuisse, la poitrine, la bouche, la tête.

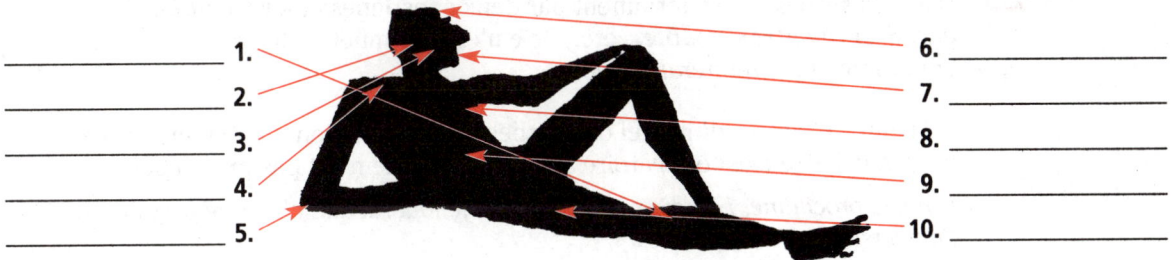

______________ 1.
______________ 2.
______________ 3.
______________ 4.
______________ 5.

6. ______________
7. ______________
8. ______________
9. ______________
10. ______________

4 **Conjuguez les verbes.**

Ex. : Je bouge, nous (présent) ***bougeons.***

1. Tu ranges, nous *(présent)* ______________.
2. Vous mangiez, tu *(imparfait)* ______________.
3. Il nage, nous *(présent)* ______________.
4. Nous changions, ils *(imparfait)* ______________.

LES TERMINAISONS E, ES, ENT

• La lettre **e** en finale peut marquer le féminin. Elle n'est pas prononcée derrière une voyelle ni derrière une consonne (mais la consonne est prononcée à cause du **e** : grand/gran**de**). Même si le **e** n'est pas prononcé, son écriture est grammaticalement obligatoire.

*La marchan**de** m'a proposé une joli**e** corbeille de fruits.*
*Sa gran**de** sœur est très intelligent**e**, elle occupe une position importan**te** dans cette banque.*
*Elle est parti**e** rendre visite à sa cousin**e**.*

• Au pluriel des noms, des adjectifs ou des participes passés, la terminaison **es** n'est pas prononcée.

*Les villag**es** de cette région sont très typiqu**es**.*
*Ces cathédral**es** remarquabl**es** ont été construit**es** au Moyen Âge.*

• Dans la conjugaison des verbes, les terminaisons du présent (indicatif et subjonctif) **e**, **es**, **ent**, ne sont pas prononcées.

*Tu parl**es** anglais ? Non, je ne parl**e** pas anglais, mais mes parents le parl**ent** très bien.*
*Il vienn**ent** de me téléphoner, il faudrait que tu prenn**es** rendez-vous avec eux.*

LE E MUET ET LES CONJUGAISONS

• Au futur et au conditionnel, la lettre **e** des verbes du premier groupe (**-er**) est obligatoire à l'écrit, mais la prononciation [ə] est facultative.

*Si j'avais le temps cet été, je voyag**e**rais en Asie.*
*Il pass**e**ra le baccalauréat l'année prochaine et ensuite il commenc**e**ra des études de médecine.*

Dans les verbes qui se terminent par deux consonnes et **-er** (*sem**bler**, enca**drer**, mon**trer**, dou**bler***, etc.), le **e** n'est pas muet au futur et au conditionnel : *Je rent**re**rai bientôt.*

• Au futur et au conditionnel des verbes qui se terminent en **-ier**, **-ouer**, **-uer** et **-yer**, la lettre **e** est obligatoire à l'écrit, mais elle n'est pas prononcée.

*L'année prochaine, j'étudi**e**rai à Grenoble ; je lou**e**rai une chambre près de l'université.*
*Vous me remerci**e**rez plus tard, vous me pay**e**rez (pai**e**rez) un café.*
*Si j'étais à ta place, j'essay**e**rais (essai**e**rais) de changer de travail.*
*Tu n'oubli**e**ras pas d'éteindre la lumière.*
*Tu le salu**e**ras de ma part.*

EXERCICES

1 Complétez avec e, es, ent.

Ex. : Elle est partie avec ses amies allemandes.

1. Les infirmièr____ travaill____ beaucoup.
2. Cette client____ est très déagréabl____, mais les vendeus____ rest____ calm____.
3. Elle étudi____ les mathématiqu____.
4. Tu arriv____ à comprendre ces étudiants russ____ quand ils te parl____ ?
5. Cette étudiant____ espagnol____ est très joli____.

2 Choisissez la bonne orthographe entre les deux mots qui se prononcent de la même façon.

Ex. : Il [**désire** | ~~désir~~] *changer d'appartement.*

1. Je n'ai pas le temps de sortir, j'ai trop de [travail | travaille].
2. Elle se [mari | marie] demain.
3. Il ne se [réveil | réveille] jamais avant dix heures.
4. Tu [paies | paix] ou je [paie | pais] ?
5. Il y a des [souris | sourient] dans la maison.
6. Je vous [prie | prix], monsieur, d'agréer mes salutations distinguées.
7. C'est dommage qu'elle ne [rie | riz] jamais.
8. [Essai | Essaie] encore une fois.

3 Les règlements de l'auberge de jeunesse. Conjuguez les verbes au futur et soulignez dans les verbes au futur les e qui ne sont jamais prononcés.

1. Tu n'*(arriver)* ________________ pas avant la fin de l'après-midi.
2. Tu *(devoir)* ________________ avoir une carte de la Fédération des auberges de jeunesse.
3. Tu *(payer)* ________________ dès ton arrivée.
4. Si tu n'as pas de sac de couchage, tu *(louer)* ________________ des draps.
5. Tu *(respecter)* ________________ le sommeil de tes voisins.
6. Tu ne *(rentrer)* ________________ pas après 22 heures.
7. Tu ne *(crier)* ________________ pas dans les couloirs.
8. Le matin, tu *(faire)* ________________ ton lit.
9. Tu *(plier)* ________________ les draps et les couvertures.
10. Tu *(effectuer)* ________________ quelques petits travaux avant de partir.

4 Soulignez les e *(es, ent)* qui ne sont pas prononcés et répondez à la question.

C'est un oiseau qu'on voit beaucoup dans les villes. Sa gorge peut être bleue. On le trouve régulièrement autour des statues. Ses ailes et sa queue sont grises. Ces oiseaux ne chantent pas, ils roucoulent. Quel est cet oiseau ? Un ________________.

41 LES ACCENTS ET LE TRÉMA

Où as-tu passé la **fête** de **Noël** ? J'**é**tais **à** **Nî**mes, chez **Hélène**.
J'ai **dû** **pré**parer un **rô**ti avec des **pâ**tes et du **maï**s.

LES ACCENTS ET LE TRÉMA PEUVENT INDIQUER LA PRONONCIATION

- **é**

L'accent aigu ne se place que sur la lettre **e**. La lettre **é** sert à écrire le son [e] (*cf.* Comment écrire le son [e]).

*Tu veux du caf**é** ou du th**é** ? Dis-moi toute la v**é**rit**é**. Ce **bébé** est en bonne sant**é**.*

- **è, ê**

L'accent grave et l'accent circonflexe sur la lettre **e** indiquent la prononciation [ɛ] (*cf.* Comment écrire le son [ɛ]).

*Ferme la fen**ê**tre.*
*Mon p**è**re et ma m**è**re sont partis faire une croisi**è**re en Norv**è**ge. Ils vont faire la f**ê**te.*

- **â**

L'accent circonflexe sur le **a** transcrit le son [ɑ] (*cf.* Comment écrire le son [a] et le son [ɑ]) : *p**â**le*, *p**â**te*, ***â**ne*, etc. L'accent permet quelquefois l'opposition entre [a] et [ɑ] : *la tache, la t**â**che ; la patte, la p**â**te*.

*Anne a vu un **â**ne à la ferme.*

- **ô**

L'accent circonflexe sur le **o** transcrit le son [o] (*cf.* Comment écrire le son [o]) : *h**ô**tel*, *bient**ô**t*, *imp**ô**t*, etc. Cet accent permet parfois l'opposition entre [ɔ] et [o].

*C'est v**o**tre voiture ? C'est vraiment la v**ô**tre ?*

- **ë**

La lettre **ë** sert à écrire le son [ɛ] (*cf.* Comment écrire le son [ɛ]). Le tréma indique que la lettre sur laquelle il est placé se prononce séparément de celle qui la précède.

À Noël, il ira chez Raphaël.

- **ï**

Le tréma sur **i** ne change pas la prononciation de la lettre (*cf.* Comment écrire le son [i]), mais indique que le son [i] doit être prononcé indépendamment de la voyelle qui précède : *mais* [mɛ], *maïs* [mais].
On trouve aussi parfois la lettre **h** entre voyelles pour que ces voyelles soient prononcées indépendamment : le *trait* [trɛ], il *trahit* [trai] (*cf.* La lettre h).
*Lo**ï**c est très na**ï**f.*

En finale de mot ou de syllabe, la lettre **ï** transcrit le son [j] (*cf.* Comment écrire le son [j]) : *Tolsto**ï***, *Tha**ï**lande*, etc.

EXERCICES

1 **Vous recherchez votre horoscope sur Internet. L'ordinateur a un problème. Les accents (é, è, ê) sur les *e* n'apparaissent pas. Rétablissez (si nécessaire) les accents.**
Ex. : N'hésitez pas à vous rapprocher de l'être aimé.

Travail : Vous etes plonge dans vos reflexions. Vous doutez. Vous devriez etre creatif et ingenieux. N'ayez pas d'inquietude et tenez-vous pret, vous etes favorise.

Amour : Legerete et joie de vivre sont au rendez-vous. Vous serez sollicite.

Sante : Vous connaîtrez une crise passagere, mais profonde. Surveillez votre alimentation et evitez les activites extremes. Vous pourrez quand meme faire la fete, mais avec moderation.

2 **Choisissez la bonne orthograhe.**
Ex. : | Anne | ~~âne~~ | a vu un | ~~Anne~~ | âne | à la ferme.

1. Pour ce soir, j'ai préparé des | pâtes | pattes |.
2. Elle a | tâché | taché | sa veste.
3. Le chien a | mal | mâle | à la | pâte | patte |.
4. Ce n'est pas une | tâche | tache | facile.
5. Chez ces animaux, le | mal | mâle | est plus agressif que la femelle.

3 **Complétez les réponses aux questions en utilisant *notre, votre, nôtre(s) ou vôtre(s).***
*Ex. : C'est votre classe ? Oui, c'est la **nôtre**.*

1. Excusez-moi, c'est votre stylo ou c'est le mien ? Ce n'est pas le mien, c'est le ________________.
2. Vous croyez que c'est de ma faute ? Mais non, ce n'est pas de ________________ faute.
3. Les enfants, vous connaissez cette dame ? Bien sûr, c'est ________________ maman.
4. Ce n'est pas votre professeur ? Si, c'est le ________________.
5. Ce sont vos enfants ? Non, ceux-ci sont grands, les ________________ sont encore petits.

4 **Réécrivez le mot en majuscules en lettres minuscules.**
*Ex. : Cet enfant croit tout ce qu'on lui dit, il est NAIF. → **naïf**.*

1. Il a risqué sa vie pour sauver des personnes en danger, il a été HEROIQUE : ________________.
2. Elle retournera dans son pays à NOEL : ________________.
3. Il ne pense qu'à lui, il est EGOISTE : ________________.
4. Le parti de Mao est le parti MAOISTE : ________________.

5 **Certains de ces noms de pays ont un tréma, d'autres non. Réécrivez les noms de ces pays en lettres minuscules.**

1. HAITI : ________________
2. ISRAEL : ________________
3. THAILANDE : ________________
4. MALAISIE : ________________
5. JAMAIQUE : ________________
6. UKRAINE : ________________

Dans quel nom de pays est-ce que la lettre ï ne se prononce pas [i] mais [j] ?

____

LES ACCENTS PEUVENT INDIQUER LE SENS

Les accents permettent parfois à l'écrit de distinguer les mots qui se prononcent de la même façon.

• L'accent grave sur les lettres **a** et **u** précise le sens : *a* (verbe avoir) et *à* (préposition), *la* (article ou pronom) et *là* (adverbe), *ou* (conjonction) et *où* (pronom).

__La__ secrétaire n'est pas __là__. Elle __a__ pris sa journée pour aller __à__ la campagne.
__Où__ pars-tu en vacances ? En Grèce __ou__ en Turquie ?

Les lettres **à** et **ù** sont rares en français : *à*, *là* et ses dérivés (*celui-là, voilà, delà*…, mais *cela*), *où* et *déjà* (le **à** n'indique pas dans ce mot un sens particulier).

• L'accent circonflexe sur le **u** permet de distinguer certains mots.

Tu es __sûr__ que j'ai laissé le livre __sur__ la table ?
J'ai __dû__ m'excuser auprès __du__ directeur.

ACCENT CIRCONFLEXE ET ORTHOGRAPHE D'USAGE

■ **â** *__âge__, __âme__, __bâtir__, __bâton__, __crâne__, __dégât__, __fâcher__, __grâce__, __hâte__, __tâter__*, etc., et dans les mots en **âtre** : *__théâtre__, __plâtre__, __noirâtre__*, etc. (sauf *quatre* et les mots en *iatre* : *psychiatre*, *pédiatre*, etc.).

■ **ê** *arrêter, bête, chêne, crêpe, dépêcher, empêcher, extrême, être, fenêtre, gêne, guêpe, honnête, mêler, même, pêche, prêter, prêtre, rêve, suprême, tête, vêtement*, etc.

■ **î** *aîné, boîte, chaîne, dîner, fraîche, gaîté* (ou *gaieté*), *huître, île, maître, traîner*, etc., ainsi que dans les verbes en **aître** et **oître** : *connaître, croître, paraître*, etc., et à la troisième personne du présent du verbe *plaire* : *s'il vous plaît.*

⚠ Dans le cas du verbe *croître*, l'accent circonflexe permet de distinguer le sens : *il croit* (croire), *il croît* (croître).

■ **ô** *allô, apôtre, chômage, contrôle, côté, drôle, hôpital, ôter, pôle, rôle, tôt* (*aussitôt, bientôt, plutôt*), etc., ainsi que sur les pronoms possessifs : *le nôtre, les nôtres, le vôtre, les vôtres*.

■ **û** *août, brûler, coûter, flûte, goût, mûr, piqûre, sûr*, etc., et au participe passé (masculin singulier) des verbes *croître, devoir, mouvoir* : **crû, dû, mû** (au féminin, ces participes passés n'ont pas d'accent : *crue, due, mue*).

EXERCICES

1 **Choisissez la bonne orthographe.**

Ex. : Elle va | ~~a~~ | à | *la campagne.*

1. Tu veux du thé | ou | où | du café ?
2. | La | Là | bibliothèque est fermée.
3. Elle ne sait pas | ou | où | elle a laissé son sac.
4. Il | a | à | vingt-deux ans.
5. Ne reste pas | la | là |.
6. | Où | ou | habitez-vous ?
7. Elle va tous les jours | a | à | | la | là | piscine.
8. | Voilà | Vois la | Sophie qui revient de l'université.

2 **Réécrivez en minuscules les mots en majuscules et ajoutez un accent circonflexe si nécessaire.**

1. Ce fruit n'est pas encore MUR ________________.
2. Tu n'aurais pas DU ________________ faire cela.
3. J'ai laissé les clés SUR ________________ la table.
4. Elle est partie acheter DU ________________ pain.
5. Il ne m'a pas CRU ________________.
6. Mets la chaise contre le MUR ________________.
7. Vous êtes SUR ________________ que vous aimez le poisson CRU ________________ ?

3 **Complétez avec le mot exact.**

Ex. : Le repas du midi est le déjeuner, le repas du soir est le ***dîner****.*

1. Le huitième mois de l'année est le mois d'________________.
2. Un carré a quatre ________________.
3. Il y a des pingouins au ________________ Nord.
4. Le plus âgé des enfants d'une famille est l'________________.
5. Je ne sais pas quel ________________ il a. Il doit avoir entre dix-neuf et vingt ans.
6. La Sicile est une ________________ de la Méditerranée.
7. Elle n'a plus de travail, elle est au ________________.

4 **Charade.**

Mon premier est le contraire de bas. ________________

Mon deuxième est égal à 3,14. ________________

Mon troisième est le contraire de tard. ________________

Mon tout désigne des endroits où on soigne les malades. ________________________________

Ce mot comporte un accent. Lequel ? Sur quelle lettre ? ________________.

42 LA MAJUSCULE, L'APOSTROPHE ET LE TRAIT D'UNION

Les **C**hamps-**É**lysées vont de la place de l'**É**toile
à la place de la **C**oncorde.

ON ÉCRIT LA MAJUSCULE

• En début de phrase et dans les sigles : ***Où va ce TGV?***

• Au début des noms propres, des noms de personnes, de villes, de régions, de pays, de continents.

A*lbert* ***C****amus est né en* ***A****lgérie.* ***R****ouen est la capitale de la* ***N****ormandie.*
C*hristophe* ***C****olomb a découvert l'****A****mérique.*

• Au début des noms propres de fleuves et de rivières, de montagnes, de mers et d'océans :

le ***R****hin, la* ***V****olga, la* ***L****oire, les* ***A****lpes, les* ***P****yrénées, l'****O****ural, la* ***M****éditerranée,*
la ***M****anche, l'****A****tlantique, le* ***P****acifique*, etc.

Un adjectif peut avoir une majuscule : *l'océan* ***I****ndien, la mer* ***N****oire.*

• Au début des noms de monuments, de quartiers : *le* ***P****anthéon,*
les ***C****hamps-****É****lysées*, etc.

V*ictor et* ***A****nna ont visité* ***M****ontmartre et le* ***S****acré-****C****œur.*

• Au début des points cardinaux (nord, sud, est, ouest) et de *midi* quand ils désignent une région ou un pays : *l'****A****frique du* ***S****ud, la* ***C****orée du* ***N****ord*, mais *le sud de l'Afrique.*

I*l passe ses vacances dans le* ***M****idi de la* ***F****rance ; l'été dernier, il était en* ***A****frique du* ***N****ord.*

• Au début des noms de population (continents, pays, régions, villes) :
les ***E****uropéens, les* ***A****llemands, les* ***B****avarois, les* ***M****unichois.*

Il n'y a pas de majuscule aux adjectifs ou aux noms de langue ou de religion.

Ces touristes ***s****uisses parlent l'****a****llemand, le* ***f****rançais et l'****i****talien.*
À cette conférence, il y avait des ***b****ouddhistes, des* ***c****hrétiens, des* ***j****uifs et des* ***m****usulmans.*

• Au début des noms de périodes historiques, de sociétés, de fêtes, de journaux, etc.

A*vant* ***N****oël, j'ai suivi à la* ***S****orbonne un cours sur la philosophie de l'****A****ntiquité.*
D*ans* le **M**onde *d'aujourd'hui, il y a des articles sur la* ***R****évolution française.*

• Au début de certains titres : ***M****adame la* ***D****irectrice,* ***M****onsieur l'****A****mbassadeur*, etc.

L'APOSTROPHE REMPLACE

• Les lettres **e** et **a** de **le** et **la** (articles et pronoms) devant une voyelle ou un **h** muet.

*Je ne parle pas **l'**italien.* *L'horloge donne **l'**heure.*
*Tu as vu **l'**étudiante espagnole ce matin ? Oui, je **l'**ai vue.*

• La lettre **e** des pronoms **ce**, **je**, **me**, **te**, **se** devant une voyelle ou un **h** muet.

*Elle **t'**a dit que ses amis **s'**étaient séparés ?*
*C'est vrai que **j'**ai du mal à **m'**habituer à ce nouveau pays.*

s' peut remplacer **si** devant **il** et **ils** : ***S'****il pouvait faire beau* (*cf.* Comment écrire le son [s]).

• La lettre **e** de la préposition **de** et de la négation **ne** devant une voyelle ou un **h** muet.

*Il **n'**a rien dit **d'**intéressant. Elle **n'**habite plus là.*

• La lettre **e** de **que** et ses dérivés *(lorsque, puisque, quoique, jusque)* devant une voyelle ou un **h** muet.

*Il pense **qu'**il peut rester jus**qu'**à demain.*

Pas d'apostrophe avec *presque* et *quelque*, sauf *pres**qu'**île* et *quel**qu'**un*.

LE TRAIT D'UNION S'UTILISE

• Dans certains mots composés : *arc-en-ciel, chou-fleur, grand-mère, petit-fils, porte-clefs, rendez-vous,* etc.

• Après des préfixes comme **après** *(après-midi)*, **arrière** *(arrière-saison)*, **avant** *(avant-garde)*, **ex** *(ex-ministre)*, **non** *(non-sens)*, **demi** *(demi-heure)*, **mi** *(mi-temps)*, **sous** *(sous-directeur)*.

• Entre la préposition **au** et **devant de**, **dehors de**, **dessus de**, **dessous de**, **delà de**.

L'appartement au-dessus du mien est vide, celui au-dessous du mien est occupé.

• Entre le verbe et un pronom.

Écoute-moi ! Est-ce vrai ? Dis-le-moi ! Crois-tu ?

• Entre un pronom et l'adjectif **même** : *moi-même, lui-même, eux-mêmes*, etc.

Je le ferai moi-même.

• Devant **ci** et **là** : *celui-ci, celui-là, ceux-ci, ces journaux-là*, etc.

Et aussi *là-haut, là-bas, là-dessus, là-dessous,* etc.

• Dans les nombres (de dix-sept à quatre-vingt-dix-neuf) : *dix-neuf, quarante-quatre, soixante-dix-huit,* mais pas de trait d'union avec **et** : *vingt et un*.

EXERCICES

1 **Transformez le pluriel en singulier.**

Ex. : Les amis → ***L'ami.***

1. Les animaux → ______
2. Les horloges → ______
3. Les Espagnols → ______
4. Les omelettes → ______
5. Les îles → ______
6. Les uns et les autres → ______

2 **Transformez le pronom pluriel en pronom singulier.**

Ex. : Pierre vous a écrit → Pierre t'a écrit.

1. Jacqueline nous a téléphoné → ______
2. Les enfants les écoutent → ______
3. La peinture ne vous intéresse pas → ______

3 **Mettez les phrases au singulier.**

Ex. : Ce sont eux qui se sont trompés → ***C'est lui qui s'est trompé.***

1. Ce sont elles qui se sont levées les premières → ______.
2. Ils se sont lavé les mains → ______.
3. Nous aimons beaucoup ce restaurant → ______.

4 **Mettez à la forme négative.**

Ex. : Il a de l'argent → ***Il n'a pas d'argent.***

1. Elles ont des enfants → ______
2. Vous avez des ennuis ? ______ ?

5 **Transformez le ou les mots soulignés en pronom.**

Je crois que Pierre est malade. Si Pierre est malade, il faut que sa mère le soigne.

______

6 **Complétez les mots de la première colonne avec un mot de la deuxième colonne. Mettez un trait d'union si nécessaire.**

1. ***Rendez-vous***	fenêtre	4. ex ______	frère
2. porte ______	de terre	5. petit ______	demain
3. pomme ______	vous	6. après ______	mari

7 **Transformez selon le modèle.**

Ex. : Est-ce que tu pars → ***Pars-tu ?*** *Il faut le prendre* → ***Prends-le.***

1. Est-ce que tu es sûr ? → ______.
2. Est-ce que vous savez ? ______.
3. Il faut la comprendre → ______.
4. Il faut lui dire → ______.

43 LES CONJUGAISONS (1)

Marion étudi**e** le droit à Nantes, elle prépar**e** sa maîtrise.
Je crain**s** qu'il **soit** en retard. Pren**ds** ton portable et appelle-**le** !
Elle a pr**is** le gigot qu'elle ven**ait** de sortir du congélateur et a assomm**é** le voleur.

LES TERMINAISONS DU PRÉSENT DE L'INDICATIF

- Pour les personnes du singulier, il y a plusieurs types de terminaisons selon le verbe.

• Pour les personnes du pluriel, les terminaisons sont plus régulières : **ons, ez, ent**.

Exceptions
avoir : ils ***ont*** *; dire : vous* ***dites*** *; être : nous* ***sommes****, vous* ***êtes****, ils* ***sont*** *;*
faire : vous ***faites****, ils* ***font****.*

- On peut distinguer cinq types de terminaisons :

1. Les verbes en **-er** :
expliquer, oublier, parler, donner…
je **-e**, tu **-es**, il / elle, on -**e**.
Exemple : *j'explique, tu expliques, il / elle / on explique.*

2. Les verbes en **-ir**, **-oir**, **-re**, et les verbes en **-indre** et **-soudre** :
réussir, voir, faire, lire, craindre, joindre, peindre, résoudre…
je **-s**, tu **-s**, il / elle, on **-t**.
Exemple : *je réussis, tu réussis, il réussit.*

3. Les verbes en **-dre** : (sauf **-indre** et **-soudre**)
coudre, prendre, vendre…
je **-ds**, tu **-ds**, il / elle, on **-d**.
Exemple : *je prends, tu prends, il prend.*

4. Les 3 verbes ***pouvoir, vouloir et valoir*** :
je **-x**, tu **-x**, il / elle, on **-t**.
Exemple : *je peux, tu peux, il peut.*

5. Les verbes en **-aître** :
apparaître, connaître, disparaître, paraître.
je **-s**, tu **-s**, il / elle / on, **-t**.
Exemple : *je parais, tu parais, il paraît.*
(L'accent circonflexe disparaît sauf à la troisième personne du singulier.)

EXERCICES

1 **Complétez les terminaisons et retrouvez la profession dans la liste de chacun.**

Ex. : Bruno défend son client, il intervient au tribunal. → Avocat.

directeur de société – fleuriste – assistante – femme de ménage – pêcheur

1. Virginie copi_____ des documents, elle répon_____ au téléphone, elle écri_____ des courriers, elle conna_____ bien les clients.
   → ____________________
2. Jacques négoci_____ des contrats, il effectu_____ de nombreux voyages, il résou_____ des problèmes.
   → ____________________
3. Julien ne crain_____ ni le froid ni la pluie, il fai_____ de longs voyages, il possèd_____ un bateau.
   → ____________________
4. Nathalie cré_____ des œuvres d'art, elle expédi_____ des bouquets dans toute la France.
   → ____________________
5. Sylviane pass_____ l'aspirateur, nettoi_____, essui_____, fai_____ tout briller.
   → ____________________

2 **Complétez la lettre de vacances de Pierre à ses parents.**

Chers parents,
*Je vous **écris** aujourd'hui de Chamonix où je pass_____ de bonnes vacances. Maintenant, je connai_____ beaucoup de monde ici. Je ski_____ tous les jours et je ne crain_____ pas de tomber. Ce sont plutôt les autres skieurs qui pass_____ à toute vitesse qui m'effra_____. À midi, je rejoin_____ mes amis et nous fais_____ un pique-nique dans la neige. Je mang_____ beaucoup et j'ai l'impression que je gross_____. Ça vau_____ vraiment la peine de venir ici. Il para_____ qu'il va encore neiger demain. Notre moniteur s'appell_____ Gilles. Il est très sympa avec nous, il résou_____ nos petits problèmes et le soir, il jou_____ de la guitare.*
Je vous embrass_____ et vous di_____ à très bientôt.
Pierre

3 **Complétez les verbes des expressions suivantes et reliez-les aux définitions.**

1. *Il dort sur ses deux oreilles.* → *Paisiblement, sans s'inquiéter.*
2. Je l'atten_____ de pied ferme.
3. Tien_____ ta langue !
4. Il agi_____ toujours à tête reposée.
5. Elle cri_____ à tue-tête.
6. Cet enfant obéi_____ au doigt et à l'œil.

a. Ne dis rien.
b. Tout de suite, sans discuter.
c. Très fort.
d. Prêt à affronter quelqu'un.
e. Calmement, après réflexion.

LES TERMINAISONS DES AUTRES TEMPS

L'imparfait

Le radical est donné par la deuxième personne du pluriel : *vous finissez* - **finiss- + ais, ais, ait, ions, iez, aient**.

Le passé composé

avoir ou **être** + **participe passé** en **-é, -i, -is, -it, -int, u** et **-ert**.
*J'**ai** parlé, tu **as** fini, il **a** entendu, nous **avons** écrit, vous **avez** pris, il a peint, j'ai ouvert.*
*Je **suis** allé, tu **es** parti, il **est** venu.*

Le futur simple

L'infinitif : **finir... + ai, as, a, ons, ez, ont** : *je finirai*, etc.

Les verbes en **-re** perdent le **-e** : *je prendrai, tu prendras*,etc.

Exceptions : *avoir : j'aurai ; aller : j'irai ; devoir : je devrai ; envoyer : j'enverrai ; être : je serai ; faire : je ferai ; falloir : il faudra ; mourir : je mourrai ; pouvoir : je pourrai ; savoir : je saurai ; tenir : je tiendrai ; valoir : il vaudra ; venir : il viendra ; voir : il verra ; vouloir : il voudra.*

Le conditionnel présent

Comme au futur, infinitif avec les terminaisons **ais, ais, ait, ions, iez, aient**.

Les exceptions sont les mêmes qu'au futur : *j'aurais, j'irais*, etc.

L'impératif

Il est construit à partir du présent de l'indicatif.
Donne (sans **s** pour les verbes en **-er** sauf devant **en** : donne**s**-en), *donnons, donnez.*
Va (sans **s** sauf devant **y** : va**s**-y), *allons, allez.*

Avoir : *aie, ayons, ayez* et être : *sois, soyons, soyez.*

Le présent du subjonctif

Il est construit à partir de deux radicaux :
– La troisième personne du pluriel du présent de l'indicatif + **e, es, e, ent** pour les trois personnes du singulier et la 3e du pluriel.
Que je vienne, que tu viennes, qu'il vienne, qu'ils viennent.
– Les formes de l'imparfait pour **nous** et **vous**.
Que nous venions, que vous veniez.

Exceptions : ***être** : sois, soit, soyons, soyez, soient ; **avoir** : aie, aies, ait, ayons, ayez, aient ; **faire** : fasse, fasses, fassions, fassiez, fassent ; **pouvoir** : puisse, puisses, puissions, puissiez, puissent ; **savoir** : sache, saches, sachions, sachiez, sachent ; **aller :** aille, ailles, allions, alliez, aillent ; **vouloir** : veuille, veuilles, voulions, vouliez, veuillent.*

EXERCICES

1 **Complétez la grille et vous découvrirez un nouveau mot verticalement.**

1. *placer :* 3e personne du pluriel – conditionnel présent
2. *croire :* 2e personne du singulier – imparfait
3. *être :* 1re personne du pluriel – subjonctif présent
4. *rejoindre :* 1re personne du singulier – indicatif présent
5. *Ouvrir :* participe passé
6. *regarder :* 2e personne du singulier – impératif
7. *avoir :* 1re personne du singulier – subjonctif présent
8. *savoir :* 1re personne du pluriel – subjonctif présent
9. *oser :* 2e personne du pluriel – conditionnel présent
10. *voir :* 3e personne du pluriel – futur simple
11. *venir :* 3e personne du pluriel – indicatif présent

P	L	A	C	E	R	A	I	E	N	T

2 **Complétez avec des verbes aux temps demandés.**

Ex. : Être : Il faut que je ***sois*** *(subjonctif présent) à l'heure.*

1. **Oublier :** Sylvain (indicatif présent) ______________ toujours tout, mais avant (imparfait) il n'______________ rien. Un jour, (futur simple) il ______________ sa tête !
2. **Venir :** Noëlle (indicatif présent) ______________ à Paris tous les quinze jours, avant (imparfait) elle ______________ une fois par mois, et si elle pouvait, (conditionnel présent) elle ______________ tous les week-ends.
3. **Pouvoir :** (conditionnel présent) ______________-vous m'envoyer une copie du contrat afin que (subjonctif présent) je ______________ l'étudier. (futur simple) Nous ______________ en discuter plus tard.
4. **Avoir :** (conditionnel présent) ______________-vous un peu de temps de libre ? Il faut que (subjonctif présent) j'______________ des informations avant la réunion que (futur simple) nous ______________ demain.
5. **Aller :** Faut-il que (subjonctif présent) j'______________ seul à ce rendez-vous ? Avant, (imparfait) j'y ______________ toujours avec M. Duroc. – Dorénavant, (futur simple) vous ______________ seul à vos rendez-vous.

3 **Dictée.**

____

____

____

____

____

44 LES CONJUGAISONS (2)

Il commen**ç**ait à se sentir mieux en mang**e**ant un peu.
Je cong**è**le la viande que j'ach**è**te.
Je me l**è**ve tôt tous les jours, je netto**i**e la maison et j'essa**i**e de partir tôt.

LES PARTICULARITÉS ORTHOGRAPHIQUES DE CERTAINS VERBES

■ **Les verbes en -cer ou en -ger**

commencer, manger, etc.

Dans les conjugaisons, on écrit **ç** et **ge** devant **a** et **o**.

*Nous commen**ç**ons, nous mang**e**ons, je mang**e**ais, je commen**ç**ais.*

■ **Les verbes en -eter et en -eler**

Pour les première, deuxième et troisième personnes du singulier et la troisième personne du pluriel **(je, tu, il / elle / on** et **ils / elles)** :

– Il y a doublement de la consonne : **-ll** ou **-tt** pour la plupart des verbes : *appeler, renouveler* et *cacheter, décacheter, jeter, projeter, rejeter,* etc.

Au présent : *J'appe**ll**e, tu appe**ll**es, il appe**ll**e, nous appelons, vous appelez, ils appe**ll**ent.*

À l'impératif : *Appe**ll**e-moi !*

Au subjonctif : *que j'appe**ll**e, que tu appe**ll**es, qu'il appe**ll**e, que nous appelions, que vous appeliez, qu'ils appe**ll**ent.*

Au futur et au conditionnel, doublement pour toutes les personnes : *j'appe**ll**erai, nous je**tt**erons, tu renouve**ll**erais.*

– Il y a un accent grave sur le **e (è)** pour quelques verbes : *geler, congeler, surgeler, déceler, harceler, modeler, peler…* et *acheter, racheter…*

Au présent : *Je g**è**le, tu g**è**les, il g**è**le, nous gelons, vous gelez, ils g**è**lent / J'ach**è**te, tu ach**è**tes, il ach**è**te, nous achetons, vous achetez, ils ach**è**tent.*

À l'impératif : *Cong**è**le ce poisson !* (mais *congelons* et *congelez*).

Au subjonctif : *que je g**è**le, que tu g**è**les, qu'il g**è**le, que nous gelions, que vous geliez, qu'ils g**è**lent.*

Au futur et au conditionnel : un accent à toutes les personnes : *il g**è**lera, il g**è**lerait.*

⚠ Pas d'accent ni de doublement de consonne aux autres temps.

EXERCICES

1 **Ils avaient tous de mauvaises habitudes, retrouvez-les en mettant les verbes à l'imparfait.**
Ex. : Aujourd'hui, je mange sainement mais avant je ***mangeais*** *n'importe quoi.*

Aujourd'hui...	Mais avant...
1. Nicolas partage ses bonbons avec ses copains.	Il ne les ______ jamais.
2. Je ne ronge plus mes ongles.	Je les ______ sans cesse.
3. Nous changeons souvent de vêtements.	Nous n'en ______ jamais.
4. Axel lace ses chaussures tout seul.	C'est sa mère qui les ______.
5. Ils ne se découragent plus.	Ils ______ toujours.
6. Sophie n'agace plus personne.	Elle ______ tout le monde.
7. Il prononce bien le français.	Il ______ toutes les lettres muettes.

2 **Des conseils pour être un bon élève : mettez les verbes entre parenthèses à l'impératif comme dans l'exemple.**

(Commencer) ***Commençons*** par arriver toujours à l'heure en classe. Si nous ne comprenons pas, *(interroger)* ______ le professeur. À l'oral, *(efforcer)* ______-nous d'avoir un bon accent. Si ce n'est pas bon, ne nous *(décourager)* ______ pas, *(recommencer)* ______ ! Pour améliorer l'écrit, *(rédiger)* ______ des lettres en français et *(corriger)* ______-les ensemble. *(engager)* ______-nous à faire tous les efforts nécessaires et nous réussirons !

3 **Complétez la grille et vous découvrirez un nouveau mot verticalement (écrivez les accents et les cédilles nécessaires).**

1. *rappeler :* 3ᵉ personne du pluriel – indicatif présent
2. *exiger :* 2ᵉ personne du singulier – futur simple
3. *rejeter :* 1ʳᵉ personne du singulier – futur simple
4. *divorcer :* 1ʳᵉ personne du pluriel – indicatif présent
5. *racheter :* 3ᵉ personne du singulier – indicatif présent
6. *coller :* 1ʳᵉ personne du singulier – imparfait
7. *ensorceler :* 3ᵉ personne du singulier – imparfait
8. *modeler :* 3ᵉ personne du singulier – futur simple
9. *épicer :* 1ʳᵉ personne du pluriel – indicatif présent
10. *plonger :* 3ᵉ personne du singulier – imparfait
11. *jeter :* 3ᵉ personne du pluriel – imparfait
12. *grincer :* 3ᵉ personne du singulier – imparfait
13. *geler :* 3ᵉ personne du singulier – futur simple
14. *cacheter :* 3ᵉ personne du singulier – futur simple

R	A	P	P	E	L	L	E	N	T

■ **Les verbes en -e + consonne + er** : on écrit **è** dans les mêmes cas que dans le paragraphe précédent.
Je soulève, tu emmènes, il lève, nous menons, vous achevez, ils enlèvent, etc.

■ **Les verbes en -é + consonne + er** : le **é** devient **è** au présent de l'indicatif et du subjonctif (singulier et 3e personne du pluriel) et à l'impératif.
Je préfère, tu préfères, il préfère, nous préférons, vous préférez, ils préfèrent.

• Au futur et au conditionnel, on garde le **é** : *je préférerai, nous préférerions.*

■ **Les verbes en -ayer** : *balayer, bégayer, effrayer, essayer, payer, rayer.*

• À l'indicatif présent, **y** ou **i** pour les trois personnes du singulier et la troisième personne du pluriel.
*J'essa**y**e / j'essa**i**e ; tu essa**y**es / tu essa**i**es ; il essa**y**e / il essa**i**e ; nous essayons, vous essayez ; ils essa**y**ent / ils essa**i**ent* (les formes en **-i** sont plus élégantes).

• À l'impératif : *essaye* ou *essaie, essayons, essayez.*

• Au subjonctif : **i** ou **y** pour toutes les personnes mais **y** pour *nous* et *vous.*
Que j'essaye / j'essaie ; que tu essayes / essaies ; qu'il essaye / essaie ; que nous essayions ; que vous essayiez ; qu'ils essayent/essaient.

• Au futur, **i** ou **y** pour toutes les personnes : *je payerai / paierai ; tu payeras / paieras ; il payera / paiera ; nous payerons / paierons ; vous payerez / paierez ; ils payeront / paieront.*

■ **Les verbes en -oyer et en -uyer :** *employer, nettoyer, envoyer, appuyer, ennuyer, essuyer.*

• À l'indicatif présent, **i** pour les trois premières personnes du singulier et la troisième personne du pluriel et **y** pour *nous* et *vous.*
*J'emplo**i**e, tu emplo**i**es, il emplo**i**e, nous employons, vous employez, ils emplo**i**ent.*

• À l'impératif : *nettoie et essuie, nettoyons et essuyons, nettoyez et essuyez.*

• Au subjonctif, on met **i** à toutes les personnes sauf *nous* et *vous* (**yi**).
*Que j'emplo**i**e, tu emplo**i**es, il emplo**i**e, nous emplo**yi**ons, vous emplo**yi**ez, ils emplo**i**ent.*

• Au futur : on met **i** à toutes les personnes (sauf pour *envoyer* qui est irrégulier : *j'enverrai...*).
*J'emplo**i**erai, tu emplo**i**eras, il emplo**i**era, nous emplo**i**erons, vous emplo**i**erez, ils emplo**i**eront.*
*Je m'ennu**i**erai.*

EXERCICES

1 **Ajoutez les accents nécessaires sur les verbes soulignés de l'e-mail de Claire à sa voisine Hélène.**

Chère Hélène,
Ce matin, j'ai ***levé*** Arthur et il était malade. Il digere mal depuis quelques jours. Cela m'inquiete. Mais tu sais, j'exagere toujours. Je prefere donc le garder avec moi. Je l'emmenerai chez le docteur dans la journée. Je ne pourrai donc pas déjeuner avec toi. J'espere qu'on pourra sortir demain. J'ai repere un petit restaurant dans le quartier. Passe chez moi ce soir, il faut que tu recuperes ton livre. Paul et moi, nous esperons que tes problèmes au travail sont réglés. Ton directeur exagere de ne pas accepter que tu possedes ton propre bureau. Ça m'exaspere moi aussi. Avant, je considerais que ce n'était pas très important mais maintenant je comprends. Persevere et tu réussiras.
À tout à l'heure,
Claire

2 **Trouvez le verbe correspondant à la phrase et placez-le correctement orthographié dans la grille.**

appuyer	*envoyer*	*essuyer*	***se tutoyer***	*s'ennuyer*
payer	*payer*	*aboyer*	*bégayer*	*essayer*

1. *On se dit « tu », on se* ***tutoie****.*
2. Nous vous ______ une réponse demain.
3. Ce n'est pas intéressant. Ils s' ______ .
4. Il faut que nous ______ de gagner.
5. Nous ______ toujours par chèque.
6. Le chien ______ car il a vu un voleur.
7. Il ______ toujours ses dettes.
8. Elle ______ sur le bouton rouge.
9. ______ tes larmes et arrête de pleurer !
10. Il parle avec difficulté, il ______ .

1 T U T O I E
2 3 4 5 6 7 8 9 10

3 **Dictée.**

____

____

____

____

____

45 LE PLURIEL DES NOMS : S, X

Des porte-clé**s** avec des photo**s** de cheva**ux**.

LE PLURIEL DES NOMS SIMPLES PEUT S'ÉCRIRE

■ **s**

En ajoutant **s** au nom singulier.

*J'ai des livre**s** dans mon sac.*
*Il y a beaucoup de cinéma**s** et de restaurant**s** dans ce quartier.*

■ **x**

• Les noms en **-au** (quelques noms) et en **-eau** ont leur pluriel en **-aux** et en **-eaux**.

*J'ai mangé toutes les cerises, il ne reste que les noy**aux**.*
*Les tabl**eaux** ont été mis dans les bur**eaux**.*

• Les noms en **-al** ont leur pluriel en **-aux**.

*J'ai acheté un journal anglais et trois journ**aux** américains.*

 Exceptions : *des bals, des carnavals, des festivals, des récitals, des régals.*

 Quelques noms en **-ail** ont leur pluriel en **-aux**.

*corail / des cor**aux** ; un émail / des ém**aux** ; un travail / des trav**aux** ; un vitrail / des vitr**aux**…*

Tous les autres sont en **-ails** : *un détail / des dét**ails** ; un portail / des port**ails***, etc.

• Les noms en **-eu** et **-œu** ont leur pluriel en **-eux**.

*Mes nev**eux** m'ont fait leurs adi**eux**.*
*Tous mes v**œux** !*

 Exceptions : *des bl**eus**, des pn**eus**.*

 Un nom pluriel irrégulier : *un **œil** / des **yeux**.*

• Sept noms en **-ou** ont leur pluriel en **-oux**.

bijou, caillou, chou, genou, hibou, joujou et pou.
*Mon mari m'a offert des bij**oux** en or.*

Tous les autres ont leur pluriel en **-ous**.

*Ce qu'il préfère dans le gruyère, ce sont les tr**ous**.*

 Les noms singuliers en **s**, **x** et **z** ne changent pas.

*Nous avons reçu des coli**s**.*
*Quels sont vos choi**x** ?*
*Les ga**z** d'échappement des voitures polluent les villes.*

EXERCICES

1 **Mettez les noms au pluriel.**
*Ex. : un ordinateur → **des ordinateurs**.*

1. une lampe → ____________
2. un avis → ____________
3. un manteau → ____________
4. un appareil → ____________
5. un bar → ____________
6. un Français → ____________
7. une Américaine → ____________
8. un canal → ____________
9. un lieu → ____________
10. un bal → ____________

2 **Mettez les noms au singulier.**
*Ex. : des chevaux → **un cheval**.*

1. des détails → ____________
2. des travaux → ____________
3. des châteaux → ____________
4. des carreaux → ____________
5. des tuyaux → ____________
6. des esquimaux → ____________
7. des seaux → ____________
8. des milieux → ____________
9. des signaux → ____________
10. des maux de tête → ____________

3 **Mettez les phrases au pluriel.**
*Ex. : C'est un musée français → **Ce sont des musées français**.*

1. Ce tableau représente un cardinal. → ____________
2. Ce bijou est un faux. → ____________
3. Le pneu de l'autobus est crevé. → ____________
4. Le récital de cette diva est connu. → ____________
5. Le noyau de la cerise est dans le bocal. → ____________

4 **Indiquez si le nom proposé est singulier, pluriel, ou s'il a la même forme au singulier et au pluriel, comme dans l'exemple.**

	singulier	pluriel	singulier et pluriel
nez			*X*
1. tabac			
2. époux			
3. trous			
4. dieux			
5. riz			
6. yeux			
7. repos			

LE PLURIEL DES NOMS COMPOSÉS PEUT S'ÉCRIRE

■ Avec deux **s**.

• **nom** + **nom**
Les deux noms sont au pluriel.

*Il y a beaucoup de café***s***-théâtre***s** *dans ce quartier.*

• **adjectif** + **nom** ou **nom** + **adjectif**
Les deux mots sont au pluriel.

*Je préfère les grands libre***s***-service***s** *aux petits magasins.*
*Nos chambres sont équipées de coffre***s***-fort***s***.*

Devant un nom, **demi** est invariable.
*Ce restaurant ne sert que des demi-bouteille***s** *de vin.*

■ Avec un **s**.

• **verbe** + **nom**
Seul le nom est au pluriel si le sens le permet.

*Des porte-parapluie***s** (peuvent porter plusieurs parapluies).
Des porte-monnaie (portent de la monnaie en général).

Le nom peut avoir un **s** même au singulier si le sens l'exige.
*Un porte-parapluie***s** (peut porter plusieurs parapluies).
*Un allume-cigare***s** (permet d'allumer plusieurs cigares).

• **préposition / adverbe** + **nom**
Seul le nom est au pluriel si le sens le permet.

*Une sous-tasse, des sous-tasse***s**
*Un après-midi, des après-midi ou des après-midi***s** (nouvelle orthographe)

• **nom** + **préposition** + **nom**
En général, on met au pluriel le premier nom seulement.

*Des arc***s***-en-ciel* (un seul ciel).

EXERCICES

1 **Reformez les noms composés à partir de leur définition.**

Ex. : Des extraits de films que l'on peut voir au cinéma pour faire leur publicité : ***des bandes-annonces.***

1er mot :	paquets	***bandes***	grands	après	lave	sous
2e mot :	vaisselle	titres	ski	cadeaux	pères	***annonces***

1. Des chaussures que l'on met quand on a finit de skier : des ________________-________________.
2. On en fait souvent à Noël : des ________________-________________.
3. On en trouve dans un magasin d'électroménager : des ________________-________________.
4. Ils sont écrits en bas des films en version originale : des ________________-________________.
5. Les pères de nos pères : nos ________________-________________.

2 **Mettez les noms composés suivants au pluriel.**

Ex. : un bateau-mouche → ***des bateaux-mouches.***

1. Un beau-père → ________________
2. Un porte-clés → ________________
3. Une porte-fenêtre → ________________
4. Un coupe-papier → ________________
5. Un court-circuit → ________________
6. Une demi-journée → ________________
7. Un rince-doigts → ________________

3 **Trouvez le mot manquant en choisissant dans la liste suivante :** ***arrache - remonte - chauffe - après - porte.***

Ex. : On met les valises sur les ***porte****-bagages.*

1. J'ai acheté différents shampooings et ________________-shampooings.
2. Pour enlever les agrafes, on utilise des ________________-agrafes.
3. Au ski, on emprunte les ________________-pentes.
4. C'est un magasin qui vend des ________________-eau.

4 **Dictée.**

____

____

____

____

____

____

46 L'ACCORD DU PARTICIPE PASSÉ : E, S, ES

Dès que les invités sont arrivé**s**, ils ont dîn**é** et ils ont b**u** du champagne.
Les étudiantes se sont amusé**es** à imiter le professeur.

L'ACCORD DU PARTICIPE PASSÉ AVEC AVOIR

- Sans complément d'objet direct.

Le participe passé **ne s'accorde pas** et peut s'écrire **é, ert, i, is, it** ou **u**.

*Lisa a déjeun**é**, ouv**ert**, fin**i**, prom**is**, écr**it**, l**u**.*

- Avec un complément d'objet direct.

• Après le verbe
Le participe passé **ne s'accorde pas** et peut s'écrire **é, ert, i, is, it** ou **u**.

*Lisa a achet**é** **une voiture**.*
*Ils ont l**u** **les journaux**.*

• Avant le verbe
Le participe passé **s'accorde avec le complément d'objet direct** (on ajoute **-e** au féminin, **s** au pluriel et **es** au féminin pluriel).

***La voiture** que Lisa a achet**ée** est neuve. Elle **l'**a chois**ie** rouge.*
***Les questions** qu'il a l**ues** étaient difficiles. Je **les** ai l**ues** moi aussi.*

L'ACCORD DU PARTICIPE PASSÉ AVEC ÊTRE

Le participe passé **s'accorde avec le sujet**.

*Lisa est part**ie** à cinq heures.* *Elle est all**ée** à Calais.*

L'auxiliaire **être** s'utilise avec 14 verbes : *aller, arriver, descendre, entrer, monter, mourir, naître, partir, passer, rester, retourner, sortir, tomber, venir* et leurs dérivés : *devenir, revenir, rentrer*, etc.

Certains de ces 14 verbes peuvent avoir un COD. Dans ce cas, il faut utiliser l'auxiliaire *avoir*.

*Elle **a** passé ses vacances en Italie.*

À la forme passive, le participe passé s'accorde avec le sujet.

***La grève** a été organis**ée** par les syndicats.*
***Les footballeurs français** ont été batt**us** par les Danois.*

EXERCICES

1 **Choisissez le participe passé.**

Ex. : Maryline a | ***préparé*** | ~~*préparée*~~ | ~~*préparées*~~ | *des pizzas.*

1. Les voyageurs ont | quittés | quitté | quittée | le train.
2. Nous avons | prises | prise | pris | une belle photo du pont du Gard.
3. Angélique a trop | mangée | mangé | mangés |.
4. J'ai beaucoup | travaillé | travaillée | travaillés |.
5. Avez-vous | compris | comprises | comprise | mes questions ?

2 **Accordez les participes passés si c'est nécessaire.**

*Ex. : La voiture que nous avons loué**e** est très confortable.*

1. Nous avons quitté______ Paris vers midi pour éviter les embouteillages.
2. La petite route que nous avons pris______ était très agréable.
3. Nous avons emporté______ des sandwichs que nous avons mangé______ en route.
4. Les enfants n'ont pas voulu______ venir, alors nous les avons laissé______ chez leur grand-mère.
5. Le soir, nous avons dîné______ dans une auberge que nous avaient recommandé______ nos amis.

3 **Écrivez le numéro de la phrase devant le nom correspondant.**

Ex. : Je vous l'ai répétée trois fois : ***la question***

1. Il me les a prêtés pour faire du ski.
2. Tu les as corrigés ?
3. Elles les a feuilletés.
4. Le facteur me l'a apporté.
5. Je l'ai vue au théâtre Mogador.
6. Le plombier l'a réparée.
7. La coiffeuse les a coupés.
8. Le boucher l'a hachée.

- ☐ les magazines
- ☐ la fuite d'eau
- ☐ les cheveux
- ☐ ses gants
- ☐ le courrier
- ☐ la viande
- ☐ les exercices
- ☐ la pièce

4 **Complétez les participes passés de cette lettre comme dans l'exemple.**

Cher André,

*Mon petit voyage en Provence se passe bien. Hier, je suis allé**e** dans un charmant village qui s'appelle Saint-Paul et que j'ai trouvé______ par hasard en me promenant. J'ai acheté______ des poteries. J'ai rencontré______ une vieille dame qui m'a raconté______ l'histoire de sa vie dans ce village où elle est né______. Elle était très gentille alors je l'ai invité______ à boire un café. Nous avons beaucoup discuté______. Nous sommes resté______ dans ce bar pendant deux heures !*

J'espère que tu vas bien. Je t'embrasse,

Denise.

L'ACCORD DU PARTICIPE PASSÉ DES VERBES PRONOMINAUX

- Sans complément d'objet direct autre que **se**.

Le participe passé **s'accorde avec le sujet** si **se** est un complément d'objet direct.

*Elles se sont trompé**es** de numéro.*
*Les directeurs se sont réuni**s**.*
*La jeune fille s'est précipité**e** pour appeler la police.*
*Les enfants se sont disputé**s**.*
*Pierre et Marie se sont rencontré**s** dans le train.* (Pierre a rencontré Marie et Marie a rencontré Pierre).

Les participes passés des certains verbes à la forme pronominale : *s'écrire, se parler, se plaire, se sourire, se téléphoner, etc.*, ne s'accordent pas.

*Elles se sont écri**t**.* (Anne a écrit à Alice et Alice a écrit à Anne.)
*Elles se sont parl**é** pendant des heures.*

Se n'est pas ici un complément d'objet direct, mais un complément d'objet indirect.

- Avec un complément d'objet direct.

• Après le verbe
Le participe passé **ne s'accorde pas**.

*Charly s'est cass**é** la jambe.*
*Nos voisins se sont off**ert** des scooters.*
*Ils se sont envoy**é** de nombreuses lettres.*

• Avant le verbe
Le participe passé **s'accorde avec le complément d'objet direct**.

*Il a encore mal à **la jambe** qu'il s'est cass**ée** il y a six mois.*
*Pourquoi a-t-il mal à la jambe ? Il se **l'**est cass**ée** il y a six mois.*

47 LE PLURIEL DES ADJECTIFS : S, X

Elle a de nouveau**x** vêtements et de belle**s** chaussures **marron**.
Elle est née en **mille** neuf **cent** quatre-**vingts**.

LE PLURIEL DES ADJECTIFS PEUT S'ÉCRIRE

■ **s**

Pour la plupart des adjectifs.

*Paris a des monuments magnifique**s**.*
*Ce sont des films connu**s**.*

■ **x**

Les adjectifs masculins en **-al** ont leur pluriel en **-aux**.

*Les musées nation**aux**.*

banal, fatal, natal, naval ont leur pluriel en **-als**.

⚠ Les adjectifs féminins et masculins en **-ale** ont leur pluriel en **-ales**.
*Des compétitions nation**ales**. Des vêtements s**ales**.*

• Les adjectifs masculins en **-eau** ont leur pluriel en **-eaux**.

*Tu as de **beaux** yeux, tu sais.*
*Il a de nouv**eaux** amis.*

On ajoute **-s** pour faire le pluriel du féminin.

*Il y a de belle**s** mains.*
*J'ai de nouvelle**s** lunettes.*

• Les adjectifs masculins singuliers en **-s** ou **-x** ne changent pas au pluriel.

*Il est courtois mais curieux ; ils sont courtoi**s** mais curieu**x**.*

Mais on ajoute **es** au féminin.

*Elle est courtoise mais curieuse ; elles sont courtois**es** mais curieus**es**.*

LE PLURIEL DES ADJECTIFS QUALIFIANT PLUSIEURS NOMS

• Avec plusieurs noms masculins, ou avec des noms masculins et féminins ensemble, l'adjectif est au masculin pluriel.

*Un pantalon et un chapeau élégant**s**. Un pantalon et une veste élégant**s**.*

• Avec plusieurs noms féminins, l'adjectif est au féminin pluriel.

*Une robe et une veste élégante**s**.*

EXERCICES

1 **Choisissez la forme correcte de l'adjectif.**

Ex. : Un homme célèbre ; des femmes ~~célébrés~~ | ~~célèbre~~ | ***célèbres***.

1. Sophie a de jolies | joli | jolis yeux.
2. Nous avons sélectionné trois restaurants française | français | françaises.
3. Vos arguments ne sont pas très convaincantes | convaincant | convaincants.
4. Frédéric aime les valses viennois | viennoiseries | viennoises.
5. Ma grand-mère a vendu ses tableaux anciens | anciennes | ancienne.

2 **Mettez au pluriel.**

Ex. : Un mouvement social → ***des mouvements sociaux.***

1. Une part égale → ____________________
2. Une matière principale → ____________________
3. Un train régional → ____________________
4. Un problème sentimental → ____________________
5. Un exercice grammatical → ____________________
6. Une mesure gouvernementale → ____________________
7. Un salon oriental → ____________________
8. Une lésion cérébrale → ____________________

3 **Complétez chaque phrase avec un adjectif de la liste suivante : *faux, assises, délicieuses, curieux, compris, chaleureux.***

Ex. : Ils nous ont adressé des remerciements ***chaleureux****.*

1. Le transport et l'hôtel sont ____________ dans le prix.
2. Ces pâtisseries sont ____________.
3. Les femmes ____________ sur ce banc attendent le guide.
4. Ces billets sont ____________ ! Ils sont très mal imités.
5. Ils sont ____________ de savoir qui va faire la conférence.

4 **Barrez l'intrus.**

Ex. : Voici une orange et un pamplemousse bien mûrs | ~~*juteuses*~~ *| frais.*

1. Une fourchette et une cuillère argentées | précieux | dorées.
2. Un Anglais, un Allemand et un Français amicales | heureux | courtois.
3. Une rose, une marguerite et un bégonia fanés | odorantes | fleuris.
4. Un lion, un tigre et un rhinocéros africaines | dangereux | méchants.
5. Marc et Louis sont de beaux | petites | gentils garçons.

LE PLURIEL DES ADJECTIFS DE COULEUR S'ÉCRIT

■ **s**

Pour la plupart des couleurs.

*Des fraises bien rouge**s** et des citrons bien jaune**s**.*
*Adina a les yeux bleu**s** et les cheveux noir**s**.*

Exceptions

• Les adjectifs dérivés d'un nom sont invariables.

*Des rideaux **saumon**.*
*Des yeux **marron**.*
*Des vêtements **orange**.*
*Des cheveux **châtain**.*

Sauf : *rose, mauve, violet* qui s'accordent : *des lunettes rose**s**, des bonnets mauve**s**, des gants violet**s**.*

• Les adjectifs de couleur sont invariables quand ils sont précisés par un autre adjectif.

*Des yeux **vert clair**.*
*Des cheveux **blond foncé**.*
*Des jupes **bleu marine**.*
*Des pantalons **rouge carmin**.*

LE PLURIEL DES ADJECTIFS NUMÉRAUX S'ÉCRIT

■ **-s**

• Dans **quatre-vingts** (80).

*80 : quatre-vingt**s**.*
*580 : cinq cent quatre-vingt**s**.*

• Dans **cent** (100) quand ils est multiplié.
*500 : cinq cent**s**.*

Exceptions

• S'ils sont suivis d'un autre chiffre, ils sont invariables.

*84 : quatre-**vingt**-quatre.*
*501 : cinq **cent** un.*

• **Mille** (1 000) est invariable.
*4 000 : quatre **mille**.*
*5 010 : cinq **mille** dix.*
*Il est né en **mille** neuf cent quatre-vingt-deux (1982).*

EXERCICES

1 **Écrivez correctement les adjectifs de couleur.**

*Ex. : jaune : des robes **jaunes** ; des pantalon **jaune** clair.*

1. rouge : des fleurs ________________ ; des couleurs ________________ sang.
2. orange : des rayures ________________ vif ; des jupes ________________.
3. vert : des fruits ________________ ; des serviettes ________________ amande.
4. marron : des yeux ________________ ; des chaussures ________________.
5. violet : des doigts ________________ à cause du froid ; des taches ________________.
6. rose : des chapeaux ________________ ; des chaussures ________________ bonbon.
7. bleu : des yeux ________________ ; des yeux ________________ foncé.
8. jaune : des murs ________________ ; des rideaux ________________ citron.

2 **Complétez les phrases à l'aide des couleurs proposées (faites les accords si nécessaire).**

*Ex. : Les iris peuvent être **jaunes ou violets**.*

bleu argenté – jaune, rouge et marron – rouge – noir – vert tendre – gris clair.

1. Les cerises sont ________________.
2. Les éléphants sont généralement ________________.
3. Au printemps, les arbres ont des feuilles ________________.
4. À l'automne, les feuilles sont parfois ________________.
5. Quand le soleil brille, la mer a parfois des couleurs ________________.
6. Quand il va pleuvoir, les nuages sont ________________.

3 **Écrivez en toutes lettres.**

*Ex. : 300 euros : **trois cents euros**.*

1. 3 000 ans : ____.
2. 480 euros : ____.
3. 2 685 habitants : ____.
4. 700 personnes : ____.
5. 101 étudiants : ____.

4 **Dictée.**

____

____

____

____

____

48 LES HOMOPHONES (1)

Cédric **a** mal **à** la tête.
Je **sais** que **c'est** en skiant qu'il **s'est** blessé.

LES HOMOPHONES GRAMMATICAUX

■ **a, à**

a est le verbe *avoir* conjugué à la troisième personne du singulier du présent.
*Mon frère **a** vingt ans.*

à est une préposition.
*Nous allons **à** Rennes. J'ai un exercice **à** faire.*

■ **est, et**

est le verbe **être** conjugué à la troisième personne du singulier du présent ; il se prononce [ɛ].
*Ma sœur **est** première en classe.*

et est une conjonction de coordination qui ajoute un élément ; elle se prononce [e].
*Nous avons visité un musée **et** une église.*

⚠ **est** se prononce parfois [e], ce qui rend la confusion possible avec **et**.

■ **ont, on**

ont est le verbe **avoir** conjugué à la troisième personne du pluriel du présent.
*Mes parents **ont** une maison à la campagne.*

on est un pronom personnel qui signifie « les gens » ou « quelqu'un », et il est souvent utilisé dans le sens de « nous » dans la langue orale.
*Dans cette entreprise, **on** commence à huit heures du matin.*
*Thierry et moi, **on** aime aller au restaurant.*

on, on n' devant un verbe commençant par une voyelle et à la forme négative.
On *aime le vin rouge.* ***On n'****aime pas le vin blanc.*

■ **ou, où**

ou est une conjonction de coordination qui indique un choix.
*Du camembert **ou** du brie ?*

où est un pronom relatif qui indique un lieu.
*C'est une maison **où** je me sens bien.*

où est aussi un pronom interrogatif.
***Où** allez-vous ?*

EXERCICES

1 Complétez par *a* ou *à*.

Ex. : Ma mère ***a*** *acheté un service* ***à*** *thé.*

1. Qu'est-ce qu'il ______ ______ la main ?
2. ______-t-il quelque chose ______ dire ______ l'assistance ?
3. Il ______ acheté ces billets ______ ce guichet.
4. Il y ______ de gros nuages et il commence ______ pleuvoir.
5. Ma machine ______ laver est en panne et j'ai une tonne de linge ______ laver.
6. ______ vos souhaits !
7. Il ______ réussi ______ traverser la rivière ______ la nage.
8. Je bois ______ votre santé !

2 Choisissez le mot correct.

Ex. : Les invités [**ont** | on] *parlé de la pluie* [**et** | est] *du beau temps.*

1. Le président [a | à] fait un discours qu' [on | on n' | ont] a pas compris.
2. [On | Ont] joue [à | a] la balle ?
3. [Est | Et] vous, [on | ont] vous a prévenus ?
4. Charles, c'est celui qui [et | est] [a | à] côté du buffet.
5. Vous [a | à]-t-on dit qu' [on | on n' | ont] y allait pas ?
6. [On | Ont] [et | est] prêt ! [On | Ont] y va ?
7. [On | Ont]-ils dit [a | à] la propriétaire qu'ils partaient ?
8. Non, ils n'y [on | ont] pas pensé.
9. Il n' [a | à] rien [a | à] dire [a | à] cette femme.
10. [Ou | Où] que vous soyez, pensez [a | à] me téléphoner.

3 Complétez par *a, à, ou, où, on, on n', ont, est, et*.

Ex. : Je vous présente mon mari. ***Et*** *voici le mien.*

1. Nous sommes allés au Pays basque. ______ exactement ?
2. Vous avez vu les étoiles filantes ? Non, ______ a rien vu.
3. Tiens, tu as une nouvelle coiffure ? Oui, ______ alors ?
4. Je ne sais pas où est Louis. Et toi, Denis, tu sais où il ______ ?
5. On peut aller une semaine au Guatemala. ______ bien au Costa Rica ?
6. Il fume deux paquets de cigarettes par jour. Comment ? Il continue ______ fumer ?
7. L'entreprise n'existe plus ? Non, elle ______ mis la clé sous la porte hier.
8. Les salariés sont au chômage. Ils les ______ vraiment tous licenciés ?
9. Allez, dépêchez-vous ! D'accord, ______ arrive.
10. Venez donc dîner chez nous demain. D'accord, mais j'ai oublié ______ vous habitez.

■ **ce, se**

ce est un adjectif démonstratif masculin singulier.
Ce film est intéressant. (féminin : ***Cette** pièce est intéressante.*)

se est un pronom placé devant le verbe pronominal aux troisièmes personnes du singulier et du pluriel.
*Jean **se** promène.* (devant une voyelle ou **h** muet : *Janine **s'**habille.*)

■ **ces, ses**

ces est un adjectif démonstratif pluriel.
***Ces** femmes sont belles.* ***Ces** hommes sont beaux.*

ses est un adjectif possessif.
*Elle a oublié **ses** lunettes.*

■ **c'est, s'est, sais, sait**

c'est peut être remplacé par **cela est**, toujours suivi du masculin.
***C'est** fini, je pars !* *La confiture, **c'est** bon.*

s'est est placé devant le verbe pronominal aux temps composés à la troisième personne du singulier.
*Patricia **s'est** amusée.*
Verbe *savoir* au présent : *Je **sais** ; tu **sais** ; il **sait**.*

■ **cet, cette**

cet est un adjectif démonstratif placé devant un nom masculin singulier commençant par une voyelle ou un **h** muet.
***Cet** appartement est neuf.* ***Cet** hôtel est nouveau.*

cette, devant un nom féminin.
***Cette** maison est neuve.*

■ **ma, m'as, m'a**

ma est l'adjectif possessif à la première personne du singulier, suivi d'un nom féminin.
***Ma** fille est en maternelle.*

m'as et **m'a** : **m'** est la contraction du pronom complément **me** suivi du verbe *avoir* au présent aux deuxième et troisième personnes du singulier.
*Louis **m'a** attendu et toi, tu **m'as** oublié.*

Même différence entre **ta** et **t'a**.
***Ta** mère **t'a** vu.*

■ **la, là, l'as, l'a**

la : – article défini féminin singulier : ***La** rue Molière.*
– pronom personnel : *Tu connais ma rue ? – Oui, je **la** connais.*

là : adverbe de lieu : *Laurent habite **là**.* (= ici)

l'as et **l'a** : contraction du pronom ***le*** ou ***la*** devant le verbe *avoir*.
*Mon ami **l'a** vu et toi, tu **l'as** vu ?*

EXERCICES

1 **Complétez par *ce* ou *se*.**

*Ex. : Le champagne **se** boit frais.*

1. Qu'est-______ que c'est ?
2. Je pars. C'est ______ que je vous ai dit hier.
3. La cérémonie ______ déroulera en plein air.
4. ______ sont mes collègues qui m'ont offert cet aquarium.
5. Les candidats ne ______ sont pas parlé.

2 **Cochez la case correspondant au mot correct comme dans l'exemple.**

	ces	ses	c'est	s'est	sais	sait
Ex. : Elle ______ levée à 7 heures.				X		
1. Ce garçon, ______ un vrai play-boy.						
2. Laisse-le, il ______ ce qu'il a à faire.						
3. Le concierge a perdu ______ clés.						
4. ______-tu ce qu'il y a ce soir à la télé ?						
5. ______ chaussures me font mal aux pieds.						
6. La voiture ______ brusquement arrêtée.						

3 **Complétez par *cet* ou *cette* (un mot peut accepter les deux propositions, trouvez-le).**

*Ex. : **Cette** histoire.*

1. ______ ami
2. ______ hôpital
3. ______ île
4. ______ espoir
5. ______ hôtesse
6. ______ étudiante
7. ______ élève
8. ______ espace
9. ______ entreprise

4 **Complétez par *ma, m'as, m'a, la, là, l'as* et *l'a* comme dans l'exemple.**

Allo, Viviane ? Tu ***m'as*** demandé de te rappeler mais tu n'es pas ______ ! ______ femme de ménage ______ dit qu'elle voulait bien travailler chez toi. Comme ______ tienne est partie ou que tu ______ licenciée, elle fera le remplacement. Elle est très contente, elle me ______ dit.

5 **Dictée.**

____

____

____

____

____

49 LES HOMOPHONES (2)

Après le **cours**, nous sommes restés un **court** instant dans la **cour**.

LES HOMOPHONES LEXICAUX

■ cou, coup, coût

cou : Entre la tête et le corps. *Elle a un collier autour du* ***cou****.*
coup : Choc. *Un* ***coup*** *de pied.* Action. *Un* ***coup*** *de vent, de téléphone,* etc.
coût : Prix de quelque chose. *Quel est le* ***coût*** *de ce voyage ?*

■ compte, comte, conte

compte : Calcul. *J'ai fait mes* ***comptes****, il me reste 50 euros.*
Ce qu'on a à la banque. *J'ai mis l'argent sur mon* ***compte****.*
comte : Titre de noblesse. *« Le* ***comte*** *de Monte-Cristo » d'A. Dumas.*
conte : Histoire imaginaire pour les enfants. *Un* ***conte*** *de fées.*

■ faim, fin

faim : Avoir envie de manger quelque chose. *J'ai très* ***faim****.*
fin : Contraire de commencement. *La* ***fin*** *du film était triste.*
Contraire de ordinaire et de grossier. *Un repas* ***fin****.*

■ foi, foie, fois

foi : Croyance. *La* ***foi*** *en Dieu.* Sincérité. *Jules est de bonne* ***foi****.*
foie : Organe. *J'ai mal au* ***foie****.*
fois : Moment où quelque chose se produit. *J'ai visité trois* ***fois*** *le musée Picasso.*

■ maire, mer, mère

maire : Celui qui dirige une commune ou une ville. *Le* ***maire*** *de Paris.*
mer : *La Méditerranée, la* ***mer*** *du Nord,* etc. *La* ***mer*** *est très bleue en Corse.*
mère : La maman. *Ma* ***mère*** *s'appelle Renée.*

■ ver, verre, vers, vert

ver : Petit animal. *C'est dégoûtant, il y a un* ***ver*** *dans ma pomme !*
verre : Matériau. *Cette carafe est en* ***verre****.* Objet. *Un* ***verre****.*
vers : En direction de. *Nous roulons* ***vers*** *Lyon.* À peu près. ***Vers*** *midi.*
Phrase en poésie. *Écrire un* ***vers****, des* ***vers****.*
vert : Couleur. *J'aime le* ***vert****.* Adjectif de couleur. *Un pantalon* ***vert****.*

EXERCICES

1 Choisissez le mot correct.

Ex. : J'ai bien mangé ; je n'ai plus [faim | fin].

1. Bonjour Madame, pourriez-vous virer cette somme sur mon [compte | conte] ?
2. Les Français apprécient souvent le [foi | foie] gras.
3. Julie est toute rouge, elle a un [cou | coup] de soleil.
4. Le [coq | coût] du transport en avion est trop élevé, nous prendrons le train.
5. Tu ne dis jamais la vérité, tu es de mauvaise [fois | foi] !
6. *La Belle au bois dormant* est le [comte | conte] préféré de ma fille.
7. Les bons [contes | comptes] font les bons amis.
8. Les examens auront lieu à la [faim | fin] du trimestre.
9. Tu préfères la [mère | mer] ou la montagne ?
10. Dans le salon, il y a une table en [vers | verre].

2 Complétez avec les mots de la liste suivante : comte, compte, cou, coup, faim, fin, foi, foie, fois.

Ex. : Il va au Maroc deux ***fois*** *par mois pour jouer au golf.*

1. Nous irons dîner au restaurant en ____________ de journée.
2. Tu as mangé trop de chocolat, tu vas avoir mal au ____________.
3. Le propriétaire du château est un ____________ allemand.
4. Je crois que cet homme est sincère, il est de bonne ____________.
5. J'ai choisi de traiter le sujet sur la ____________ dans le monde.
6. J'ai ouvert un ____________ d'épargne.
7. J'ai mal au ____________, je crois que c'est un torticolis.
8. Je vous passerai un ____________ de téléphone à mon retour.

3 Complétez les mots de la grille avec des mots qui se prononcent tous [mɛr] ou [vɛr], comme dans l'exemple.

Horizontalement
1. Une phrase poétique.
2. La fille de ma grand-mère.
3. Grande étendue d'eau.
4. Couleur de l'herbe.

Verticalement
A. Il fait des mariages à la mairie.
B. Objet qui sert à boire.
C. Il ressemble à un petit serpent.

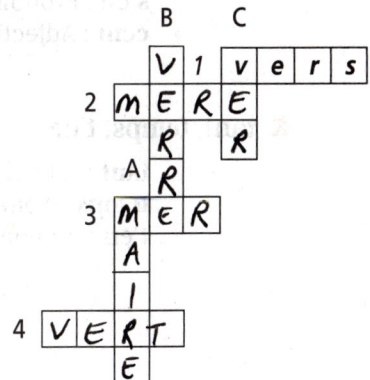

B C

1 v e r s

2

A

3

4

LES HOMOPHONES GRAMMATICAUX ET LEXICAUX

cour, cours, court, courent

cour : Espace ouvert. *Les enfants jouent dans la **cour** de l'école.*
Tribunal. *Il est avocat à la **cour**.*
cours : Leçon. *J'ai un **cours** de français aujourd'hui.*
Valeur. *Le **cours** de l'euro.*
court : Adjectif contraire de *long*. *Un pantalon trop **court**.*
Manquer de. *Je suis à **court** d'argent.*

Verbe **courir** au présent : *Je / tu **cours** ; il / elle **court** ; ils / elles **courent**.*

lait, laid, les, l'ai

lait : Nom. *On fait du fromage avec du **lait**.*
laid : Adjectif. *Il n'est pas beau du tout, il est **laid**.*
les : Article et pronom. ***Les** enfants sont arrivés. Je **les** entends.*
l'ai : Pronoms *le* ou *la* + auxiliaire *ai*. *Je **l'ai** vu.*

mais, mes, met, mets

mais : Conjonction qui marque l'opposition. *Il est gentil **mais** bête.*
mes : Adjectif possessif. *J'ai vu mon oncle et **mes** cousins.*
met, mets : Verbe *mettre* au présent. *Je **mets**, tu **mets**, il / elle **met**.*
mets : Nom. *Ce **mets** est très épicé.*

pair, paire, père, perd, perds

pair : Adjectif. *2, 4, 6, 8, 10 sont des nombres **pairs**.*
paire : Réunion de deux choses identiques. *Une **paire** de bottes.*
père : Homme qui a un ou des enfants. *Mon **père** s'appelle Bernard.*
perd, perds : Verbe *perdre* au présent. *Je **perds**, tu **perds**, il/elle **perd**.*

sang, sans, s'en, cent

sang : Nom. *Le **sang** est rouge et il coule dans nos veines.*
sans : Préposition ; contraire de *avec*. *Il est venu **sans** cravate.*
s'en : Pronom *se* + pronom *en*. *Il **s'en** va.*
cent : Adjectif numéral. *Elle a invité deux **cents** personnes.*

tant, temps, t'en

tant : Adverbe. *Il y a **tant** de monde qu'on ne voit rien.*
temps : Nom. *Je n'ai pas le **temps**. Quel **temps** fait-il aujourd'hui ?*
t'en : Pronom *te* + pronom *en*. *Tu **t'en** vas ?*

EXERCICES

1 **Complétez par *cour, cours, court* ou *courent*.**

*Ex. : Le lièvre **court** plus vite que la tortue.*

1. Quand mon ______________ de judo sera fini, je passerai te voir.
2. Pascal m'a demandé cent euros car il est à ______________ d'argent.
3. Mon oncle est avocat à la ______________.
4. Où ______________ tous ces gens ?
5. J'ai tellement de choses à faire que je ______________ toute la journée.

2 **Complétez les phrases en choisissant le mot correct.**

Ex. : Tu as vu [mes | ~~mais~~] *lunettes ?*

1. Où est-ce que je [mets | mes] les verres ? – Pose- [l'ai | les] sur la table.
2. Qui a fait ce riz au [laid | lait] ? – C'est moi qui [les | l'ai] fait.
3. Et les escalopes, tu [les | l'ai] as fait cuire ? –Oui, et je [les | l'ai] ai déjà servies.

3 **Complétez par des mots qui se prononcent tous** [pɛr].

*Ex. : J'ai offert une chemise à mon **père** pour sa fête.*

1. Ton ______________ ______________ souvent ses affaires.
2. Si je tombe sur un nombre ______________, je ______________.
3. Ma grand-mère ______________ une ______________ de lunettes par mois.

4 **Complétez par *sang, sans, s'en* ou *cent*.**

*Ex. : Ce château a plus de **cent** ans.*

1. Furieux, le directeur a quitté la table ______________ dire un mot.
2. ______________ ______________ apercevoir, l'automobiliste a pris un sens interdit.
3. J'avais dit à Jean-Pierre que je ne viendrais pas. Il ne ______________ est pas souvenu.
4. N'aie pas peur, garde ton ______________-froid.

5 **Complétez par *tant, temps* ou *t'en*.**

*Ex. : Je **t'en** prie.*

Tu ne ______________ ira nulle part ______________ que tu n'auras pas fini tes devoirs. Arrête de perdre ton ______________ !

6 **Dictée.**

____

____

____

____

____

EXERCICES

BILAN (Particularités)

LE H

1 **Réécrivez les mots soulignés en plaçant correctement le *h* (les autres lettres sont dans l'ordre).**
Ex. : Ne reste pas deors, rentre à la maison ! → Ne reste pas dehors, rentre à la maison !

1. Donner des informations à l'ennemi, c'est une *traison*________________.
2. Je vous *souaite*________________ un bon anniversaire.
3. J'ai oublié mon *caier*________________ d'exercices à la maison.
4. Une voiture, un camion, un tracteur, etc. sont des *véicules*________________.
5. *Ma Boème*________________ est un célèbre poème d'Arthur Rimbaud.

LE E MUET

2 **Quel oiseau n'a pas de e muet dans son nom ?**
Ex. : Un corbeau, une pie, un épervier.

1. Une oie, un perroquet, un pigeon.
2. Un bengali, un aigle, une moineau.
3. Une colombe, un poulet, un cygne.

3 **Dictée : poésie de Francis Carco.**

____

____

____

____

____

ACCENTS ET TRÉMA

4 **Ajoutez les accents ou le tréma si nécessaire.**
Ex. : LES ÉCOLIERS FRANÇAIS ONT DES VACANCES EN ÉTÉ, À PÂQUES ET À NOËL.

1. TU PREFERES LE THEATRE OU LE CINEMA ?
2. TU DEVRAIS TELEPHONER A TA MERE.
3. J'ESPERE QUE TU SAIS OU TU VAS.
4. LA THAILANDE EST LE PAYS D'EXTREME-ORIENT QU'IL CONNAIT LE MIEUX.
5. MON FRERE HABITE À COTE DE L'HOTEL DE VILLE.

5 **Choisissez la bonne orthographe.**

Ex. : Il | a | ~~à~~ | *une maison* | ~~a~~ | à | *la campagne.*

1. Elle a | du | dû | arrêter de manger | du | dû | chocolat.
2. Tu es | sur | sûr | qu'on peut compter | sur | sûr | lui ?
3. Pendant les vacances, nous laissons | notre | nôtre | chien chez des amis. Qu'est-ce que vous allez faire du | votre | vôtre | ?
4. En mangeant des | pattes | pâtes | j'ai | taché | tâché | ma chemise.
5. Je prendrais bien la salade du chef, | mais | maïs | sans | mais | maïs |.

TRAIT D'UNION, APOSTROPHE ET MAJUSCULES

6 **Complétez avec *là* ou *au* (pensez au trait d'union).**

*Ex. : Tu as choisi ton livre ? Oui, j'ai choisi celui-**là**.*

1. Bonjour, monsieur Leroy est ______ ? Non il est à Lille. Il reste ______ bas une semaine.
2. Les verres sont dans le buffet, juste ______ dessus des assiettes.
3. Je n'aime pas cet homme______.
4. Elle a couru ______ devant de lui.

7 **Écrivez ces chiffes en lettres.**

1. 68

____

2. 127

____

3. 41

____

4. 99

____

8 **Complétez les phrases suivantes selon le modèle.**

*Ex. : Nous nous sommes levés de bonne heure, et toi, tu **t'es levé de bonne heure** aussi ?*

1. Je me suis bien amusé, et toi, tu ____________________ ?
2. Je me souviens très bien de cette soirée, et elle, elle ____________________ ?
3. Elle a vu Pierre à cette fête, et toi, tu ____________________ aussi ?
4. Nos enfants ne nous obéissent pas, et les tiens, ils ____________________ ?
5. Tu pars demain en vacances, et ta copine, est-ce ____________________ aussi ?

EXERCICES

9 **Réécrivez et ajoutez les majuscules.**

Ex. : On parle anglais en nouvelle zélande. → *On parle anglais en* **Nouvelle Zélande***.*

1. veuillez agréer, monsieur le directeur, mes salutations distinguées.

____

2. la révolution française n'est pas la première révolution européenne.

____

3. il y a beaucoup d'anglais qui habitent dans le midi de la france.

____

4. les mexicains et les cubains parlent espagnol.

____

5. *notre-dame de paris* est un roman de victor hugo.

____

LES CONJUGAISONS

10 **Complétez les proverbes suivants.**

Ex. : Rien ne sert de courir, il faut partir à point.

1. Un tiens vau______ mieux que deux tu l'auras.

2. Quand on veu______, on peu______.

3. Petit à petit, l'oiseau fai______ son nid.

4. Chat échaudé crain______ l'eau froide.

5. Qui pay______ ses dettes s'enrichi______.

11 **Conjuguez les verbes aux temps proposés.**

*Ex. : J'***achète** *mon pain à la boulangerie du coin.* (*acheter* - Indicatif présent)

1. Ne ________________ pas toute cette nourriture, mets-la au frigo ! (*jeter* - Impératif)

2. Un jour nous ________________ un appartement à Paris. (*acheter* - futur simple)

3. Autrefois, je ________________ d'aller vivre en Inde. (*projeter* - imparfait)

4. Vous ________________ ces taches avec du sel ? (*enlever* - indicatif présent)

5. Nous ________________ de venir vous voir une petite semaine. (*envisager* - indicatif présent)

6. Vous ________________ les grands moyens s'il le faut ? (*employer* - futur simple)

7. Ils ________________ toujours d'être les premiers en classe. (*essayer* - imparfait)

8. Allez, dépêche-toi, ________________, on va être en retard ! (*accélérer* - impératif)

EXERCICES

LE PLURIEL DES ADJECTIFS ET LE PLURIEL DES NOMS

12 **Mettez au pluriel.**

*Ex. : Un examen général → **des examens généraux**.*

1. Une ville féodale → ________________
2. Un garçon sérieux → ________________
3. Un bijou spécial → ________________
4. Une mèche châtain → ________________
5. Un portail vert foncé → ________________
6. Un gros nez → ________________
7. Un beau-père anglais → ________________
8. Un porte-documents jaune vif → ________________

L'ACCORD DU PARTICIPE PASSÉ

13 **Accordez le participe passé si c'est nécessaire.**

Ex. : Les bonbons que j'avais achetés ont disparu.

1. J'ai donné______ tous les souvenirs que j'avais acheté______ à mes amis.
2. Les athlètes sont arrivé______, ont couru______ et sont reparti______ aussitôt.
3. Les manifestations ont été organisé______ par les principaux syndicats français.
4. Nos amis sont sorti______ tôt et se sont promené______ dans Paris toute la journée.
5. Pour notre anniversaire de mariage, nous nous sommes offert______ une croisière sur le Nil.

LES HOMOPHONES

14 **Choisissez le mot correct.**

*Ex. : Le **maire** travaille à l'Hôtel de Ville.*	*maire - mer - mère.*
1. Quand on mange trop, on peut avoir mal au ________________.	foi - foie - fois
2. L'oiseau a donné un ________________ à son petit.	verre - ver - vers
3. Il faut que je fasse mes ________________. Je n'ai plus beaucoup d'argent.	contes - comptes - comtes
4. Je m'ennuie. Cette journée est sans ________________.	faim - fin
5. Tu ________________ toujours dans le bois de Boulogne le dimanche ?	court - cour - cours
6. Elle ne lui a pas dit bonjour mais il ________________ fiche.	sans - s'en - sang - cent
7. Je suis arrivé à ________________, juste avant que la banque ferme.	temps - tant - t'en
8. ________________-toi là et ne bouge plus !	mets - met - mes - mais

ANNEXE

LES VOYELLES

■ **Le son** [i] peut s'écrire **is**, **it** ou **î** dans certaines conjugaisons des verbes en **-ir** et **-re**.

is Au passé simple aux première et deuxième personnes du singulier.
Dès que je ***vis*** (voir) *Joséphine, je* ***compris*** (comprendre) *la situation.*
Tu ***mis*** (mettre) *ton chapeau et tu* ***sortis*** (sortir).

it Au passé simple à la troisième personne du pluriel.
Le ciel se ***couvrit*** (se couvrir)*, alors il* ***prit*** (prendre) *son parapluie.*

î Au passé simple aux deux premières personnes du pluriel.
*Nous attend****î****mes* (attendre) *trois heures sous la pluie.*
*Vous part****î****tes* (partir) *la première.*

Au passé simple, aux trois personnes du singulier, certains verbes ont les mêmes formes qu'au présent, seul le contexte permet de définir le temps du verbe.

choisir : Je ***choisis*** *de partir.*
dire : Tu ***dis*** *toute la vérité.*
fini : Il ***finit*** *son déjeuner.*

■ **Le son** [e] peut s'écrire **e** dans quelques mots d'origine étrangère : *Venezuela, pizzeria, Montevideo*, etc.

Il peut aussi s'écrire **ai** ou **aî** en début de mot dans quelques mots comme : *aider, aigu, aimer, aîné, aisé*, etc.

Les noms féminins terminés par le son [e] s'écrivent **ée** (*cheminée, pensée, idée*), sauf quelques mots terminés par **té** ou **tié** : *amitié, liberté, moitié, vérité*.

Au passé simple des verbes en **-er**, la terminaison **ai** se prononce [e].
*J'entr****ai****, je regard****ai*** *autour de moi.* *J'all****ai*** *vers lui et lui parl****ai****.*
Ce qui permet de distinguer l'imparfait et le passé simple dans l'écriture et dans la prononciation : *J'all****ai*** *dîner* [e] / *j'all****ais*** *dîner* [ɛ], même si cette distinction est très peu utilisée à l'oral.

■ **Le son** [ɛ] peut s'écrire **ay** ou **ey** dans les mots d'origine étrangère ou dans les noms propres français : *Du Bellay, Bombay, volley, le maréchal Ney*, etc. Devant une voyelle, **ay** et **ey** se prononcent [ɛj] : *un cr****ay****on, ils s'ass****ey****ent.*

En finale de syllabe, les lettres **ay** peuvent se prononcer [ɛi] : *un p****ay****san, le p****ay****s.*
Les verbes en **-ayer**, peuvent remplacer, devant un **e** muet, **ay** par **ai** :
*il ess****ay****e / il ess****ai****e ; je p****ay****e / je p****ai****e ; ils effr****ay****ent / ils effr****ai****ent*, etc.

■ **Le son** [a] peut s'écrire **â** ou **ât** dans certaines conjugaisons des verbes en **-er**.

â Au passé simple, aux premières et deuxièmes personnes du pluriel.
*Lorsque nous arriv**â**mes, ils étaient partis.*
*Vous vous dépêch**â**tes.*
(Ces formes sont littéraires.)

ât À l'imparfait du subjonctif, à la troisième personne du singulier.
*Il fallait qu'il parl**ât**.* *Je fus étonné qu'elle rest**ât**.*
(Ces formes sont littéraires.)

■ **Le son** [u] peut s'écrire **aoul** ou **oûl** dans *saoul* ou *soûl.*

■ **Le son** [y] peut s'écrire **ü** dans quelques rares noms propres : *Emmaüs, Saül.* Il peut aussi s'écrire **eu** (eus, eut, eû-) au passé simple du verbe avoir : *j'**eus**, tu **eus**, il **eut**, nous **eû**mes, vous **eû**tes, ils **eu**rent.*

Après la lettre **g**, le son [y] peut s'écrire **uë** : *cig**uë**, ambig**uë**, aig**uë**.*

En finale, le son [y] peut s'écrire **ul** (rare) ou **ux**.
*C'est un **cul**-de-sac. La marée haute s'appelle le fl**ux** et la marée basse le refl**ux**.*

 Les lettres **ux** en fin de mot peuvent quelquefois être prononcées : *Pollux.*

■ **Le son** [ə]

Le son [ə] est généralement prononcé lorsqu'il suit deux consonnes : *Angleterre, brevet, grenier, grenouille, mousquetaire,* etc.

Entre deux consonnes, le son [ə] peut être prononcé : *amener, céleri, déceler, décevoir, détenir, élever, émeraude, médecin, mener, prévenir,* etc. S'il ne l'est pas, la lettre **é** dans la syllabe précédente peut se prononcer [ɛ] : céleri [seləri] ou [sɛlri].

■ **Le son** [ɑ̃]

Certains verbes en **-er** : *différer, adhérer, précéder,* etc. ont leur participe présent en **-ant** et leur adjectif verbal en **-ent** (-ente, -entes, -ents).
*Les jours précéd**ant** les examens sont souvent stressants.*
*En août, j'étais en Suisse et le mois précéd**ent**, en Italie.*

-an et **-en** deviennent **am** et **em** devant **m**, **b**, **p** : ***am**biance, **tem**ps,* etc. sauf dans le mot *né**an**moins.*

■ **Le son** [j] peut s'écrire **ï** dans des noms propres d'origine étrangère, mais deux orthographes sont parfois possibles : *Shanghaï* ou *Shanghai*, *Taïwan* ou *Taiwan*, *Hanoï* ou *Hanoi*, etc.

Au futur et au conditionnel des verbes qui se terminent en **-ier**, la lettre **e** n'est pas prononcée : étud**ier** [je], mais j'étud**ierai** [i].

Les lettres **aye** se prononcent généralement [ɛj] mais dans ***abbaye***, elles se prononcent [ei].

■ **Le son** [w] peut s'écrire **u** dans certains mots comme *ling**u**istique*.

Dans certains mots d'origine étrangère, **qu** se prononce [kw] : *Équateur, squale, quatuor, aquatique, aquarelle, aquarium…*

■ **Le son** [ɥ]

Dans quelques mots, les lettres **gui** et **guy** se prononcent [gɥi] et [gɥij] : *ai**gui**ller, **Guy**ane.*

Devant les lettres **el** (**elle**), **u** peut se prononcer [y] et non [ɥ] : *cruel, cruelle.*

LES CONSONNES

■ **Le son** [p] peut parfois s'écrire **b**. Quand la lettre **b** est suivie des consonnes **c**, **s** ou **t**, on entend [p].

*Il faut a**b**solument que vous o**b**teniez votre diplôme.*
*Un tissu a**b**sorbant.*
*Il s'o**b**stine à ne pas o**b**tempérer.*
*Je serai a**b**sent du 8 au 12.*

■ **Le son** [k] peut s'écrire **kh** dans certains mots d'origine étrangère, comme ***kh**an*, ***kh**mer*, ***kh**ôl*… et **cch** dans quelques rares mots : *bacchanales, bacchante…*

Derrière **c** et **cc**, la lettre **u** devant **e** permet le son [k] : *recueil, écueil, cueillir, cercueil, accueil, accueillir*, etc.

■ **Cant** ou **quant**, **gant** ou **guant**

On distingue par l'orthographe quelques adjectifs verbaux (qui peuvent avoir un féminin et un pluriel) des participes présents (invariables).

• **cant** ou **quant**

Adjectif verbaux : *communicant, convaincant, provocant, suffocant...*
Participes présents : *communiquant, convainquant, provoquant, suffoquant...*

*Les propos qu'il a tenus étaient très provo**cants**.*
*Il n'a pas tenu ses promesses, provo**quant** ainsi l'indignation de ses collègues.*

• **gant** ou **guant**

Adjectifs verbaux : *délégant, extravagant, intrigant, fatigant, navigant...*
Participes présents : *déléguant, extravaguant, intriguant, fatiguant, naviguant...*

*Les capitaines et les personnels navi**gants** d'Air France se sont mis en grève.*
*Ce capitaine a souvent commandé des bateaux navi**guant** en haute mer.*

■ **Le son** [ks] peut s'écrire **cs** dans quelques mots comme *tocsin*.

■ **Le son** [f]

Dans quelques rares mots d'origine allemande et dans des noms propres russes, le son [f] final peut s'écrire **v** : le *leitmotiv*, *Tchekhov*, *Brejnev*, *Kiev*, *Tourgueniev*, *Rimsky-Korsakov*, etc.

■ **Le son** [s]

Dans les noms construits avec un préfixe et dont le radical commence par la lettre **s**, le son [s] peut s'écrire **s** même entre deux voyelles : *contresens*, *entresol*, *vraisemblable*, etc. Mais dans les verbes commençant avec le préfixe **re-**, cette règle ne s'applique pas toujours : *resaler*, *resalir*, mais *ressortir*, *ressentir*.

Devant le verbe et l'auxiliaire *avoir*, **ça** peut devenir **ç** : ***ç****'aurait pu arriver*.

Le **s** qui termine les adverbes et les prépositions n'est généralement pas prononcé.
ailleurs, dans, dehors, dès, envers, dessous, dessus, jamais, mais, moins, très, vers, etc.

Dans le cas de l'adverbe *plus*, le **s** peut être prononcé lorsqu'il y a confusion possible entre *plus* (négation) et *plu**s*** (augmentation).
À moins qu'il ne pleuve plus. (arrêt de la pluie)
*À moins qu'il ne pleuve plu**s**.* (davantage)

■ **Le son** [z]

Dans quelques noms d'origine étrangère, la lettre **z** se prononce [dz] : *Zeus*, ou [ts] dans des mots d'origine germanique comme *Leibniz*, *Danzig*, *Franz*, etc.

Les lettres **zz** peuvent se prononcer [dz] : *pizza, pizzeria*.

■ **Le son** [sjɛ̃] peut s'écrire **-ssien** dans quelques noms ou adjectifs qui proviennent de mots terminés par **-sse** : *parois**sien*** (paroisse), *prus**sien*** (Prusse), etc.

- Les verbes en [sje] s'écrivent **cier** : *appré**cier**, remer**cier**, bénéfi**cier**, négo**cier***, etc., sauf *balbu**tier*** et *ini**tier*** (ainsi que leur dérivés et leurs formes verbales : *il balbu**tie**, nous ini**tions***).

- Les adjectifs en [sjabl] s'écrivent **-ciable** : *so**ciable**, appré**ciable**, négo**ciable***, etc., sauf *insa**tiable***.

- Les adjectifs en [sjal] s'écrivent **-cial** : *ra**cial**, commer**cial**, gla**cial*** ou **tial** *par**tial**, ini**tial**, spa**tial***, etc.

LES PARTICULARITÉS

■ Les accents

L'accent circonflexe disparaît quand il n'y a pas de confusion possible avec un autre mot.
*J'ai d**û** manger* (confusion possible du / dû), mais *Chose promise, chose d**ue*** (pas de confusion possible).

La réforme de l'orthographe de 1990 autorise l'absence d'accents circonflexes si ceux-ci ne changent ni le sens, ni la prononciation. Les homophones sont respectés : *du / dû ; fut / fût; mur / mûr; sur / sûr*, etc. On devrait donc pouvoir lire et écrire *allo* ou *allô*, *cout* ou *coût*, *brulant* ou *brûlant*, *buche* ou *bûche*, *soul* ou *soûl*, etc. Certains accents peuvent être changés ou ajoutés pour mieux correspondre à la prononciation actuelle : *événement* est devenu *évènement* et les *media* peuvent s'écrire les *médias*. Mais cette nouvelle orthographe reste très minoritaire.

- Voici les vingt mots les plus fréquents qui peuvent avoir ou non l'accent circonflexe :

Abîmer, abimer	Dîner, diner
Accroître, accroitre	Flûte, flute
Août, aout	Fraîche, fraiche
Apparaître, apparaitre	Goût, gout
Boîte, boite	Île, ile
Brûler, bruler	Maître, maitre
Chaîne, chaine	Naître, naitre
Connaître, connaitre	Plaît, plait *(s'il vous plaît, s'il vous plait)*
Coûter, couter	Sûreté, sureté
Croûte, croute	Traîner, trainer

Ces règles sont valables pour les formes verbales ou les dérivations : *abîme* ou *abime, enchaîner* ou *enchainer, fraîcheur* ou *fraicheur, goûter* ou *gouter, îlien* ou *ilien, maîtrise* ou *maitrise*, etc.

Le trait d'union

La réforme de l'orthographe autorise la disparition de certains traits d'union : *cachecahe* ou *cache-cache*, *bassecour* ou *basse-cour*, *coupecoupe* ou *coupe-coupe*, *plateforme* ou *plate-forme*, *pullover* ou *pull-over*, *tamtam* ou *tam-tam*, *tirebouchon* ou *tire-bouchon*, etc.

Les conjugaisons

Le participe présent des verbes est formé à partir du radical de la première personne du singulier du présent de l'indicatif.

préparer :	*nous **prépar**ons*	→ ***préparant***
finir :	*nous **finiss**ons*	→ ***finissant***
prendre :	*nous **pren**ons*	→ ***prenant***

Les verbes en **-cer** et en **-ger** ont les mêmes particularités que dans les conjugaisons du présent de l'indicatif (la cédille et le **e**).

commencer :	*nous **commenç**ons*	→ ***commençant***
nager :	*nous **nage**ons*	→ ***nageant***

L'accord du participe passé, cas particuliers

• **fait** ne s'accorde jamais quand il est suivi d'un infinitif.
*Ma cousine s'est **fait** opérer.*
*Les enfants se sont **fait** disputer.*
*Les objets que nous avons **fait** estimer ne valent rien.*

• **laissé** est invariable :
– si le complément d'objet direct est placé après le verbe.
*Elle a **laissé** entrer les touristes.*
– si le complément d'objet direct placé avant le verbe ne fait pas l'action de l'infinitif.
*Les photos qu'elle a **laissé** prendre.* (« les photos » ne font pas l'action de « prendre »)

• **laissé** s'accorde si le complément d'objet direct placé avant le verbe fait l'action de l'infinitif.
*Les touristes qu'elle a **laissés** entrer.* (« les touristes » font l'action d'« entrer »)

Les participes passés des verbes de perception : **entendu, écouté, vu, regardé, senti** s'accordent comme **laissé** quand ils sont suivis d'un infinitif.
*La fille a **entendu** passer les avions.*
*Les femmes qu'ils ont **entendues** chanter.* (les femmes chantent)
*Les mélodies qu'ils ont **entendu** chanter.* (les mélodies ne chantent pas)

Les homophones

• cet, cette, sept

cet : adjectif démonstratif suivi d'un nom masculin commençant par une voyelle ou un h muet (*cf.* La lettre H).
***Cet** enfant est très sage.*
***Cet** hiver, nous faisons du ski.*

cette : adjectif démonstratif suivi d'un nom féminin.
***Cette** bague est en or.*
***Cette** erreur est grave.*

sept : adjectif numéral.
***Sept** ans de réflexion.*

• leur - leurs

leur : – adjectif ou pronom possessif de la troisième personne du pluriel accompagnant ou remplaçant un nom au singulier.
*Mes parents ont une maison. C'est **leur** maison. C'est la **leur**.*
– pronom personnel remplaçant un complément d'objet indirect à la troisième personne du pluriel.
*Je téléphone à mes parents. Je **leur** téléphone.*

leurs : - adjectif ou pronom possessif de la troisième personne du pluriel accompagnant ou remplaçant un nom au pluriel.
*Mes parents ont des amis. Ce sont **leurs** amis. Ce sont les **leurs**.*
(**leurs** n'est jamais un pronom)

• près, prêt(s)

près : préposition signifiant *à côté de. Viens **près** de moi.*
prêt(s) : – adjectif : *Il est **prêt** à partir. Vous êtes **prêts** ?*
– nom masculin : *La banque m'a accordé un **prêt*** (crédit).

Certains mots s'écrivent exactement de la même façon mais sont de nature et/ou de sens différents.

• suis, suis, suit

suis : verbe *être* au présent de l'indicatif à la première personne du singulier :
*Je **suis** étudiant.*
suis : verbe *suivre* au présent de l'indicatif à la première ou à la deuxième personne du singulier.
*Je **suis** / tu **suis** un cours de français.*
suit : verbe *suivre* au présent de l'indicatif à la troisième personne du singulier : *Pedro **suit** un cours de français.*

Pour les différencier, il suffit de les mettre à l'imparfait (je suis / j'étais ; je suis ; tu suis ; il suit / je suivais ; tu suivais ; il suivait).

N° d'éditeur : 10112393 - CGI - Janvier 2004 - Imprimé en France par Mame